現代宗教意識論

大澤真幸

MASACHI OHSAWA

弘文堂

現代宗教意識論

◎目次◎

◉第Ⅱ部◉ 現代宗教論——127

◉第Ⅲ部◉　事件から——209

序　社会は宗教現象である

1　宗教現象としての社会

偉大な社会学者たち

すべての偉大な社会学者は、いずれも宗教社会学者でもあった。社会学の個別分野だけではなく、社会学の一般に影響を与えた偉大な社会学者は、いずれも、宗教に特別な関心を寄せていた。彼らは、宗教を、政治や経済や教育といった他の社会現象と並ぶ一領域と見ていたのではなく、それらすべての領域を横断し、包括するような特権的な現象として扱った。

もっともはっきりしているのは、マックス・ヴェーバーである。彼にとって宗教は、特別な主題、主題の中の主題であった。ヴェーバーの宗教社会学の論集は、社会学そのものの総合である。エミール・デュルケームにとっても、宗教の意義は格別である。デュルケームの主要な諸著書、『宗教生活の原初形態』はもとより、『社会分業論』や『自殺論』も広義の宗教社会学に属する論考である。ゲオルク・ジンメルの「三者関係」への注目にも、あるいは有名な貨幣論にも、宗教的なものへと関心が伏在している。カール・マルクスは、至るところで宗教について直接論じただけではなく、貨幣や資本を、全体として、宗教や神との類比によって捉えている。視野を日本の社会学者や社会思想家に拡げたとしても、やはり同じような傾向を見ることができる。

これらの社会学者たちは、宗教社会学にも興味をもっていた、ということではない。彼らは、宗教社会学者であるまさにそのことにおいて、社会学者そのものだったのである。社会への全般的な関心が、まずは宗教への関心という形態を取ったのだ。すべての重要な社会学者が宗教社会学者だったのはどうしてであろうか？

二〇世紀中盤の最も影響力があった社会学者タルコット・パーソンズが、その問いへの答えをもっている。彼は、こう言っている。「宗教が社会現象なのではない。そうではなくて、社会が宗教現象なのだ」と。宗教は、社会現象の一カテゴリーなのではなく、社会現象が、それ自体、宗教的なのだ。パーソンズのアイデアを継承したのが、二〇世紀後半の最も重要な理論社会学者ニクラス・ルーマンである。

宗教とは何か

だが、社会そのものが宗教現象であるとは、どういうことであろうか？　そのことを説明しておこう。

人は、この世界の中で、さまざまな偶有的（偶然的）な出来事に遭遇する。災害に襲われたり、病気にかかったり、予想しなかった出会いがあったりする。というより、そもそも、人間は、事象に特定の「意味」を与えて生きており、そうである以上は、その意味づけられた事象は、不可避に偶有的なこととして体験される。事象の意味は、他の可能な意味づけとの差異を媒介にして規定されており、それゆえ、常に、他の意味づけが「ありえた可能性」として背景に維持されているからである。同じことを次のように言い換えてもよい。人間の行為とは、常に選択である。選択である以上は、常に「他でもありえた」のであり、そうであるとすれば、どうしてこの選択であってあの選択ではないのだろうかという疑問は消えない。人間の行為と、人間が経験する事象に関しては、このように偶有性がつきまとっている。

宗教とは、客観的には必然とは見なしえないことを前提とすることによって、これらの偶有性を飼いならすことである。すなわち、自明ではないことを前提にすることで、偶有的なこと（他でもありえたのにと思われること）を、「そのようである他ないこと」「そのようであるべきこと」（必然性）へと変換する装置、それが宗教である。たとえば、思いもよらぬ災難は、神の意志や摂理を前提にしたときには、起こるべくして起こったこととして解釈される。あるいは、何を食べるべきか、誰を王とすべきか等々に関するあらゆる決定が、特定の前提のもとで、妥当なこととして、そうであるべきこととして現われることになる。

このように考えれば、宗教は、社会秩序が可能であるための必要条件であることがわかる。宗教と社会秩序は、同じところに根拠をもつ。この場合、宗教は、どの神を信じているかとか、どのような教義を掲げているかということよりも、広い概念である。どのような神を信じているかという自覚とは関係なく、たとえ人々が自分たちは「無神論者」だと思っていたとしても、社会秩序が成り立っているとき、宗教が機能している。社会そのものが宗教現象だというのは、このような意味においてである。

信じることの本源的な社会性

自明ではないことを前提にするということは、その「自明ではないこと」を信じるということである。何かを信じるということは、それ以外の可能性をア・プリオリに排除し、また禁止することである。したがって、信じることには、根拠なき飛躍が、根拠のない決断の要素が含まれている。信仰にとって、この飛躍は必須の要素である。たとえば、カトリック教会がこのことをよく理解している証拠は、教会が、聖遺物（聖人の遺骨や遺物）や聖骸布（磔刑死したキリストの遺体を包んだとされる布で、トリノの聖ヨハネ大聖堂に保管されている）の真偽を正式に鑑定しようとはしない、という事実に見てとることができる。教会が鑑定しないのは、それらが贋物であることが判明するのを恐れているからではない。仮に、聖遺物や聖骸布とされている物が科学的に見て本物ではありえないことが証明されたとしても、カトリックの信仰はさしたるダメージを受けることはないだろう（それによって信者を減らしたりはしないだろう）。真に、信仰にとって危険なのは、それが本物であることが科学的に証明されてしまったときである。科学的に実証され、事実と判明したから受け入れるということは、もはや信じることではないからだ。[1] 信じることとは、それがまだ自明ではない段階で、それを受け入れることでなくてはならない。

いったん、「自明ではないこと」を前提にすれば、偶有性は必然性へと転換する。この仕組みをよく自覚していたのは、たとえば、ジャンセニスト（一七世紀に生まれたキリスト教思想）である。ジャンセニストによれば、奇蹟は信者の眼にしか見えない。不信心者の眼には、それは、ただの偶然の現象、偶発的な一致にしか見えないが、信者の眼には、それが神の存在を示す徴となるのだ。

だが、自明ではないことを――「事実」として実証することが不可能なことを――人はどうして信じることができるのだろうか？　当然、このような疑問が生ずるだろう。この疑問を解くためには、まず、「信じる」という心的な営みが、本来的に間主観的――あるいはむしろ関身体的――な現象であるということを理解しておかなくてはならない。

私的に、独我論的に信じることはできない。つまり「私だけで信じる」ということは、信じることの自己否定である。あることを信じるということは、それを信じている他者（の存在）を信じていること、それを（信じていることを）承認する他者が存在していることを意味している。信じるということは、他者が信じているということを信じるという、間主観的（関身体的）な反射の構造を本源的に含んでいるのだ。なぜか？

それを私が信じるということは、それが私にとって妥当であるということである。その「妥当性」はどこからくるのか考えてみればよい。妥当性は、信の対象からはやってこない。つまり、すでに述べたように、人は、客観的に実証されたり、真理性が証明されているからそれを信じるわけではない。実証されたことに関しては、人は、それを「知っている」のであって、「信じている」わけではない。ここには、「信じる」ことの要件である、決断の飛躍がない。妥当性が対象の側からはやってこないのだとすれば、どこから来るのだろうか？　信じる主観の側からである。それを信じているということを承認している――あるいは少なくとも否認しない――他者が存在しているということ、そのことだけが、信の不可欠な要件としての「妥当性」という性質を生み出すのだ。

このように、信じるという現象は、他者との差異を媒介にして、他者との距離を前提にして機能する。宗教を構成する「信じる」という営みは、人の社会性を――他者が存在している世界を生きているということを――前提にしていることになる。この点でも、宗教と社会は不可分である。先に、社会秩序が成り立つためには（広義の）宗教が必要だ、と述べた。それだけではなく、今述べてきたように、宗教的な信仰は、人間の社会性を条件として働く。したがって、二重の意味で、社会は宗教現象だと言うべきである。

さて、信仰に随伴している、以上のような構成は、必然的に、それの究極の保証人となるような超越的な他者を要請する。私の信は、他者の信によって保証されているとして、その他者の信もまた、さらなる他者の信によって裏打ちされていなくてはならない。こうした連鎖が機能するためには、原点に、信仰の保証人となる特権的な他者が必要だ。それこそが、神、もしくはそれに類する超越的な他者たちである。私は、信仰の連鎖の原点で機能している超越的な他者を、その一般性に鑑みて、「第三者の審級」と呼んできた。

人が自明ではないことを信じ、前提にすることができるのは、それゆえ、第三者の審級が存在している（と想定できる）ときである。どのような宗教にも、第三者の審級に相当する超越的な他者たちの諸形象を有するのは、このためである。信仰が成り立つためには、神々のような第三者の審級が存在していなくてはならない。しかし、同時に、第三者の審級は、必ずしも、具体的な人格として現前している必要はない。というより、第三者の審級は、その特権性・超越性を維持するために、現前を――ある程度――回避する必要がある。したがって、ここには、矛盾した要請がある。第三者の審級が機能するためには、その存在が人々に確証されなくてはならないが、しかし、人々の前にあからさまに現前することはその本来的な働きを障害に陥れる。

暫定的には、この矛盾は、次のようにして解決される。第三者の審級の存在は、直接に確認されなくても、とりあえずは（社会を構成する人々によって）前提にされればよい。たとえば、われわれの現実世界の外にいるような創造者とか、あるいは非人格的な実体のようなものとしてその存在が想定されれば、第三者の審級が働くためには十分なのだ。[2]

もっとも、この矛盾は、完全には解消されない。第三者の審級がまさに存在していることを、何らかの仕方で示さなくてはならないからである。

2　世俗化という逆説

世俗化の両義性

社会自体が宗教現象である。このように述べてきた。だが、しかし、近代化とは、社会が宗教の影響から脱する過程ではないか。だから、近代化は世俗化とも見なされるのではないか。近代社会とは、原則的には、宗教的な前提から解放された社会ではないか。近代社会においては、もはや、宗教社会学は、社会一般についての研究から切り離されて、社会の部分領域の研究にしかならないのではないか。

しかし、近代化を単純に宗教からの解放過程と見なすことはできない。つまり、宗教を、近代社会において否定されるべき（近代化にとっての）足枷とだけ見なすわけにはいかない。それどころか、宗教が、近代化を促進していたことを示唆する事実さえあるのだ。

顕著な例だけを概観しておこう。たとえば、カント。一八世紀中盤から一九世紀初頭を生きた哲学者——つまりフランス革命の時代を生きた哲学者——カントは、十全に近代的な最初の哲学者ではないだろうか。カントは、ニュートン物理学の成果を完全に受け入れ、理性の認識能力の守備範囲から神を追い出した。しばしば、デカルトの「コギト」が近代哲学の起点とされるが、デカルトにおいては、なお、コギトの有限性の自覚が、無限の神の存在を証明するものとされていた。それに対して、カントは、知の範囲を限定し、そこから神を排除することで、哲学を神学の束縛から切り離した。カントによれば、哲学は、神の存在に関して何ごとも言うことはできない。

しかし、同時に、カントは、知的認識の範囲の外に、信仰と道徳のための空間を――理論理性とは異なる実践理性の領域として――切り拓きもした。したがって、カントにおいては、哲学の世俗化、哲学の宗教的な支配からの解放と、信仰のあらたな厳密化が、車の両輪のように同時進行していることになる。相反する方向を指しているように見える、これら二つの傾向は、どのように両立し、関係していたのだろうか。

資本主義の中立性と宗教性

社会学的な観点からさらに興味深い事実は、「資本主義」である。一般には、資本主義こそ、世俗化の最も明白な表現であると考えられている。資本主義を駆動している、貨幣への欲望、世俗的な富への欲望は、宗教的な敬虔さの対極にあるとされてきた。実際、多くの宗教家が、しばしば、資本主義を「悪」として批判してきた。

冷戦が終結し、また資本主義のグローバル化が進行した今日から見ると、資本主義と宗教との乖離、両者の間の背反性は、ますますあからさまなものになりつつある。われわれが現在目の当たりにしつつある現実は、資本主義がどのような文化的な背景をもった社会にも、どのような文明にも浸透し、そこで根付くことができるということを示している。資本主義は、インドにも、中国にも、進出できた。イスラーム圏であろうが、ヒンドゥー圏であろうが、仏教圏であろうが、儒教文化圏であろうが、資本主義の浸透にとっては、最終的には障害にはならなかった。社会主義国（中国）のような、本来は資本主義に代わる選択肢として構想されていた体制の中においてさえも、資本主義は、その圧倒的な活力を維持し続けることができるのだ。

資本主義のこうした顕著な浸透力は、資本主義には、それ固有の「世界」がないことに由来する。アラン・バディウは、現代社会は「世界」を欠いた時代である、と述べている。現代社会のこのような特徴づけが最も適合する現象は、資本主義である。ここで「世界」とは、それぞれの宗教的な伝統によって、特定の意味を有するものとして現われている時空間のことである。一見、宗教的な教義とは関係のない制度や習慣、あるいは概念などが、実際には、特定の宗教的な伝統からくる「世界」を前提にしており、それゆえ、他の文明、他の「世界」に移植したときには、首尾よく機能しないことがある。しかし、資本主義は、そのような制度やシステムではない。資本主義には、特に適合的な「世界」、とりたてて有効な「認知地図」のようなものがないのだ。だからこそ、資本主義は、社会主義を含むあらゆる文明、体制に浸透し、機能することができるのである。したがって、資本主義は、どのような「世界」からも、したがってすべての宗教から独立し、それらに対して完全に中立な機械のようなものである。

バディウは、次のようなことを述べている。「神と宗教の最も単純な定義は、真理と意味とが一つの同じものであるとするアイデアにある。神の死とは、真理と意味とを同一のものとして措定するアイデアの終焉である」と。[3] この論を前提にしたとき、意味に満たされた「世界」と無縁な資本主義は、神の死の最も明白な指標であるように見える。資本主義に固有な世界観は存在せず、資本主義化と文明化とは似て非なるものである。

だから、確認すれば、資本主義こそ、宗教から解放された近代化の最も顕著な現われであるように思える。だが、しかし、こうした観察は、社会学の歴史の中でも最も重要な発見、大胆であると同時に説得的な発見と矛盾しているように見える。その発見とは、マックス・ヴェーバーの有名なテーゼである。

ヴェーバーは、本格的な資本主義が、つまり産業資本主義がどうして西洋で圧倒的に早く誕生し、成長したのかという問いを立てる。実際、資本主義的な社会システムは、経済的に先進地域であったイスラーム文化圏や中国においてではなく、それらよりも後進的で、田舎くさかった西洋で生まれ、そして発達した。これはまぎれもない事実である。この事実に対してヴェーバーが与えた解答は、広く知られているように、西洋固有の宗教である。ヴェーバーは、プロテスタンティズムのエートス（倫理的生活態度）、とりわけカルヴァン派の予定説こそは、資本主義の精神に連なる原点であった、との仮説を提起した。マルクスもまた、ヴェーバーに先だって――ヴェーバーほどの緻密な検証を経てはいないが――類似の洞察に至っていた。マルクスにとっては、貨幣退蔵者（守銭奴）こそは、資本家の前史である。貨幣（商品への交換可能性）だけを欲望するということは、彼がむしろ、物質的には無欲なことを意味しており、「天国に宝を積む」ためにこの世において無欲な者が敬虔な信仰者とされるならば、貨幣退蔵者も同じ意味での信仰者であるという趣旨のことを述べている。[4]

とすれば、われわれは、一見矛盾する結論の前に立たされている。一方で、資本主義は、いかなる宗教的な「世界」からも自由で、それらから解放された、中立的な機械のように見える。他方で、資本主義は、宗教性の規定を強く受けた現象、西洋で固有に発達した宗教的な伝統の中でのみ誕生しえた特殊な行動様式の産物に見える。この矛盾をどのように説明したらよいのだろうか？[5]

神の現前の遅延化

この矛盾を説明するためには、資本主義の浸透・普及に代表される世俗化の過程自体が、宗教的な現象、宗教的に規定され、促進された現象だったと考えるほかないだろう。世俗化は、宗教を否定し、宗教から離脱する（だけの）過程ではない。それは、宗教そのものを原因とし、宗教によって駆動された現象でもあったのではないか。つまりは、宗教には、独特の自己否定の可能性が孕まれていたのではないか。しかし、宗教自身が、宗教の否定（世俗化）を帰結するメカニズムは、どのようなものだったのか？　この点については、ここでは、仮説的にごく簡単な素描を与えることができるだけだ。

ヒントを与えてくれるのは、やはり、ヴェーバーの議論である。そこでは、資本主義の精神

（世俗性の極）とプロテスタンティズムの倫理（宗教性の極）とが直結している。ヴェーバーがとりわけ重視した、カルヴァン派の予定説とはどのようなものであろうか。それは、キリスト教的な終末論を前提にした教義である。キリスト教では、歴史の終末の日に、最後の審判があり、そこで、神によって、救済され神の国に入る者と呪われ地獄に行く者とが弁別される。このことに関して、予定説は次のように考える。すなわち、神は人間を絶対的に超越しており、かつ全知で、歴史の始まりから終わりまでを完全に見とおしているので、誰が救済され、誰が呪われるかを最初から決めてしまっている。人間のどのような行動も、神のこうした決定を変更することはできない。たとえば、人間が善行を積んでも、あるいは免罪符を買ったとしても、神の決定は変わらない（全知の神は、そもそも、そうしたことが起きることを最初から計算に入れて、結論を出している）。さらに、神の知は、人間の知恵を圧倒的に凌駕しているので、人間は、神がどのように判断しているかを知ることはできない。神の知に関して、人間は無知なのだ。

このような過激な運命論を採用したとき、人間は、すべての努力を放棄し、善行へのいかなる動機づけをも失ってしまうのではないか。始めから、救われるか否かが決まっていて、いくらがんばって善行を積んでも結論が変わらないのだとすれば、どうして、あえて善いことをしなくてはならないのか。しかし、実際には、予定説の下で、日常生活をすみずみまで合理的・方法的に統御するような禁欲的な態度が出てくる、とヴェーバーは論ずる。この精妙な論の運びについては、紹介を控えておこう。[6]

ここでは、予定説が宗教に内在するいかなる論理から生まれてきたかを考えてみよう。[7] 先に述べたように、宗教においては、信仰の保証人である第三者の審級は、一方では、存在しなくてはならず、他方では、（世界に内在するものとして）現前してはならない。どのような宗教も、この背反する要請を適当に充足しなくてはならない。世界内の特定の事物や人物の姿を借りて、安易に、第三者の審級（神）の現前＝存在を確保してしまうことを、一神教の伝統では、「偶像崇拝」と呼ぶ。偶像とは、贋物の神のことである。実際には、世界内に出現するどのような具体的な事物や人物も、偶像である。しかし、それでも、宗教は、神の存在を人々に確証させなくてはならない。

たとえば、三大一神教の中でも、最も厳しく偶像崇拝を禁止しているイスラーム教は、神と人間との間に唯一的な接点を設定することによって、この難問を解決している。その接点こそ、ムハンマドに対する神の啓示である。神は、歴史の特定の時点で、しかも特定の場所で、ただムハンマドに対してだけ現前した。[8] その唯一の接点を通じて、神（第三者の審級）は、自身の判断を、自身の欲望を、自身が「（人が）何を信じることを（善として）承認するか」を示したのである。その全体が、イスラーム法の体系である。その結果として、世界には、どうしても特異点が生じ、そこが、神にいくぶんか近い権威を宿すことになる。特異点とは、ムハンマド（という身体）であり、彼が啓示を受けたメッカである。こうした特異点を神のように扱えば、それがまたしても偶像崇拝であり、実際、使徒ムハンマドを崇めることは、厳しく禁止されていた。それでも、ムハンマドの言動やメッカが超越性を孕むのは、やむをえない。

　さて、問題は予定説である。予定説もまた、宗教に固有のこの難問——第三者の審級の現前なしの存在をどのように確保するのかという難問——に対する、一つの解決策と見なすことができる。予定説のやり方は、第三者の審級（の現前）の徹底した遅延化、無限の遅延化という方法だ。第三者の審級が具体的な事物や人格の中に現前してしまうことが、その超越性を侵すことにつながるので、その現前を「遅延化」しようとする傾向は、どのような宗教においても見られる。たとえば、今、比較の参照点として紹介したイスラーム教の場合には、歴史を遡り、ムハンマドが啓示を受けたときまで回顧しなければ、神の現前の瞬間に到達することはできない。しかし、一般には、遅延化は、常に有限である。つまり、神の現前が得られるところにまで到り着くことができる。

　それに対して、予定説の特徴は、遅延化が無限だということにある。神は、いつまで経ってもやって来ない。最後の審判のときは、いつまでも先送りされているのだ。それだけではない。ここまでならば、終末論的な構成をとる宗教に一般的に見られることである。予定説にとりわけ顕著なのは、人間の知性や想像力が、神の判断に到達することができず、また人間の行動が神に影響をいささかも与えないという意味で、神が人間から遠ざかっているということである。神の判断を確定的に推測したり、神の判断に影響を与えることができる——と想定できる——ならば、人間は、観念的に神のところに到達し、その現前に立ち会っていることになるだろう。しかし、神が何を意志しているのか、神が何を決定しているのか、人間がおよそ推測したり、想像したりできないのだとすれば、神は推測や想像という人間の心の働きから逃げているのであって、その意味で遅延化は終わらないことになる。

予定説は、第三者の審級（神）の現前を無限に遅延化したときに導かれる教義である。この無限の遅延化は、別の言葉で表現すれば、第三者の審級（神）の徹底した抽象化と見なすことができるだろう。遅延化が無限になったとき、人は、神が具体的に現前する場に、現実的にも観念的にも到達できないことになるからである。

「信」から「知」へ

第三者の審級の現前がこのように無限に遅延化された場合、ひとつの重大な転換が生ずる。第三者の審級に帰せられる絶対的な判断が、「信」から「知」へと（事実上）置き換えられるのだ。これには、いくぶんか説明が必要だろう。

先に述べたように、社会におけるわれわれの行動の前提は、第三者の審級に帰せられている判断の形式でもたらされる。「前提」は、第三者の審級が欲していると人間が想定していること、第三者の審級が信じていると人間が想定することに合致している。

だが、予定説の下では、第三者の審級が何を欲しているかは原理的に不可知である。予定説においては確実なこと、それは、何を欲しているのであれ、第三者の審級が存在しているということと、ただそれだけだ。このとき、第三者の審級に帰せられる判断を知ろうとする、無限の探究の過程が出現する。人間は、神、すなわち第三者の審級に対して、繰り返し、問い続けるのである。あなたは、私（たち）に対して、何を欲しているのか、と。このとき、気が付いてみれば、人間が探究していることは、実は、第三者の審級が欲したり、信じたりしていることではなく、第三者の審級が——真理として——知っている（はずの）ことに転換している。なぜか？

この点を説明する前に、まず、「信」と「知」とでは何が異なっているのかをあらためて確認しておく必要がある。先に述べたように、何を信じているかということ、信の対象は、言わば抗事実的である。すなわち、それは、事実に不関与であって、固定的だ。信には、現にどうであるかということを無視する、決断の飛躍がある。それに対して、知の対象、知るべきものとされている内容は、事実（の発見）に即して変化し、絶対的に固定的な前提を有してはならない。現にどうであるという事実に即して、知は変更されていく。

さて、今、神が何を欲しているのか、神がどのような「信仰」を承認するのか、人間には、確定的なことは何もわからない、とする。予定説の神に関しては、実際、このような仮定が成り立っている。このとき、人間は、宇宙についての事実から、神の意志や欲望を、あるいは神自身が信じていることを推測するほかないだろう。宇宙は、神の創造の産物であって、神が望み、欲していることはここに刻印されているからである。言い換えれば、神が全知で全能である以上は、神が欲していることと、神が真理として措定していること——つまり神が事実として知っていること――とは、合致するからである。したがって、神の欲望や神自身が信じていることを探究することは、結局、神自身に帰せられる知を探究することと同じことになる。実際、カルヴァン派のプロテスタントが、自分が救われているのか呪われているのかを探索しているとき、彼は、神が欲していることを知ろうとしているというより、神が宇宙の創造の時点で知っていたはずのことを知ろうとしているのである。

ここで、人間自身が宇宙に内在しているため、人間が知りうる事実は、常に部分的で、不完全であり、それゆえ不断に変化している、ということに留意しなくてはならない。こうした事情のゆえに、神に帰する知についての人間の判断、神が真理として知っているはずのことについての人間の推測は、その度に変更されていくことになる。このような不断の改訂は、神が欲していることを、あるいは神自身が信じていることを探究する場合には、生じない。こうした相違の由来は、今しがた述べたような「信」と「知」の性格の違いにある。

神＝第三者の審級に帰せられていることが①「信」であるか、②「知」であるかの相違は、①「聖なるテクスト」の解釈に基づく「意味」の探究と②実験や観察に基づく経験科学的な「真理」の探究の違いに対応している。

①神が何らかのやり方で現前するとき、神が欲していることは、神の言葉として、つまり不動の「聖なるテクスト」の形式で全面的に開示される。たとえば、「クルアーン（コーラン）」は、そのようなテクストである。このとき、宇宙の「意味」を知るために、人間は、その

「聖なるテクスト」を解釈する。神が何を欲し、人間が何を信ずべきかは、すでに「テクスト」として開示されているのだから、人間は、原理的には、その「意味」に到達できるはずだ。②それに対して、神の現前が無限に遅延されたときには、神の意志は「テクスト」のように明示されはしないから、人間は、神が創造した宇宙についての事実を手がかりに、「真理」という形式の神の意志を探究しなくてはならない。だが、宇宙に内在している人間は、常に、事実を部分的にしか手に入れられない。それゆえ、人間は、最終的な「真理」に到達することはできず、せいぜい、「真理の候補」を、つまり「仮説」を知ることができるにとどまる。

これこそ自然科学の方法であろう。

知が帰せられた第三者の審級は、——信が帰せられている第三者の審級と対比して——権威を次第に失っていく。権威とは、いかなる根拠にも支えられることなく、それ自体として妥当性を有することである。神が欲し、信じていることに関して、人は審問に付したり、反論したりすることはできない。しかし、神が知っていることについての探究は、ここに見てきたように、その度に仮説が提起され、それが疑問に付せられ、改訂されていく反復である。それは、事実上、「神の知（とされたこと）」が——権威にふさわしい——絶対的な根拠をもちえないことを意味している。「クルアーン」のような神聖なテクストと科学的な仮説との間に、どれほど大きな権威の差があるかを考えてみればよい。科学的な仮説は、通説になっていたとしても、反証されたとたんに破棄されてしまう。それは、自体的な根拠を、つまり権威をもたないからである。

したがって、第三者の審級は、その現前を無限に引き延ばされたときには、つまり（信じている主体ではなく）知っている主体として措定されているときには、やがて、まさにその本質的な条件を、すなわち超越性を喪失していくことになる。これは、逆説である。第三者の審級の現前が無限に遅延させられたのは、その神的な超越性を厳密に保持するためであった。ところが、そのことが、第三者の審級の超越的な権威が失われる原因になるのだ。ここで、われわれは、世俗化をめぐる謎に対して、暫定的ながらひとつの説明を与えたことになる。宗教に内在する固有の論理を徹底して追求した結果、宗教の根幹をなす第三者の審級の超越性が摩耗していく。つまり、世俗化自体が、宗教性の論理に規定されているのである。

3　抑圧された神の回帰

脱世俗化？

それゆえ、「世俗化」として記述される近代化の過程を経た後でも、なお、「社会がそれ自体として宗教現象である」、というテーゼは維持される。それどころか、世俗化自体が、徹底的に、宗教の論理に内在する現象として、まさに宗教社会学的に説明されなくてはならないのだ。ここまでの議論は、しかし、本書に収録されている諸論文を読むための前提である。

「ポストモダン」等と呼ばれることもある二〇世紀末期移行の段階では、この社会は、もう一段の転回を経験しつつあるように見える。世俗化は、神や宗教性を——表面上は——抑圧し、排除する社会変動であった。だが、この四半世紀ほどの間に、この日本で、あるいは地球社会全体で顕著なのは、世俗化を逆流するような出来事、脱世俗化とでも呼びたくなるような現象のせり出しではないか。

地球社会の規模で見たときには、脱世俗化への端緒は、一九七九年にイランで起きたイスラーム革命であろう。さらに、二〇〇一年の9・11テロにおいて頂点に達するような、宗教原理主義運動がある。原理主義は、とりたててイスラーム教に特徴的なものではない。よく知られているように、キリスト教の原理主義も存在している。のみならず、テロとの闘いを謳う合衆国を中心とする勢力のスローガンや使命感は、それ自体、宗教的なものだと言わざるをえない[9]。

日本国内に視野を絞った場合にも、同じような脱世俗化の傾向を至るところに見出すことができる。その最も目立った事例は、言うまでもなく、一九九五年に日本中を震撼させたオウム真理教事件である。このような反社会的・脱社会的な運動だけではない。たとえば、いわゆる「スピリチュアリティ」のブームのことを考えたらどうであろうか。あるいは、一見、科学の装いをしている脳科学ブームもまた、しばしば、呪術ときわどく隣接している。

今、ここに、厳密な規準を設けずに列挙した諸現象は、世俗化＝近代化という社会変動の趨勢からは明らかに逸脱している。むしろ、次のようなイメージが正鵠を射ているように見える。フロイトに「抑圧されたものの回帰」という概念がある。抑圧されたり、忘却されたりした心的表象は、フロイトによれば、強迫的な反復のような症状となって回帰してくる。現在の脱世俗化の現象は、この「抑圧されたものの回帰」によく似ている。近代化＝世俗化を経て抑圧されたり、排除されたりした神や宗教が、独特の形式を帯びて回帰してきたのだ、と。

本書に収録した諸論考は、主として、ポストモダンの現在における顕著な社会現象や出来事を、広義の宗教現象として解釈する試みである。社会それ自体が宗教現象に属しているとするならば、こうした試みは十分に正当化されるだろう。「抑圧されたものの回帰」というフロイトが用いた隠喩によってここで指示した機制が、厳密にはどのような論理に従っているのか。この点についての説明は、本文の論述にゆずりたい。

本書の構成

最後に、本書の構成について、かんたんな案内を記しておこう。見られる通り、本書は11個の章によって成り立っている。これらは、異なる機会に書かれた論文を基にしているので、独立して読むことができる。

第I部に収録した三つの論文は、近代／現代といった段階区分にこだわらずに、宗教やキリスト教の基礎的な論理を抽出するためのものである。

第1章では、宗教なるものの発生を規定した論理の骨格を示したうえで、その論理の展開の中で宗教の類型化を提起している。これは、宗教とは何か、という最も基礎的な問いに答えようとする試みである。

第2章では、中世のキリスト教神学（普遍論争）と二〇世紀の物理学（量子力学）とを対比させている。両者はちょうど対照的であり、こうした対比は、どちらを理解する上でも有用だ。ここで特に重要なのは、「キリスト」なるものの特異性を浮上させることである。意外と思われるかもしれないが、二〇世紀初頭の物理学の核心は、「キリスト」の本性の一つの表現として解釈することができるのだ。

第3章は、今日では多用されている世俗的な装置「法人」が、実は、宗教的な産物であることを証明するものである。ここでも鍵になるのは「キリスト」だ。

第Ⅱ部には、世紀転換期のいくつかの顕著な社会現象を、宗教的な現象として解釈した諸論文を収録している。

第1章は、オウム事件の後、二〇世紀末にかけて連続的に起きたオウム事件と類似したいくつかの宗教的な事件を、社会学的に分析した論考である。マルクスは、ヘーゲルの言として、すべての重要な出来事は、まず悲劇として起き、その後、笑劇として反復される、と述べている。オウム事件と、その後に連続した類似の宗教的な諸事件の関係は、この悲劇と笑劇との関係に等しい。

第2章は、人間にとって「父」とは何かということについての原理論を踏まえた上で、現代社会における父性の変容について考察した論考である。父こそは、第三者の審級の原型であることを考えれば、これもまた一種の宗教社会学の試みである。

第3章は、しばしば指摘されてきた「仮想現実と現実の間の混乱」についてあらためて考察したものである。事件が起きるたびに繰り返される、「(犯人は)仮想現実を現実と取り違えている」といった雑駁な論評は、事態の本質を捉えているとはとうてい言えない。この章では、オウム信者の教祖麻原彰晃へのコミットメントの形式を補助線とすることで、状況を分析している。鍵となる概念は、「アイロニカルな没入」である。

第Ⅲ部では、三つの不可解な犯罪を具体的に分析することから、現代社会の特徴を浮き彫りにしようとした論考を集めてある。二〇世紀の最後の一〇年あたりから、日本では、それ以前には見られなかった奇妙な殺人事件が、しばしば起きるようになる。「奇妙な殺人事件」とは、非常に陰惨で凶悪ではあるが、一見、それだけのことを惹き起こすにたるような明確な動機を見出し難い——その意味で不可解な——殺人事件のことである。犯人は、多くの場合、十代/二十代の若い世代に属しており、裁判では、しばしば犯人の責任能力が問題になるが、彼/彼女は、少なくとも、誰の目からも明白であると言えるような重篤な精神疾患に罹っているわけではない。このような殺人事件の増加は、日本だけの特徴ではない。

ここで実際に取り上げられているのは、宮﨑勤事件(第1章)、酒鬼薔薇聖斗事件(第2章、第3章、第4章)、そしてアキハバラ事件(第5章)の三つの犯罪である。これらは、いずれも、通常の犯罪のように利害や人間関係をめぐるトラブルや憎悪に原因があると考えると、まったく理解できない。しかし、犯罪において賭けられていたことが宗教的な次元のことであったと見なすことで、犯人たちの行動が説明できる。これらは、すべてあの「抑圧された神の回帰」を代表する犯罪である。

第Ⅱ部・第Ⅲ部では、この二〇年ほどの出来事や社会現象が主な主題になっている。本書では、近代という文脈、とりわけ近代の後期の変容（ポストモダン）という文脈を明確に抉り出すことが、重要な目的だからである。こうした区切りを浮かび上がらせるためには、時代区分のためのものさしの目盛は、細かすぎても粗すぎても不都合である。たとえば、近代の後期の特徴を浮き彫りにするには、時代区分の目盛は、百年以上の長さをひとまとまりの段階と見なすよう粗さであってはならない。が、逆に、数年ごとに区切られるような段階区分では、大きな本質的特徴を見失うことになる。インターネットに関連する技術や流行を初めとして、新しい道具やテクノロジー、風俗などが次々と出現するため、細かな変化に目を奪われるが、そうした変化をさらに規定しているような、近代の内部の大きな転換を捉えるには、四半世紀程度の期間をひとつのまとまりと見なすことができるような目盛が必要になる。二〇年ほどの期間に起きた出来事や現象の分析を一書に収めたのは、こうした意図からである。

＊註

1　聖骸布が本物だとして、たとえば、そこから抽出された血液からイエスのＤＮＡの配列までがわかってしまったとしたらどうだろうか。それが、いかに冒瀆的で、信仰にとって脅威であるかを想像してみればよい。

2 それならば、人は、第三者の審級が存在していることを、どのようにして信じることになるのか。われわれは、信仰の可能条件として、第三者の審級の存在への信を認めたが、その信自体は、どのようにして保証されるのか。第三者の審級の存在についての確証へと人を導くメカニズムを、私は、次の諸著作で論じ、それに「第三者の審級の先向的投射」という名を与えた。『身体の比較社会学』、『行為の代数学』、『意味と他者性』第1章。また、本書の第I部第1章でも、そのメカニズムのラフスケッチが示されている。

3 “Conversation with Alain Badiou,” *lacanian ink* 23, New York, 2004, p.100

4 もっともヴェーバーの「資本主義の精神」は、「資本家の精神」よりも広い概念である。たとえば労働者の精神もまた資本主義の精神の中に巻き込まれている。そうしたことを考慮に入れれば、ヴェーバーの論とマルクスの論の間の並行性は完全ではない。

5 ウェーバーよりもさらに射程を拡げた、近年の重要な研究としては、ジョルジョ・アガンベンの次の著作を挙げることができる。Giorgio Agamben, *Il Regno e la Gloria*, Vicenza: Neri Pozza, 2007. アガンベンによれば、「経済（オイコノミア）」は、本来、（キリスト教）神学の重要概念であり、「神の配剤・摂理」を意味していた。また、政治に関しては、カール・シュミットの主権論におけるよく知られたテーゼ、「近代的国家論のすべての的確な概念は、神学概念である」というテーゼを想起されたい。シュミットによれば、世俗的な政治の概念は、すべて神学に由来する。

6 たとえば、教師が学生に、君たち一人ひとりの合格／不合格は最初から決めている、君たちがいくら勉強してもその結果は変わらない、と学期の冒頭で宣言したらどうだろうか。そのとき学生は、きっと怠けて、勉強を放棄するだろう。このケースと予定説とでは、どうして違いが出るのか。教師と神とではどう違うのか。それを熟考してみよ。

7 無論、予定説は資本主義の精神を生み出すために定式化されたわけではない。「資本主義の精神」は、「意図せざる結果」としてのみ、つまり本質的に副産物としてのみもたらされる帰結の一種である。

8 しかも、その現前の仕方も、間接的である。神は、ムハンマドに直接姿を見せず、大天使ジャブライール（ガブリエル）を通じて、その言葉を伝えているからである。神の直接の（つまり偶像的な）現前は、ぎりぎりのところでもなお回避されているのである。

9 拙著『文明の内なる戦い』ＮＨＫ出版、二〇〇二年。

第Ⅰ部

宗教原理論

第1章
宗教の社会論理学

1　問いの置換

あらゆる人間の社会に、宗教は見出される。マックス・ヴェーバーやエミール・デュルケームのような本質的な社会学者は、いずれも、宗教社会学を根幹的な仕事としていた。この事実からだけでも、宗教が人間の社会に深く根ざしたものであるということが、人間の社会と宗教が等根源的だということが、暗示される。

宗教とは、超越的他者、超越的第三者に対する信仰である。言い換えれば、一連の諸行為が、超越的他者・超越的第三者の存在を前提にしていると見なし得るとき、そこには、宗教がある。

ここで、超越的な他者というのは、経験的な宇宙の内部に直接には現前しえない他者、認識を含む経験的な操作の直接の対象とはなりえない他者のことである。「神」「仏」「天」等と呼ばれているのが、そうした超越的な他者の例である。一般に、超越的他者は、至高の――それ以上の根拠を要しない――価値を帯びていると見なされる。その価値が「聖」である。聖は、他の諸価値――それが「俗」の領域を形成する――の根拠や前提を提供する。

宗教が、社会と等根源的なのはなぜなのか？　その理由を探究してみよう。だが、こうした抽象的で一般的な問いを探究するときには、迂回路を設定するほうがよい。そこを通過したときに、結果として、一般的な問題を探究したことになるような通路として、もう少し特定した問いを設定しておくのだ。ここでは、次のような問いを利用してみよう。西洋の――近代における西洋の――特権性は、どこから来るのか、と。

思い切って、乱暴に単純化してしまえば、近代とは、西洋が地球化していく過程である。無論、厳密に言えば、近代化には、地域的・文化的な多様性があり、それを一枚岩的な西洋化と見なすことには、明らかな無理がある。が、そうした多様性を承認したとしても、なお、西洋が特権的であることは間違いない。さまざまな近代化において、西洋に由来する文化、西洋に由来する価値観だけが、唯一の一般的な参照点だったからである。B・アンダーソンがナショナリズムに関して使った表現を借用すれば、西洋的な価値観に由来する文化や制度が、汎用性の高いモジュールとして、世界中で――若干の歪曲をともないつつ――利用されてきたのだ。しかし、ごく素朴な常識に従えば、近代化は、世俗化の――宗教からの離脱の――過程でもなかったのか？

宗教に関する探究の焦点に、「近代」を設定しておくのは、不都合ではないか？

だが、地球的な規模の圧倒的な影響力を発揮した「西洋」の文化的なアイデンティティを問うたとき、そこに見出される唯一の根拠は――西洋を他から分かちかつ「西洋」という語で漠然と理解されている社会領域に共通に見出される特徴は――、結局、宗教しかない。無論、それは、キリスト教である。もう少し特定しておけば、それは、西方キリスト教、ローマ中心のキリスト教、カトリックとその分派によって構成されたキリスト教である。キリスト教は、大きく二つに分けられるが、西洋に関連しているのは、東方キリスト教（ギリシャ正教）ではない。要するに、西洋とは、旧ラテン語圏、かつての西ローマ帝国（とそこからの飛び地＝アメリカ）である。もし、この地に由来する文化に、他の文化とは比較を絶した、地球的な規模の影響力があるとすれば、その影響力は、結局、そこが（西方）キリスト教の支配下にあったという事実に由来するような何かに基礎を置いていると考えるほかない。事実、ヴェーバーやミシェル・フーコーの探究を導いていたのは、こうした直観である。

だが、こうして西洋のアイデンティティの核をキリスト教に見るとき、われわれは、直ちに次のことに気がつく。右記の宗教の定義の中で、キリスト教を位置づけてみるならば、それは、きわめて例外的な宗教である、と。宗教は、超越的な他者への関心であった。だが、キリスト教にあっては、超越的な他者が同時に内在的でもあるのだ。無論、それこそがイエス・キリストである。つまり、キリスト教は、宗教の宗教たる本性に対して否定的でもあるような宗教なのだ。

2　宗教の源泉

聖典をもつほどにまで複雑化した多くの宗教は、たいてい、そうした聖典の中に、エロチックな含意を有するテクストを含めている。たとえば、旧約聖書の中では、「雅歌」がそうである。もちろん、そうしたテクストに書き込まれた性愛の体験を、宗教的な体験の根幹にあるものとして公認している宗教もある。だが、性愛の体験と、宗教的な教義との関連を公認していない宗教も少なくはない。しかし、そのような宗教でも、エロチックなテクストをもっている。そのような場合、宗教の専門家は、エロチックな記述を寓意としてのみ解釈するように警告する。たとえば、雅歌は、「あなた」と呼びかけられた神の、私への口づけを詠うところから始まるが、それは、律法を授ける行為の隠喩である等と言われるわけだ。しかし、このように隠喩として解釈しなくてはならないのだとすれば、なぜ、聖典は、こんな回りくどいことをするのかが疑問になる。むしろ、この種のテクストは、本来、文字通りに——寓意的にではなく文字通りに——読むべきものだ、と考えるほうが自然ではないだろうか。

こうしたちょっとした観察から導かれる洞察は、こうである。宗教をめぐる原初的な体験は、性愛の体験に近いものだったのではないか。言い換えれば、宗教の定義的な要件をなす、超越的第三者への関係と同質の体験が——少なくともその枢要な必要条件を構成するような体験が——、すでに、通常の〈他者〉との関係の内に、性愛に代表されるような〈他者〉との関係の内に孕まれているのではないか。

超越的第三者は、経験的な宇宙に対して、絶対的に他として対峙する実体である。ところで、他方で、〈私〉が、本来の意味での〈他者〉と出会うのは、つまりまさに他者としての〈他者〉と出会うのは、〈他者〉が〈私〉からは原理的に踏破しえない差異において与えられるときである。任意の志向作用は〈私〉に帰属しており、その点で、〈私〉には、可能的・現実的世界のすべてを含むひとつの宇宙が所属している。〈他者〉とは、〈私〉と同様に、しかし〈私〉とは異なる独自の宇宙が所属する身体である。そうであるとすれば、〈他者〉の他者性が、〈私〉の宇宙の内的な対象として把持されることは、原理的にありえない。もし、〈他者〉が〈私〉の宇宙の内的な要素であるならば、それは、もはや〈私〉と同格の宇宙の担い手とはなりえないからである。

〈私〉は、どのようにして〈他者〉と出会うのか？　たとえば性愛の体験において、〈私〉は〈他者〉をどのように体験するのか？　任意の志向作用は、宇宙内の諸現象を、〈私〉に——つまり「この身体」に——中心化した相で、つまり〈私〉＝「この身体」に対するものとして、現前させる。これを志向作用にともなう求心化作用と呼ぶことにしよう。だが、これとまったく同時に、志向作用には、準拠点となるその「中心」を、対象の方へと、他処へと移転させる作用が伴っている。これを遠心化作用と呼ぶ。〈他者〉は、つまり〈私〉と同等な資格で志向作用の固有の中心となりうる「あの身体」は、遠心化作用を通じて、あるいは求心化作用－遠心化作用の厳密に同時的な連動を通じて、〈私〉に対して与えられ、顕現するのである。求心化作用と遠心化作用の連動性が、否定しがたい形で明白になるのが、性愛の関係である。たとえば、愛撫の体験だ。愛撫は、医者の触診とは違う。触診においては、他者の身体は、一個の事物として対象化される。だが、愛撫では違う。つまり愛撫においては、〈私〉の指は、他者の肌の温度や硬さ、あるいは拍動を感じ取ろうとしているわけではない。愛撫を通じて、〈私〉は、〈私〉の指が触れるところの〈他者〉の身体が、まさに〈私〉の指に反応して感じ、言わば、〈私〉の身体に触れ返しているのを感ずることになるのだ。つまり〈私〉が〈他者〉の身体に志向しているとき（求心化作用）、同時に〈他者〉が〈私〉の身体に志向しているのである（遠心化作用）。

ここで、重要なことは、〈他者〉は、〈私〉の志向作用によって——同一性を帯びたものとして——対象化され尽くすことはなく、ただ、そこから「逃れ行く」という形式においてのみ、すなわちまさに遠心化していくものとしてのみ、与えられるということである。たとえば、愛撫において、〈私〉は、〈他者〉が感じ、〈他者〉もまた〈私〉に触れているのを感ずる。が、その瞬間に、〈私〉の指が、〈他者〉の身体を、〈私〉に触れる能動性のままに把握しようと意図すると、逆にかえって、「それ」は、〈私〉に触《さわ》られているだけの対象へと転じてしまう。したがって、〈他者〉たる限りでの〈他者〉は、〈私〉の触れる作用から撤退していくのであって、〈私〉にとっては、常に痕跡でしかない。〈他者〉は、〈私〉に求心的に帰属する宇宙からどこまでも撤退していくのだが、まさにそのことによって、否定的に〈私〉に顕現するのである。〈他者〉を知ろうとする愛撫の試みは、言ってみれば、必然的に挫折するのだが、まさにその挫折において、

〈私〉を〈他者〉と出会わせるのだ。だが、しかし、このような〈他者〉は、それ自身としては、未だに、宗教体験を構成する超越的な他者ではない。それは、まだ「聖」の、つまり至高の価値の与え手としては現われていないからである。

さて、求心化－遠心化作用が厳密に連動するということは、次のことを含意する。〈私〉に対して、ある対象がたち現われているとき、遠心化作用を通じて、（〈私〉に）顕現している〈他者〉（たち）に対しても、その同じ対象はたち現われている——と〈私〉が直観しうる——ということを、である。対象は〈私〉と〈他者〉（たち）とに共帰属した相でたち現われるのだ。このとき、——まさにその共帰属が成り立っている限りにおいて——〈私〉と〈他者〉（たち）との差異が無関連化し、両者は同じひとつの間身体的な連鎖のうちに編みこまれることになる。

ここで、間身体的連鎖の中に組み込まれる身体の数が十分に多く、かつ個別の志向作用の強度が十分に強ければ、間身体的な連鎖の全体に対して、個別の身体は、言わば相対化され、間身体的連鎖それ自体が、個別の諸身体から独立した固有の実体であるかのように現われることになる。言い換えれば、対象は、間身体的な連鎖の全体に対して現われているのであって、どの個別の身体に対する現象形態からも独立した、固有の同一性を有するものとして措定されるのである。個別の身体から独立した、抽象的な実体として自存するに至った間身体的な連鎖を、「第三者の審級」と呼ぶ。第三者の審級は、対象のあるべき同一性を、つまり妥当な意味を指定する超越的な他者として現われる。したがって、それは、意味の妥当性の源泉である価値を与える超越性としても定位されていることになる。宗教は、ここに始まる。宗教を定義する超越的な他者こそ、こうして生成される第三者の審級にほかならない。

　このようにして第三者の審級が構成され、宗教が成立したことの効果を、次のように説明してもよい。人間の行為やコミュニケーションは、「意味」へと志向している。事物や出来事、そして行為やコミュニケーション自身が、特定の「意味」において把握されるのだ。ところで、「意味」は、区別と選択の所産であって、「他なる可能性」を否定することによって確保される。たとえば、ある発話行為が「命令」ではなくて、「依頼」として発効するのは、後者の可能性が前者の可能性から区別され、前者のみが否定されているからである。それゆえ、「意味」が同定されるためには、そこにおいて他なる可能性が拒絶され、ひとつの「意味」が選択されるような諸「意味」の集合が、つまり「地平」が前提として確保されていなくてはならない。こうして、地平の内部で、偶有性――他でありえたという可能性――が克服され、対象に対してひとつの「意味」が付与される。だが、そのためには、地平が何であるかが、つまり地平そのものの意味が同定されていなくてはならない。その地平の意味の確定のためにも、より包括的な地平が前提になるので、無限背進は止まらない。「意味」を確定しようとする遡行は、やがて、最大の地平としての宇宙そのものの偶有性へと至りつくことになる。

　つまり、宇宙そのものが、「他でもありうる」という様相を伴うがゆえに、任意の「意味」が規定不能で、不安定なものとして立ち現れるのである。このとき、宗教は、宇宙がまさにこうであるということを、第三者の審級——超越的他者——の偶有的な選択に帰属させる。まさに、超越的な第三者の審級の恣意的な意志に帰せられる限りにおいて、宇宙は、こうであるほかないものとして、必然性を帯びて現れることになるのだ。超越的他者への帰属を媒介にして、偶有性と必然性が合致してしまうのだ。超越的第三者たる神そのものにとっての偶有性は、内在的な人間にとっては必然性として現れるのである。諸「意味」の偶有性は解消される。超越的第三者が「聖」と見なし得る究極の価値を帯びるのは、このように、それが、さまざまな「意味」の偶有性を解消する究極の偶有性＝必然性として定位されているからである。

　ここまでの議論を整理すれば、宗教には、二つの——しかし繋がりのある——源泉があるということになる。第一に、求心化‐遠心化作用に規定された、〈他者〉への不可避的な関与《コミットメント》の体験がある。言ってみれば、〈他者〉に——気がついたときには——応じてしまっているような盲目的な信頼の体験があるのだ。第二に、〈他者〉が超越的で抽象的な第三者の審級へと転化するときに招きよせられる、究極的な価値としての「聖」についての体験がある。

　人が、それを通じて〈他者〉の顕現に立ち会う求心化‐遠心化作用は、任意の志向作用を構成する契機である。そうだとすると、宗教の原初的な形態は、宇宙に内在する多様な事物、多様な個物に、直接に、超越的他者の現れを見る諸宗教だということになるだろう。人間が——志向作用を通じて——関係する、宇宙に内在する具体物が、そのまま、超越的他者へと転化しうる可能性をもっているからである。これこそ、一般に、「自然宗教」「民族宗教」あるいは「多神教」等と呼ばれる宗教の類型である。

3　一神教

こうして構成された超越的他者＝神々は、共同体を規定する。神（々）を第三者の審級の位置に措定した関身体的連鎖の内に組み込まれた身体たちが、まさにその同一の神（々）を奉ずる集合としての共同性を獲得するからである。その神々が共同体の始祖として意味づけられていれば、その共同体は「氏族」という形式をとる。しかし、神々が「始祖」である必然性はない。いずれにせよ、前節で述べたような機制を通じて、氏族、部族、部族連合のような共同体が基礎づけられる。

そのような共同体たちが統合され包括的な共同体が形成されるとき、とりわけ戦争を通じて征服‐被征服の関係によって統合されるとき、一般には、それぞれの共同体のもともとの神々が保存されるので、新たな包括的な共同体は、より多数の神々を崇めることになる。神々は、いわゆる「パンテオン（万神殿）」に祀られる。その際、神々の関係は、共同体間の関係をそのまま反映することになる。すなわち、統合された新たな共同体の中で支配的な立場を得た共同体がもともと奉じていた神が、パンテオンの中でも優位な神としての地位を与えられるのだ。

さらに支配的な共同体が他の共同体に対して圧倒的な権力を有するときには、単一の神――支配的な共同体が崇めていた神――が、他の神々を圧倒し、ついには駆逐してしまうこともある。

こうして、単一の神のみを信仰する共同体が生み出される。このようにして実現した唯一神への信仰のごく初期の例として、古代エジプトの太陽神アテン崇拝を挙げることができる。エジプト王アメノフィス四世は「アマルナ改革」と呼ばれる宗教改革によって、他の多数の神々を排して、アテンを唯一神としたのだ（紀元前一四世紀）。

だが、このような唯一神への信仰は、まだ広義の多神教の中に含めて考えるべきであろう。述べてきたような成立の経緯から明らかなように、この場合、崇めるべき神が一であるか多であるかで、信仰に質的な差異があるわけではない。神が二であるか三であるかの区別が本質的でないのと同様に、一であるか二（以上）であるかは本質的ではない。パンテオンの中でひとつの神の「実力」が他の神々をたまたま圧倒しているだけである。外見上は単一の神だけが崇められているが、それは、いつでも多数の神々への信仰へと展開しうる潜在的可能性を秘めている。

*

質的な転換は、宗教の本来的な在り方への回帰を通じて生ずる。われわれは、前節で、神のような超越的他者が析出される原初的なメカニズムを抽出した。しかし、超越的他者を、宇宙内の（多様な）具体物に直接に見出すことは、超越的他者の超越性を裏切るものである。さらに、それは、宗教の原点――原点以前の原点――にあった、〈他者〉についての体験を裏切るものでもある。というのも、先に述べたように、〈他者〉は、「宇宙に内在する事物として対象を把握しようとする認識からの逃避」によってこそ、定義されるからである。そうであるとすれば、次なる展開は、神の超越性を厳密に確保しようとする宗教の登場である。それは、宇宙内に多様に分散している諸具体物をそのまま第三者の審級＝超越的他者として措定するのではなく、宇宙内のどの具体物とも等値しえない抽象性において、厳密な「一者」としての超越的他者を確保しようとする宗教である。ここに、厳格な「一神教」が誕生する。その典型的な代表が、まずはユダヤ教であり、そして、後に登場したイスラーム教である。

神は、今や、どのような具体的な経験的対象によっても正しく提示しえないという不可能性を通じて、体験される。このような神＝第三者の審級の抽象化は、神＝第三者の審級のもとに――論理的に――包摂しうる共同性の普遍化と相即している。神が抽象化したということは、その神に対して、人々が投射しうる志向作用や体験の多様度が増大することを意味する。言い換えれば、それは、神が与える規範や命令の中に下属させうる、志向作用や体験の潜在的な多様度が飛躍的に上昇しうることを含意している。実際、「ユダヤ人」は、論理的には、自然宗教を奉ずる、周囲の土俗的な共同体とは異なる、普遍的な共同体である。なるほど、確かに、ユダヤ人も一個の特殊な民族だと言うこともできるだろう。しかし、ユダヤ人とは、民族であることを否定する民族、自然宗教のもとにある特殊な民族ではないという否定的な性質をアイデンティティの根拠とするような民族である。彼らは、恣意的で特異な法規範を遵守することによって、狭い共同性の内に閉じているように見えるが、まさに、その奇妙な法規範は、周囲の特殊な諸共同体から自らを区別するためである。こうした、普遍的な共同性への指向をさらに徹底させたのが、イスラーム教である。普遍的な共同性へと強く方向付けられていることを考慮に入れた場合には、この種の宗教は「世界宗教」と呼びうる。

この段階にあっては、神は、表象することの失敗を通じてこそ、直観される。そうであるとすれば、こうした宗教の第二の類型にとって、最も重要な規定は、偶像崇拝を禁止する法である。偶像とは、直接に神（第三者の審級）と見なされた具体物である。偶像を崇めることは、超越的他者としての神の本性そのものを否定する侵犯と見なされたのである。ユダヤ教は、「汝は自らのために一切の偶像を作ってはならない。天上にあるもの、地上にあるもの、地下にあるものを問わず、一切の似姿を作ってはならない」とする条項を律法の内に加え、それを厳密に遵守することによって異教から自身を区別したのだ。ユダヤ教が、自身の周囲に見出される自然宗教の熱狂を嫌ったのは、そこでは、具体的で経験的な個人が、そのまま神と見なされていたからである。

偶像崇拝の禁止規定の内に見出される精神を、論理的に純化したときに得られるアイデアが、否定神学である。五世紀のギリシャ教父偽ディオニュシオスがその名を案出したという否定神学は、宇宙を超越する神は、宇宙内の諸物を把握するためのいっさいの認識を越えており、それゆえ、その本性は「Xではない」という否定的な仕方でしか捉えられない、とする理説である。認識の操作がその対象に直接に到達してしまい、「Xである」という肯定的な判断において示されるような形式で対象が把握されてしまうとすれば、その対象は、もはや神ではなく、偶像である。

だかしかし、ユダヤ教には、こうした理解の中に完全には回収しえない、いくつかの両義性がある。その両義性は、ユダヤ教を、先行する、あるいは後続する宗教類型との繋がりの中に位置づけることによって、説明可能なものとなる。たとえば、「(神の)顔」についての旧約聖書の記述には、混乱があるように見える。一般には、神の顔を見るものは死ぬ、とされている。これ自身は、偶像崇拝の禁止規定の一種である。神を顔として、一個の具体的な像として、対象化することが禁じられているのだ。ところが、しかし、創世記によれば、ヤコブは、神の顔を見ているのだ(Lévinas 1980＝1989 参照)。ヤコブは、ユダヤ人の歴史的な記憶にとって、特別に重要な人物である。彼は、ユダヤ人たちの諸部族の統一性を象徴する人物だからである。「イスラエル」という名も、ヤコブの「もう一つの代わりの名前」に由来している。

ヤコブは、一旦離れた故郷カナンへと帰る旅の途中で、謎の人物に会う。彼は、その人物と、夜を徹して戦う。最後に、この人物は、ヤコブを祝福して去っていくのだが、この祝福の行為によって、彼が神であったことが示されるのだ。だからヤコブは、こう叫ぶことになる。「私は顔と顔をあわせて神を見たが、なお生きている」と。彼は、その地を「ペニエル(神の顔)」と名づけた。「顔を見ることの禁止」が、ここでは、「顔を見ることによってもたらされる神的な超越性」という構成に置き換えられている(大澤 一九九四参照)。両者は矛盾しないのか? 「ペニエル」は、先に概観した、宗教についての原初的な体験(源泉)が、ユダヤ教の内に留めた痕として、解釈することができるのではないだろうか。このヤコブの挿話は、顔についての体験と神との繋がりを暗示している。「顔」は、求心化作用と遠心化作用の同時的な活動が最も顕著に現れる対象である。顔とは、こちらがそれを見ているとき（求心化作用）、それもまたこちらを見ている（遠心化作用）という直覚を伴う存在者だからだ。もし、ヤコブの挿話が、顔を見合わせた〈他者〉の、神への転換を示唆しているとするならば、これは、前節に検出した、宗教の原体験についての仮説を補強するものだと言えるだろう。

ユダヤ教やイスラーム教の偶像崇拝の禁止は、神を被造物（具体物）との――とりわけ人間との――類比で捉えることの拒否である。たとえば、ギリシャ神話の神々は、ほとんど人間である。ユダヤ教は、神のこうした把握を嫌悪したのだとされている。ユダヤ教は、神を人間的に、人間に近いものとして理解してもいる。たとえば、創世記の最初の章で、神は、人間の創造にあたって、こう言っている。「われわれの形に、われわれにかたどって人を造り……」と。スラヴォイ・ジジェクが述べているように、一部の自然宗教の方が、はるかに、神を、非人間的なものとして描いている（Žižek, 2001, p.132）。たとえばヒンドゥ教は、神を、ほとんど怪物のように描くことで、人間を絶した超越性を表現しているではないか。ユダヤ教が、一方では、偶像崇拝を厳しく排しながら、他方で、神を人間に近づけているのはなぜなのだろうか？　ユダヤ教に後続する宗教、つまりキリスト教にあっては、神がついに人間になる、ということを思い起こすことがヒントになる。ユダヤ教の内に、すでに、キリスト教への転換が、即自的に胚胎しているのである。

このように考えると、たとえば「ヨブ記」のヨブを、キリストの不徹底な先行形態と見なすこともできるかもしれない（Žižek, 2003, pp.124–127 参照）。キリストは、神に見捨てられて、十字架の上で死んでいく。言われなき苦難を与えられるヨブも、言わば、神に見捨てられた者である。旧約聖書においては、見捨てる者（神）と見捨てられる者（ヨブ）とが分離していたが、それが、神自身の上に重ねあわされたときに得られるのが、キリストという形象ではないだろうか。だが、それにしても、キリストは、どのような必然に導かれて登場するのか？

4　キリスト教

ユダヤ教の内から派生したキリスト教は、ユダヤ教やイスラーム教と同じ啓示宗教の一つだが、キリストという特異な要素を導入したことにおいて際立っている。十字架の上で殺害されてしまうキリストは、まぎれもなく人間である。だが、同時に神でもある。神を人間と等値することは、一種の偶像崇拝ではないか？　キリストへの信仰は、ユダヤ教がそこから離脱してきたところの原始的な自然宗教への退却ではないか？　実際、厳格なユダヤ教徒には、キリスト崇拝はそのように見えるであろう。イスラーム教徒にとっても、また、キリストは偶像崇拝の一種であろう。だが、しかし、もしキリスト教が自然宗教への退行ではないとすれば、神が人間になり、その上、殺されてしまうのはなぜなのだろうか？

まずは、キリストの殺害のエピソードを、ユダヤ教が推進してきた可能性の単純で、直接的な強化の結果として解釈することができる。神が殺害されてしまうという挿話を、神（第三者の審級）のより徹底した抽象化の隠喩的な表現として理解するのである。それは、神の下にある共同性の真の普遍化と並行している。先に述べたように、ユダヤ教の場合には、特殊な共同体からの解放が、それ自身、もうひとつの特殊な共同体への固着によって果たされているのであった。つまり、「ユダヤ人」は、自然宗教を奉ずる、それぞれに特殊な土俗的共同性から解放されるためにこそ、自身の民族的な特異性に――人類的な普遍的価値を担う民族として選ばれているということへの自覚に――拘泥せざるをえないのだった。それに対して、真に人類的な共同体としての教会は、理論上は、こうした特殊性への根を完全に絶つことになる。このことは、法（律法）の廃棄を伴っている。法こそが、（特殊性から解放する）特殊性を――「ユダヤ人」という民族を周囲の諸民族から分かつ指標を――構成していたからである。

教会が、キリストの死んだ――つまり抽象化され尽くした――身体と同一視されていた、ということは、こうしたキリスト教の位置づけを支持する事実であろう。また、教会の創設者が、キリストに付き従った十二使徒ではなくパウロであった、という事実も、ここでの理解を補強する傍証となる。教会の創設者は、神＝キリストの身体を直接に見たことのない者であること、したがって、神を純粋な抽象性において措定するほかない者であることが肝心だったのである。ユダヤ人の共同性が、神の顔を見た者（ヤコブ）によって拓かれたのだとすれば、教会の普遍的な共同性は、神の顔を見ることがなかった者（パウロ）によって拓かれたということになる。

＊

このように、キリスト教をユダヤ教の直接の——肯定的な——延長上に位置づけることができるのだとすれば、キリスト教を、ユダヤ教やイスラーム教とは異なる宗教の類型として数える必要はない。だが、キリスト（の殺害）の物語は、こうした理解の内には収まりきれないもうひとつの側面がある。まず、キリストは、神の超越性を連想させる崇高性の中で、死んでいくわけではない。彼は、けちな盗賊と一緒に、この上なく惨めなやり方で殺されるのである。そもそも、キリストは、弟子によってだけではなく、神によっても裏切られている。キリストは、十字架の上で、こう叫ぶのだった。「父よ、あなたはなぜ私を見捨てるのですか？」と。ところで、ここで見捨てられている者（キリスト）も、また、ほかならぬ神である。そうであるとすれば、われわれは、この出来事から何を知ることになるのか？　神がまったく無能だという事実である。神は自らを救うことができないのだから。自然宗教から世界宗教（ユダヤ教）への転換の中では、神の超越的な全能性は、純化され、強化されていった。キリスト教も、一方では、こうした方向を追求しながら、他方では、まったく逆に、神の無能性をこそ肯定してしまうのだ。こうした逆説的な転回が、キリスト教において生じているとするならば、これは、宗教の三つ目の類型と見なさなくてはなるまい。

キリスト教における、こうした逆説は、いかなる論理に従って招来されるのだろうか？　ユダヤ教の根幹をなす、偶像崇拝の禁止の規定に立ち返ってみよう。偶像崇拝を禁止した上で神を信仰するときには、また否定神学的に神の本性を論ずるときには、禁止や否定的論述の彼方に、つまり崇拝が及び得ない何かとして、あるいは否定的にしか記述しえない何かとして、やはり実体が――無論「神」が――肯定的に、一種の具体物のように存在していることが想定されている。その意味で、実は、通常の偶像崇拝の禁止や、あるいは否定神学は、経験的な具体物としての神を排除しようとする指向を十分に徹底させてはいない。超越的他者＝第三者の審級の抽象化を徹底させるということは、経験可能な諸現象の彼方は無であるということを、彼方には何もないということを認めることではなかろうか。

もう少し説明を加えよう。宗教における超越的他者（第三者の審級）の本性は、すでに、ごく普通の〈他者〉をめぐる体験の内にある、と最初に述べておいた。神は〈他者〉の転態した帰結である。無論、〈他者〉は、不可視の（つまり抽象的な）神とは違い、具体的な現象としてわれわれに与えられる。しかし、〈他者〉のまさに〈他者〉たる所以を把握しようとすれば、すなわち、〈他者〉を単なる事物としてではなく、生ける能動的な身体として把握しようとすれば、それはたちまち、それを捉えようとする〈私〉の志向作用から逃れ、遠隔化していくのであった。簡単に言えば、〈私〉の志向作用が追跡しようとしても届くことのない、その遠隔の場所に、単一の実体が――知覚も表象もしえない何かとして――存在していると想定すれば、その実体こそは第三者の審級＝神にほかならない。だが、こうした実体は、ほんとうは過剰な付加であって、実際にあるのは、〈私〉の志向作用が捉えている現象の総体がどうしても「そこ（〈他者〉）」に至り得ないという、現象の領域の純粋な自己否定性のみである。言い換えれば、真にあると見なしうるものは、〈私〉の志向作用の無能力のみである。具体的に現象しうるものの彼方には、何もない。神と見なされる超越性は、したがって、本来は、現象の自己否定性以外の何ものでもないのだ。

このことを認めることは、結局、神の抽象化を徹底させるのと同じことになる。神の十全な抽象化とは、今しがた述べたように、現象の彼方の端的な不在を承認することに帰着するからである。そうであるとすれば、神の超越性を純化し、その論理的な整合性を厳格に保とうとすると、逆に、超越性を派生させた原初の〈他者〉体験へと連れ戻されることになるはずだ。

神がキリストである、神が人間であるという逆説は、このような文脈において捉えなくてはならない。もし、神についての信仰の原点にある〈他者〉についての体験を厳密に保存しようとするならば、われわれは、「可能的・現実的な現象の総体であるところの宇宙」の彼方（の存在）へと、禁止や否定によって飛躍するのではなく、そうした経験可能な現象そのものの内部に留まっていなくてはならない。つまり、神は、経験的な人間でなくてはならない。だが、キリスト教は、人間という形象を神として崇める、自然宗教の「偶像崇拝」とは異なる。肝心な点は、（本来は知覚や感覚を越えている）超越的他者を直接に見ることができるということにあるのではなく、われわれの認識や経験がすべてを踏破しきれてはいないということを自覚することの内に、つまり認識や経験の自己否定性の方にこそあるからだ。だから、キリストは、積極的な存在者としての自己を否定しなくてはならなかったのだ。要するに、キリストは死ななくてはならなかったのである。神は、ここでは、「無」そのものの、したがって「無能力」の直接の具現化でなくてはならなかったのである。キリストは、死ぬことで神になるのではない（自然宗教の「供儀」の論理の中では、しばしば、地上的な存在者が死によって神になるのだが）。反対に、ヘーゲルが強調したように、すでに神であるものが――否定神学や偶像崇拝禁止の原理のもとで神であるものが――死ぬのが、キリストである。

「聖霊」の意味も、この文脈において、初めて理解可能なものとなる。聖霊とは、超越性の極と内在性の極の、すなわち神と人間の両極の融合を示す印である。聖霊という形態で、神が信者たちに直接に降臨し、信者と直接に交わるのだとすれば、なぜキリストという媒介者が必要だったのだろうか？　聖霊において神と人間が合致するのであれば、神がキリストとして地上に現れなくてもよかったのではないだろうか？　こうした疑問が出てくるだろう。だが、聖霊が機能するためにも、キリストがどうしても必要なのだ。もう少し厳密に言い換えれば、キリストが、一種の「捨石」として、否定的に介入しなければ、聖霊はその作用を発揮することができないのだ。本来、神と人間は、無限の距離を隔てている。キリストが現れただけでは、この距離は埋められない。というより、キリスト自身が、神と人間の直接的な融合を阻む障壁となってしまう。だが神＝キリストが死ぬことによって、超越性は、その性格を根底から変容させてしまう。要するに、それは、端的に無化するのである。そうなれば、人間は、向こう側に、彼方に、何らかのかたちで交流すべき超越的な神をもつわけではない。今や、神〈超越性〉が人間と直接に合致してしまうのである。これこそ、聖霊が作用している状態である。この聖霊による融合状態は、結局、——人間に外在する超越性はもはや完全に還元されてしまっているのだから——、人間＝信者たちの共同性（キリストの死んだ身体としての教会）以外のなにものでもない。

以上のように、キリスト教は、宗教という関心を喚起したところの、〈他者〉についての体験を、その本来の姿において抽出したときに登場する。キリスト教が、一切の法を放棄し、教義を愛のみに一元化した理由も、このように考えれば、理解可能なものとなろう。愛は、純化された——外部の他の目的や機能には従属させることができない——、〈他者〉への関係性そのものなのだから。

キリスト教とイスラーム教は、ユダヤ教を規準にしたとき、シンメトリカルな位置を占めている、と見ることができるかもしれない。イスラーム教は、ユダヤ教の潜在的な可能性を、直接に、肯定的に延長させたときに現れる宗教であろう。このとき、法は、より整備され、体系的なものへと転ずる。逆に、キリスト教は、ユダヤ教を、〈自己〉否定にまで導く。その場合には、法が愛に置き換えられる。イスラーム教とキリスト教は、ユダヤ教の中にあった、二つの可能性に対応しているのだ。

5 救済のとき

冒頭に、西洋の特権性についての問いを掲げておいた。西洋の特権性とは、西洋由来の「普遍性」だけが、現実に「普遍化」――グローバル化――したという事実の内に現れている。世界宗教はいずれも、自らが聖なるものとして掲げ、標榜する価値の「普遍性」を信じている。だが、現実に波及し、「普遍化」しているのは、ほとんど、西洋出自の価値のみである。「自由」も、「民主主義」も、そして「人権」も、皆、西洋に由来している。こうした西洋の圧倒的な特権性を生み出す原因を、宗教（キリスト教）の内に見出すことができるのではないか、ということが、われわれの見通しであった。

まず、宗教のことは括弧に入れ、西洋が醸成した「普遍性」のみが有する、ある顕著な特徴を確認することから始めよう。それは、自らの普遍性の欠如に対して――つまり自らの実際上の特殊性に対して――自己否定的に関わりうる性能にある。この性能こそが、西洋の「普遍性」に波及力を与えたのだ。西洋的な「普遍性」は、その積極的な内容（のみ）によって定義されるわけではない。もしそうであったならば、結局は、他の文明に由来する「普遍概念」と同じく、不完全性を、つまり実質的な特殊性を免れることができず、やがて相対化され、斥けられていたであろう。だが、西洋的な「普遍性」は、そしてそれのみが、どのような積極的な内容にも還元し尽くされないという否定性によってこそ定義されてきた。このことの帰結は、普遍概念の欠落、不充分性が、その当の普遍概念を論拠にして批判することができる、ということである。

この事実を端的に例示しているのは、西洋由来の「普遍的真理」の体系、自然科学である。自然科学も、特殊な歴史的文脈に相関した相対的な知であるということは、科学史の専門家がくりかえし確認してきたことである。だが、ここで注目すべきはこのことではなく、自然科学の次のような特徴である。すなわち、自然科学は、厳密に言えば、真理を表現する命題の集合ではないということ、これである。それは、仮説の集合なのである。だから、自然科学は、すでに真理に到達しているということの充足性によって定義されているのではなく、未だに真理に到達してはいないという否定性によって、つまり真の普遍性との落差によってこそ特徴づけられていると言うべきであろう。それゆえ、われわれは、自然科学上の命題（仮説）を、まさに、自然科学の名において否定し、拒否することができるのである。同じことは、認知的規範（真理の体系）だけではなく、価値的規範に関しても言える。たとえば、右に記したように、「人権」や「民主主義」はまぎれもなく、西洋由来の概念である。自然科学のすべての命題が仮説であり、暫定的なものであるのと同様に、現実に存在している、どのような人権も民主体制も不完全である。重要なことは、その人権を批判する者もまた人権概念に依拠することによって、それをなしうる、ということである。あるいは民主体制への批判は、まさに民主化の旗印のもとでなされる、ということである。

このように西洋的な「普遍性」の特徴を概観してみると、次のことに気づく。この構成は、キリスト教のあり方と類比的である、と。われわれは、西洋由来の「普遍性」の自己否定的な性格に注目した。他方、キリストとは、自己否定的な超越性ではないか。超越性の自己否定そのものを超越性としたところに、キリストという形象が得られるのだ。つまり、西洋に発する「普遍的概念」は、キリストという形式を写し取っているように見えるのだ。とはいえ、しかし、これはまだラフスケッチであり、第一次近似に過ぎない。もう少し事態をていねいに見ておく必要がある。

キリストを導入したことの「系」として、キリスト教にあっては、救世主《メシア》の地位が大きく転換する。神が人間になるということは、救世主がすでに来てしまった——そして人類の罪を贖った——ということである。それに対して、ユダヤ教においては、救世主は、未来の約束として、保持される。先に述べたように、ユダヤ教においては、神＝第三者の審級は、否定的に措定される。すなわち、知覚したり、表象したりすることの不可能な何かとして、具体的な内容を欠いたまま、その存在だけが仮定される。これとちょうど並行したことが、救世主に関しても生ずるのだ。救世主が具体的に何を約束し、何を実現することになるのか、その内容に関しては確定されない。ただ、救世主は、「やがて来るべき」ものとして、その——未来における——存在だけが仮定されるのだ。救世主は、現在化しない。つまり、それは、いつまでも、「来るべき」という状態に留まり続けるのである。ユダヤ教においては、救世主の到来は、永遠に果たされることのない約束である。

ところで、今概観したばかりの西洋的な「普遍性」のあり方は、むしろ、ユダヤ教のメシアニズムの構造と類比的なのではないか。たとえば、「自然科学的真理」は、十全にその姿を現すことは、決してない。しかし、それは、自然科学的真理が存在しない、ということではない。それは、「来るべきこと」として、内容未定の約束として想定されているのだ。同じことは、「民主主義」や「人権」に関しても言える。誰も、完全な民主主義が具体的にどんなものであるかを知らない。民主主義は、永遠に「来るべき」が付せられる約束なのである。

だから、先の「ラフスケッチ」を修正すれば、西洋で起きてきたこと、西洋を特徴づけていることは、超越性のユダヤ教的なあり方からキリスト教的なあり方への移行である。この移行が、西洋の歴史の中で、何度も何度も繰り返されてきたのであり、その移行性こそが、西洋を西洋たらしめているのではないか。具体的な教義について述べているわけではない。すなわち、西洋において、ユダヤ教徒が次第にキリスト教に改宗してきた、などということを主張したいわけではない。信仰の内容とは関係なく、超越的なもの（第三者の審級）に対する態度の形式に、ユダヤ教的なものとキリスト教的なものがありうる。西洋は、前者から後者への小さな移行を、歴史を通じて、繰り返してきたのではないか。たとえば、科学において、ある仮説がほぼ通説化し、「真理」として扱われているとき、科学者たちは、「科学の救世主」がすでに到来してしまったかのように——つまりキリスト教徒のように——振る舞う。が、同時に、彼らは、それでも、さらなる真理、さらに基礎的であったり、包括的であったりする真理が未来に約束されていることも前提にしているので、この限りでは、彼らの振る舞いは、ユダヤ教的である。ユダヤ教的な態度からキリスト教的な態度への移行の繰り返しこそが、西洋由来の「普遍的な価値」の自己否定的な性格を生み出しているのではないだろうか。言い換えれば、西洋は、この観点からすると、未だに、完全にキリスト教化されてはいないのだ。

ユダヤ教的な態度からキリスト教的な態度への、こうした移行の繰り返しを、最もあからさまに見て取ることができるのが、「資本」の運動である。たとえば、投資するということは、資本の回収という形態の救世主の到来が約束されていると想定することである。そして、実際、資本は回収される。つまり救世主はやって来る。しかし、資本主義においては、ここですべてが終わるわけではない。資本は、その度に再投資され、それゆえ永遠に循環し続けるのだ。投下した資本が回収される度に、そしてそれが再投資される度に、ユダヤ教的な態度からキリスト教的な態度への小さな移行が繰り返されているのである。

6　集合論的類比

ここまで論じてきた宗教的な体験の構造のエッセンスを抽出し、まとめる意味で、それに「数学的」な表現を与えてみよう。ここで、われわれの考察に霊感を吹き込んでくれるのは、落合仁司のユニークな研究である（落合 二〇〇二）。落合によれば、集合論の「無限集合」を、神の表現と見なすことができる。集合論は、周知のように、カントールによって導入された、数学の基礎的な分野である。もし、宗教が集合論に翻訳できるのであれば、いくつかの教義は、集合論の定理として証明し、その真理性を確認することすらできる、ということになる。

　Religionという語の、つまりラテン語のreligioの語源のことを考慮すると、宗教を集合論と対応させるのは、きわめて自然な発想であると評価することができる。バンヴェニストによれば、religioの語源については二説があり、両者の間には「華々しく長期にわたる論争」があった。その内の一説――バンヴェニスト自身が加担している方の説――は、集合と宗教との深い繋がりを示唆している。キケロに由来するとされるその説によると、religioは、まさに「集める」を意味するlegereと関連しており、そこから派生したrelegere――つまり「再び集める」――こそが、religioの語源だというのだ。もう少し仔細に述べておこう。Religioには、もともとは、「宗教」の意味は含まれていない。それは、「躊躇」とか「不安」といった心理状態を意味する語だったのだ。キケロが目を付けたのは、この点である。Legereとは、述べたように「集める」を意味するのだが、もっと特定すれば、心理的の揺れや起伏との関連で、「心を集め、落ち着かせる」ということである。そうだとすると、religioには、心の「不安」と「安定」という、対立的な二重の意味が入っていることになる。

　落合は、無限集合に関する二つの定理を、ギリシャ正教の中心的な二つの説の数学的な対応物と見なしているのだが、われわれとしては、少しばかり違った道を通ることにしよう。というのも、われわれの考察にとって重要なのは、神（無限集合）の性質そのものではなく、人間（有限集合）と神（無限集合）との関連だからである。人間が体験しうること、人間が体験しうる宇宙は、その内部の要素をどのように同定しようとも、有限集合とならざるをえない。それに対して、この宇宙を越える他者である「神」は、落合が述べるように、無限集合に対応させることができるだろう。問題は、有限集合がどのようにして無限集合に近づくのか、である。

最も小さく、基本的な無限集合は、自然数の集合である。[1] 自然数の集合は、有限集合からどのように導かれるのか？　0から始まる数列の任意の要素に「後続」が存在していることが、自然数の定義である。0に対しては1が、1に対しては2が、2に対しては3が……というように、どの任意の要素にも、すぐ後の要素が存在していて、尽きることがない。

もう少し、厳密に述べておこう。カントールは、次のようにして順序数を定義した。まず、空集合（要素をもたない集合）ϕを0と見なす。ついで、空集合の集合 $\{\phi\}=\{0\}$ を1と対応させる。「空集合の集合」とは、「空集合」を要素とする集合という意味である。さらに、0と1を要素とする集合を2とする。このように、それ以前に作られた集合のすべてを要素として含む集合を順序数と呼ぶ。つまり、次のような列を得ることになる。

$0=\phi$

$1=\{0\}$

$2=\{0, 1\}$

$3=\{0, 1, 2\}$

…

$n = \{0, 1, 2, \cdots n-1\}$

$n+1 = \{0, 1, 2, \cdots n-1, n\}$

…

順序数とは、言ってみれば、より包括的な集合へと移行し、宇宙の全体性へと次第に漸近していく運動である。われわれは、宗教の諸類型を、論理的な順序に従って導き出してきたわけだが、それは、宗教が、自らが承認する価値のもとに包摂しうる体験の領域を、次第に普遍化していく過程でもあった。そうだとすると、順序数は、さらにこの後に紹介する無限集合の列は、普遍性を指向する宗教のあり方を類比的に表現しているものと見なすことができるかもしれない。

各順序数は、もちろん、有限集合である。しかし、任意の順序数nに対して、後続の順序数n+1が存在している。こうした列の全体を一つの集合と見なせば、最初の無限集合である、自然数の集合$\boldsymbol{\omega}$が導かれる。

$\omega = \{0, 1, 2, \cdots n-1, n, \cdots\}$

重要なことは、より大きな集合、より包括的な集合を求めていく運動は、ここで終わらない、ということである。真に興味深いことは、その先にあるのだ。順序数を構成する手順によっては、いくらがんばっても、自然数の集合を越える大きさの集合は得られない。だが、ある集合Aの部分集合の集合、すなわちベキ集合P(A)を作ると、もとの集合Aよりも大きな集合になる。たとえば、要素が3個ある集合{1, 2, 3}の部分集合の集合(φ, {1}, {2, 3}等がその要素になる）は、要素が8個の集合になる。同様に、自然数の集合の部分集合の集合を作ると、自然数よりも大きな無限を得ることができる。

ここで注目したいのは、無限集合のベキ集合が、もとの無限集合よりも大きいということを証明する際に用いた、カントールの特殊な論法である。自然数の集合の部分集合の集合は、結局、実数の集合と同じ大きさであると解釈することができるので、その証明は、実数の集合の濃度（大きさ）が自然数の集合の濃度よりも大きいことを示すことと同じことになる。そこで、カントールは、対角線論法と呼ばれるアクロバティックな推論を用いる。

対角線論法とは、次のような帰謬法である。今、0から1までのすべての実数が、自然数と一対一で対応づけられたと仮定する。つまり、実数の濃度と自然数の濃度が同一であると仮定してみる。このことは、次のように、0から1までの実数に自然数の番号を付けたに等しい。ただし、実数は、すべて無限桁の小数で表しておく。

1　0.156877…
2　0.204391…
3　0.429701…
4　0.003851…
……

もし、実数と自然数の対応が完全であるならば、この系列に現れない（0と1の間の）小数は存在しないはずだ。ところが、ここで、各小数の対角線要素の数字――1、0、9、8…――を取ってきて、これらの数字をすべて異なる数字に置き換え、小数第一位から順に並べることによって得られる小数――たとえば0.2109…――は、この系列のいずれにも含まれていないことは明らかである。こうして、最初の仮定、実数と自然数が一対一で対応づけられるという仮定は、棄却される。つまり、実数の集合は自然数の集合よりも大きいのだ。これこそ、カントール自身に、「私は見た、しかし信じられない」と言わしめた、結論である。

だが、注意しなければならないことは、カントールの探究はここで終わっていない、ということである。順序数においては、後続の順序数は、前の順序数よりも、常に一ランクだけ大きな集合になっている。つまり各順序数の大きさ（濃度）は、直前の順序数よりも大きい集合としては最小の規模になっている。それならば、無限集合のベキ集合が、もとの無限集合よりも大きいことがはっきりしたとして、それは、何ランク大きくなるのだろうか？　カントールは、無限集合のベキ集合によって得られる無限集合は、もとの無限集合よりも、ちょうど一ランクだけ大きくなるのではないか、という仮説を立てた。ということは、自然数の無限と実数（自然数のベキ集合）の無限の間に、中間的な規模の無限は存在しない、ということである。これを連続体仮説と呼ぶ。[2]ところが――ここが肝心なことである――、カントールは、この仮説を証明することが、ついにできなかったのである。

＊

以上の集合論的な手続きを、どのように解釈すればよいだろうか。〈私〉に対して、単一の宇宙――可能的あるいは現実的な現象の総体――が広がっている。〈私〉は、その宇宙内の要素である現象を、常に、「何ものか」として、特定の「意味」を与えて体験する。すなわち、〈私〉は、現象を、一個のまとまった「何ものか」として、つまり「単一の同一性」のもとに把握するだろう。個々の自然数と対応づけるということは、このように、「単一の同一性」(意味)において把握しうる現象を、言わば、列挙することである。今、ここで、「単一の同一性」において把握しうることの、最高度に無際限な可能性を許容したとしよう。そのとき得られるのが、まさに自然数の集合である。一個一個分離させうる単一の同一性は、もっとも制限を緩めたとしても、せいぜい自然数と同じ数にしかならないだろうから。

ところが、対角線論法は、次のことを示したのだ。以上のように、可能な同一性が、もっとも制限を緩めて、まったく無際限に許容されていたとしても、なお、この無制限の同一性の系列のどこにも位置をもたないような「もう一つの同一性」が、この系列自身の中から、いわば自然に生み出されてしまうのである。つまり、「同一性」を決定する操作――ある現象を「何か」である、「何か」と同じであるとして規定する操作――が、いかに無際限に反復されようとも、なお、その反復の中に回収されていないもう一つの同一性が、つまり何ものとしても把握されていない何かが、しかもその反復の操作自身との関係で――対角線要素の置き換えによって――生み出されてしまうのだ。同一性の集合は、常に、「全体」であろうとするまさにそのとき、「全体」へと到達しえず、自然に、それ以外の同一性――つまりは差異――の方へと開かれてしまうわけだ。

こうした記述に適合する体験の領域はあるのか？　これこそ、2節に示した、〈他者〉をめぐる体験――とりわけ性愛に託して示した〈他者〉に関する体験――ではないだろうか。〈他者〉は、〈私〉の志向作用がそれへと向かったときには、決して、積極的な同一性を有する対象として結像することはない。しかし、このことは、〈私〉にとって、〈他者〉が端的に不在である、ということを意味するわけではない。〈他者〉は、〈私〉が対象を「何ものか」として把握しようとするとき、〈私〉のその志向作用から撤退していく形で、〈私〉に純粋に否定的に顕現するのであった。対角線要素の置き換えによって得られる要素こそ、まさに、その撤退していく〈他者〉である。

集合論が教えていることは、無限集合は、少なくとも自然数の集合を越える無限集合は、言わば、消極的＝否定的にしか与えられないということである。つまり、それは、集合の序列の中で、どこに位置づけるべきか、定かではないのだ。実数の集合は、自然数の集合との関連で、自然数の集合の限界を通じて、その存在を示されはする。が、しかし、それが、自然数の集合を越えたどこに、つまり諸集合の序列の中のどこに、自らの位置をもっているのか、決定することはできないのだ。言ってみれば、自然数の集合から独立した、実数の集合の、それ自体としての同一性を、決定することはできないのである。これが、連続体仮説が証明できない、ということの含意である。

ここで、消極的＝否定的に現出している無限集合〈他者〉＝実数の集合に、それ自体として存在しうるような、超越的で積極的な同一性を与えたらどうなるか。つまり、――数学と類比させるならば――連続体仮説を真理として受け取ってしまえばどうなるだろか。そのとき得られる、超越的な同一性を有する形象こそが、神＝第三者の審級である。神＝第三者の審級を措定するということは、数学的には、連続体仮説を、証明された真理のように扱うことである。

それに対して、キリストが――あるいはキリストの死が――意味しているのは、言ってみれば、連続体仮説への独断的な執着を棄てることである。すなわち、キリストの死とは、神＝第三者の審級を、自然数の集合の否定的な限界そのものと同一視することであり、自然数の集合を越えた独立の無限集合とは見なさないことを意味している。

2節で、われわれは、宗教の基層には、二つの体験がある、と述べておいた。〈他者〉への不可避的な関与の体験と、超越的な「聖」をめぐる体験である。集合論との類比をさらに進めれば、前者が対角線論法に、後者が連続体仮説に、それぞれ対応していると解釈することが許されるだろう。

7 第四の類型

われわれは、ここまで、宗教の三つの類型を挙げてきた（自然宗教／一神教／キリスト教）。以上の集合論との類比は、副産物として、この類型論を完成させるようなアイデアをもたらす。

すなわち、それは、宗教の四つ目の類型の存在を示唆するのである。それは、四世紀のギリシャ教父アタナシオスの言葉、「神が人と成ったのは、人が神と成るためである」という命題に暗示されていることでもある（落合 二〇〇一参照）。

キリスト教は、つまり神が人間である（人間として死ぬ）という逆説は、宇宙内の諸現象を捉えようとする〈私〉の経験的な操作の限界＝否定性に対応している、と述べた。こうした限界＝否定性から、〈私〉の経験が逃れることができないのは、〈私〉の存在に常に〈他者〉の存在が随伴しているから、〈私〉にとって〈他者〉の存在が必然だからである。

このことの意味をもう少し解説しておこう。２節に述べたように、原理的に言えば、宇宙は〈私〉に所属するような形態において存在しており、それゆえ、〈私〉自身にとって〈私〉の存在は必然である。（〈私〉にとっての）任意の存在者の存在——無論、知覚された実在物だけではなく、想像されたり、想起されたり、予期されたりする存在者をも含む——は、〈私〉の存在を前提にしている。この〈私〉を定義しているもの、〈私〉を構成しているものは、結局、〈私〉という身体に帰属している——求心化している——志向作用の集合以外にはありえまい。ところが、任意の志向作用は、求心化作用と遠心化作用の両方によって構成されているのであった。ということは、〈私〉を構成し、定義する志向作用は、常に、その度に、〈他者〉（の志向作用）の存在を、含意してしまうことになる。カントールの対角線論法において、「対角線要素」の連鎖に対しては常に「（別の数字に）置き換えられた対角線要素」の連鎖を対応させることができるということ、このことが表現しているのは、まさにこの事実である。そうであるとすれば、〈私〉にとって、この〈私〉自身の存在と厳密に同等な意味において、〈他者〉の存在が必然だ、ということになる。〈他者〉の存在は、〈私〉の存在の裏面なのである。このことは、〈私〉を何ものかとして規定するためには、〈私〉がそこから区別されるところの〈他者〉の存在が必要になる、ということではない。この場合には、〈他者〉の存在は、〈私〉の存在と相補的な関係にあるが、〈私〉の存在とは別のことである。そうではなくて、ここで重要なことは、〈私〉がいるということと〈他者〉がいるということとは、まったく同値の事態だということである。要するに、端的に言えば、〈私〉がすでに〈他者〉なのである。そうであるとすれば、ここには、とてつもない逆説がある。〈他者〉が〈私〉から無限に隔てられているのは、〈私〉が〈他者〉と無限に近接しており、実は〈他者〉そのものだからだという逆説が、である。

　このとき、この逆説に定位した宗教がありうる。すなわち、〈私〉が〈他者〉であることに自覚をもたらす宗教、〈私〉を――〈他者〉の転移した形態であるところの――超越的他者へと転換することを目指す宗教がありうるのだ。その典型は、人が仏になることを究極の目標とする仏教である。これが、宗教の第四の類型にあたる。この類型の宗教が目指している事態は、「人間＝神」という等式であるように見えるだろう。だが、ここまでの考察が含意していることは、この等式は、別の等式によって可能にされ、支えられている、ということである。すなわち、「人間＝人間」という等式がそれだ。このトートロジーを自明視してはならない。このトートロジーの中にこそ、むしろ、極大の差異〈〈私〉＝〈他者〉〉が孕まれているからだ。これは、——カントールの証明と関連づけるならば——、「対角線要素の列」と「置き換えられた対角線要素の列」を等値することに対応する。「同じ対角線要素である」ということの内に、最大限の差異が孕まれてもいるのである。

しばしば、宗教は、二つに大きく分類されてきた。一方には、啓示宗教に代表されるように、超越的な神が、超越的な場所から、内在的な人間に関わろうとする宗教がある。他方には、内在的な人間が、超越的他者になることを目指す宗教がある。前者にとって不可欠なのは、神の超越性を人間の方に接続する預言者である。後者を象徴するのは、神化する神秘体験である。ヴェーバーは、前者においては、従属的な人間は、超越的な神の「道具」であり、後者においては、人間は、神を受け入れる「容器」である、と述べている。ここに概観してきた四つの類型は、この広く知られた二類型と関係づければ、次のようになる。第一の原始的な自然宗教は、預言型の宗教の前駆形態である。第二の世界宗教こそが、無論、預言型に対応する。その対極にある神秘型に対応しているのが、第四の類型である。そして、キリスト教は、この二形態を媒介するような位置にある。

四つの類型に、代表的な宗教を概略的に対応させてはきたが、厳密に言えば、これらは、超越的他者の存在に関わろうとする宗教の四つの側面であって、任意の宗教の内に、これら四つの契機が含まれている、と見なすべきである。たとえば、イスラーム教こそは、第二類型の代表例だが、スーフィズムのような宗派のことを考えれば、明らかに、その対極にある第四類型としての要素が、イスラーム教の内にもあることがわかる。キリスト教は、第二類型の方に起源を有する。だが、東方キリスト教（ギリシャ正教）においては、むしろ、第四類型に属する人間神化の技法が、中核を占めている。

宗教の社会論理学　文献

・Benveniste, Emile 1969 *Le vocabulaire des institutions indo—européenes*, t. 2, Edition de Minuit＝1987　蔵持不三也ほか訳『インド＝ヨーロッパ諸制度語彙集』第二巻、言叢社
・Anderson, Benedict 1993→1991 *Imagined Communities: Reflections on the Origin and Spread of Nationalism*, Verso (London)＝1997　白石さや・白石隆訳『想像の共同体』ＮＴＴ出版
・Derrida, Jacques 1996 'Fois et savoir: Les deux sources de la《religion》' Jaques Derrida et Gianni Vattimo (eds.) *La Religion*, Editions du Seuil
・Durkheim, Emile 1912 *Les formes élementaire de la vie religiuse: le système totemique en Australie*, Felix Alcan＝1941–42　古野清人訳『宗教生活の原初形態』岩波書店
・Eliade, Mircea, 1957 *Das Heilige und das Profane: vom Wesen des Religiosen*, Rowohlt＝1969　風間敏夫訳『聖と俗―宗教的なるものの本質について』法政大学出版局
・Foucault, Michel 1976 *La volonté de savoir. Histoire de la sexualité*, Editions Gallimard＝1986　渡辺守章訳『性の歴史Ⅰ　知への意志』新潮社
・Lévinas, Emmanuel 1961 *Totalité et infini*, Martinus Nijhoff＝1989　合田正人訳『全体性と無限』国文社
・Luhmann, Niklas 1977 *Funktion der Religion*, Suhrkamp (Frunkfurt)
・橋爪大三郎　二〇〇一『世界がわかる宗教社会学入門』筑摩書房

・Hegel, G. W. F. 1969 *Philosophie der Religion*I/II, Furankfurt＝1995　木場深定訳『宗教哲学』（全3巻）岩波書店
・熊野純彦　一九九九　『レヴィナス　移ろいゆくものへの視線』岩波書店
・落合仁司　一九九五　『地中海の無限者』勁草書房
・落合仁司　一九九八　『〈神〉の証明』講談社現代新書
・落合仁司　二〇〇一　『ギリシャ正教　無限の神』講談社
・大澤真幸　一九八八→一九九九　『行為の代数学』青土社
・大澤真幸　一九九二　『身体の比較社会学Ⅱ』勁草書房
・大澤真幸　一九九四　「混沌と秩序」『岩波講座　社会科学の方法Ⅹ』岩波書店
・大澤真幸　一九九六　『性愛と資本主義』青土社
・Weber, Max 1920 *Gesammelte Aufsätze zur Religionssoziologie*, J. C. B. Mohr
・Žižek, Slavoj 2001 *On Belief*, Routledge（New York）
・Žižek, Slavoj 2003 *The Puppet and the Dwarf*, The MIT Press（Cambridge）

＊注

1　自然数の集合は最も小さい無限集合だと述べた。無限も一律ではなく、大きい無限と小さい無限があるのだ。すぐ後に述べるように、ここにこそ、肝心なポイントがある。

2　二つの集合の大きさ＝濃度が等しいということは、集合の要素の間に一対一の対応がつけられるということである。順序数3＝{0, 1, 2}と順序数4＝{0, 1, 2, 3}を比べてみよう。当然、両者の要素の間に一対一の対応をつけることはできない。順序数4の中に含まれている要素が1つだけ余る。順序数4は、順序数3よりも濃度が大きく、しかも、そのようなものの中では最小である。つまり、順序数4は、順序数3よりも一ランクだけ大きい集合である。順序数の列の中では、順序数は、常に、直前の順序数よりも一ランクだけ大きくなっている。これと同じ手順を繰り返すことで、無限集合に関しても、より大きな無限集合を作ることができると考えたくなるが、そうはいかない。たとえば、自然数の集合

$\omega = \{0, 1, 2, \cdots n, n+1, \cdots\}$の後続の集合を考えてみる。

$\omega + 1 = \{0, 1, 2, \cdots n, n+1, \cdots, \omega\}$

これは、自然数の集合に一つの要素ωを追加しているのだから、自然数の集合より一ランクだけ大きな無限集合になっている、と考えたくなるが、それは間違っている。$\omega+1$とωの濃度は、完全に等しいのだ。つまり、二つの集合の要素の間で、厳密に一対一の対応を付けることができるのだ。そんなばかな、$\omega+1$の要素が一つ余るはずだ、と（有限集合に基礎を置いている）われわれの直感は言うだろう。だが、ωと$\omega+1$の濃度が等しいということは、自然数の集合$\omega=\{0, 1, 2, \dots n, n+1, \dots\}$と、−1以上の整数の集合$\omega'=\{-1, 0, 1, 2, \dots n, n+1, \dots\}$とを比較してみるとわかる。まず、後者$\omega'$は、自然数の集合$\omega$に一つだけ要素（−1）を加えているのだから、$\omega+1$と同濃度だということは納得しやすいだろう。今、$\omega$の要素と$\omega'$の要素の間に次のような対応を付けてみるのだ。

$$0\to-1,\ 1\to0,\ 2\to1,\ \dots,\ n\to n-1,\ \dots$$

つまり、ωの各要素に対して、そこから1だけ小さい、ω'の要素を充当していけば、両者は、一対一に対応させることができる。つまり、直感に反して、ω'とωの濃度は等しいのだ。先に述べたように、順序数を構成する手順をいくら反復しても、自然数の集合よりも大きな集合は導き出せない。確実に自然数の集合ωの濃度を越える集合を作り出す方法は、今見てきたように、そのベキ集合$P(\omega)$を取ることだ。問題は、$P(\omega)$がωよりもどのくらい大きいかということだ。カントールは、$P(\omega)$がωよりも大きな無限集合としては、最小のものではないか、つまり、ωよりも一ランクだけ大きいだけではないか、という仮説を立てたのである。

第2章

中世哲学の〈反復〉としての「第二の科学革命」

1　二つ孔の実験

量子力学は謎である。量子力学が登場したのは二〇世紀の初頭だが、謎は未だに謎のままだ。物理学のこの領域における発展は、謎がまさに謎であることの認識が深化というかたちで示されてきた。量子力学を理解しているという人は、それが理解不能であることを理解している人である。実際、アインシュタイン以降の最高の物理学者との世評が高いリチャード・ファインマンは、次のようなことを述べている。「相対性理論が発表されたとき、新聞はこの理論を理解できた人は世界中で一ダースに満たないと書きたてたが、それは間違いである（理解者はそれよりははるかに多い）。しかし、量子力学について言えば、それを理解している人は一人もいない」と。

そのファインマンが量子力学の奇怪さがすべて詰まっているとしている、「二つ孔実験」を紹介しておこう。実験の設定は、次のようなものだ。孔（あるいはスリット）が二つある薄い障壁に、光をあてる。孔を通り抜けた光は、（障壁を挟んで光源とは反対側に置かれた）感光板に記録されるようにしておく。実験は、孔を一つだけ開けておいたときと、両方とも開いているときとを比べることを目的としている。謎は、あの「粒子‐波動」の二重性にかかわっている。

右の孔をふさぎ、左の穴だけ開けておくとどうなるか。予想は簡単だ。光源と左の穴を結んだ線の延長上にある、スクリーン（感光板）の位置に、つまりスクリーンの真ん中よりやや左寄りに、光があたる小さな円ができる。それならば、二つとも孔を開いておくとどうなるのか？　一つ孔のケースから予想できることは、当然、スクリーンの右と左に一つずつ、光が当る小さな円のゾーンができる、ということであろう。光が粒子であれば、そうなるはずだ。光を、孔の開いた壁に撃ち込む弾丸のようなものと考えれば、首尾よく孔を通り抜けた弾丸だけが、障壁の向こう側にあるスクリーンに到達する。だが、実際の結果は、これとはまったく違っている。

結果の意義をよく理解するためには、まず「水」で考えておくとよい。防波堤のような障壁に、二つの隙間が開いているとしよう。防波堤の左から水の波が来て、その防波堤にぶつかると、右側には、それぞれのスリットを中心にして、（半）円形の波が拡がっていく。つまり二つの波紋が拡がっていくのだ。二つの波が重なったとき、干渉が生ずる。二つの波の山と山が重なると、波の高さは二倍になり、山と谷とが重なると、打ち消しあってフラットになる。光を二つ孔の壁にぶつけたときに生ずるのも、これと同じ現象である。スクリーンには、干渉縞と呼ばれる、明るい帯と暗い帯とが交互に出る系列が現れる。明るい帯は、光の山同士（あるいは谷同士）が重なって、光が強められた部分であり、暗い帯は、光の山と谷とが出合って互いを打ち消しあった部分である。とすれば、光は、水と同じような波だということになる。孔が一つしか開いていないときには、光は粒子のように――小さな弾丸のように――振る舞っていた。ところが、孔が二つ開いたとたんに、光は波のように振る舞い始めたのだ。

だが、人は、このくらいのことでは驚かないかもしれない。水だって同じだ、と。水も、結局は「水の分子」の集まりだと考えれば、粒子でもある。粒子であるものが、波でもあったとしても、何の不思議があろうか。だが、ほんとうに驚くべきことは、これから先にある。水が波として振る舞うことができるのは、多数の粒子（水分子）が集まって、同時に動いているからであろう。光も、たくさんの粒（光子）の集まりであるがために、波を形成しているのかもしれない[1]。そこで、光源の強度を下げて、ついに、光子を一つずつ発出する水準にしてみる。光子を一つ、また一つと、間をおいてぶつけてみるのだ。今度こそ、スクリーンには、二つの独立した円が出来るのではないか。ところが、そうはならず、またしても干渉縞が出てくるのだ！　一つずつの粒子が、それ自体で、波としても振る舞っているのである。しかし、そんなことが、いかにして可能なのか？　前後して独立に孔を通り抜ける光子が、何か魔術的な仕方で、互いに絡み合い、干渉しあうのだろうか？　一つの光子が自分自身と干渉しあっているのか？

当然、次に試みたい実験は、はっきりしている。光源からスクリーンまで、光子がどのような軌跡を辿るかを観測してみるのだ。つまり、光子がどちらの孔を通り抜けているのか、二つの孔をじっくり観測するのだ。その結果は、またしても驚くべきものである。今度は、干渉縞はできないのだ。つまり、今度こそ、ほんとうに、スクリーンには、二つの小さな円の痕跡が残るのである。したがって、一つひとつの光子は、われわれが見ていないときには、何やら不思議な仕方で波のように振る舞うのに、われわれが見ている限りは、律儀に粒子として振る舞っていることになる。あたかも、波としての己の秘密を知られたくないかのように、である。

さらに、この実験に、もうひとつひねりを加えることができる。今度は、孔を通過してしまった後で――しかしまだゴールのスクリーンに到達する前に――光子を観察してみるのだ。しかも、念のために、観察するかどうかの決断を、光子が孔を通過した後で下すのである。この実験は「遅延選択実験」と呼ばれる。このとき、光子はどのように見えるだろうか？　光子が粒子になるのか、波になるのかは、光子が孔を通過する時点で決まるはずだ。だが、その「瞬間」を監視していると、まるで光子は波としての自身の秘密を隠そうとしているかのように、粒子としてしか姿を現さない。だが、今度は、光子が孔を通り過ぎてしまった後を不意打ちのように襲ってみるのである。光子としても、もはや手遅れなのだから、観念して、波としての姿をわれわれの前に晒すしかないのではないか？

ところが、実際に観察されるのは、またしても粒子としての光子なのである。つまり、スクリーンには、干渉縞はできない。ということは、どういうことなのか？　光子が孔のところでどのように振る舞うか――粒子としてか波としてか――は、孔を通過してしまった後で決まるのだ。われわれの決定――観察するかどうかの決断――が、遡及的に、スクリーンの位置で光子がどうであったかを規定していることになる。後に起こったことが、因果的に、それ以前の出来事を規定しているのである。

量子力学についていくぶんていねいに説明してきたのは、この章を通じて、次のことを示してみたいからである。すなわち、量子力学に見られるこうした謎は、西洋の中世哲学において議論されてきたことの、独特の〈反復〉と解釈することができる、ということを。別の言い方をすれば、量子力学は、中世哲学の否定の否定である。それは、ある種の転回をとげた、中世哲学の回帰と見なすことができるのだ。

2　中世末期／近代初期

西洋中世哲学とは、どの範囲の哲学のことを指すのか？　もっと端的に言い換えれば、中世哲学は、どこで終わっているのか？

科学史の研究者たちが「科学革命」と呼んでいる、知の大刷新期がある。科学革命とは、一六世紀末から一七世紀にかけての科学的知の転換である。基本的には今日にまで受け継がれている自然科学の基本的な枠組みや常識は、この世紀に整えられた。このことは、転換を代表する「科学者」とその業績を列挙してみるだけでも、ただちに理解できる。地動説のコペルニクス、「惑星運動についての三法則」で知られるケプラー、『天文対話』を著し、慣性の法則を提起したガリレオ・ガリレイ、血液循環論を提唱したウィリアム・ハーヴィ、弾性（ばね）に関する「フックの法則」のフック――「細胞」という概念を用い始めたのも彼である――、「元素」という概念を導入したボイル、「ハレイ彗星」でその名を知られているハレイ等が、この時期の学者である。つまり、体内の血液は循環しているとか、物質は元素より成るといった常識は、この時期の説に端を発しているのである。そして、この時期を飾る偉大な高峰たちの中でもとりわけ目立っているのが、万有引力の法則を導き出したニュートンである。

要するに、（科学的）知の近代は、科学革命の時期に始まっていると言ってよい。言い換えれば、中世哲学は、この段階には、すでに終わっている。中世哲学は、科学革命への助走の時期、科学革命という発想の転換を胎児のように抱え込みながら、それを未だ出産していなかった時期、要するに科学革命に先立つ一～一二世紀の時期を、その終点とする知の展開だと見なすことができるだろう。

ここで科学革命という指標にいくぶんか拘ってみたのは、次のような理由による。もしニュートンを象徴的な代表者とするような転換を科学革命と呼ぶならば、ニュートン力学の前提を根底から覆した、二〇世紀初頭の、物理学を中心とした科学知の転換もまた、科学革命と呼ばれなくてはならないからだ。ここでいう科学知の転換とは、もちろん、相対性理論から量子力学へと至る展開、とりわけ後者の登場である。[2] そうだとすれば、一六世紀から一七世紀の科学革命が、中世哲学の否定であり、そのさらなる否定にあたる二〇世紀の「第二の科学革命」において、中世哲学が独特の仕方で回帰してきた、という構図を得ることができる。

＊

ここで、まずは、（最初の）科学革命の時期の知と中世哲学末期の着想との間には連続性があるということ、つまり中世哲学は己自身の展開を通じて自己の否定を生み出しつつあったということ、このことを確認しておこう。この点を示すのには、科学革命の時代の（ニュートンと並ぶ）最大の学者、しばしば近代哲学の祖と目されている哲学者が述べていたことに着目してみるのがよい。その哲学者とは、デカルトである。

中世哲学の最大の主題とは、言うまでもなく、神（の存在）である。そして、デカルトもまた、神の絶対性、神の全知・全能性について考え抜いている。偶然的な出来事に関してならば、たとえば昨日旧友に出会ったというような出来事に関してならば、それを、神の意思に帰する発想は理解しやすい。だが、必然的な真理についてはどうだろうか。たとえば、三平方の定理は、神がそれを欲しようが欲しまいが、それを好もうが好むまいが、成り立つように思える。神もまた、永遠の真理を規定するこの法則に従わなくてはならないのではあるまいか。だが、このように考えた場合には、神の絶対性、神の全能性が侵されることになる。神の力でもどうにもならない鉄の法則がある、ということになってしまうからだ。

だから、デカルトは、そうは考えない。必然的で永遠の真理でさえ、神が意思し、そう欲したことの結果だというのである。三平方の定理は、神がそのように欲し、制定したのである。神についてのこうした了解は、偶然性と必然性の間の精妙な移行関係の上に成り立っている。ある事態を必然として成り立たせるために、それを神の恣意（偶然的選択）に帰属させているのだ。神の偶然こそが（人間にとっての）必然だというわけである。

デカルトの、この有名な「永遠真理創造説」は、しかし、中世哲学末期の議論の中に既に準備されている。デカルトに約三世紀先立つ、フランシスコ会士オッカムの思索が、それである。[3] オッカムは、むろん、徹底的な唯名論によって広く知られている。と、同時に、彼は、神の全知・全能性について、——全知と全能の間の矛盾について——思考している。

神は、すでに為したことを、為されなかったようにすることができるだろうか？　たとえば救済に予定していた人を、滅びへと変更することができるだろうか？　神が全能であるならば、当然、こうしたこともできなければならない。だが、そうだとすると、神は、後になってキャンセルすることをかつて行ったことになり、神の全知性が否定される。後で救済の予定を変更することになることを、神は最初は知らなかった、ということになるからだ。

この矛盾を、オッカムは次のように解決している。これは、神の予定に関する問題である。全知と全能の間の矛盾が生じないようにするためには、事柄についての命題を、すべて未来についての命題と見なすことで、結果的に無時間化するのが、オッカムの解決である。こういうことである。たとえば、今子どもである者に対して、「子どもが老人であるだろう」が真であるのは、未来において現に——未来という現在において——、その子どもが老人である場合であろう。神にとっては、このように、すべてのことが、未来という形で、未来という現在のかたちで、現前しており、確定的なのである。たとえば、「私は明日人と会うだろう」という、未来の事態、未来の偶然的な事態についての命題は、神にとっては、永遠の真理と同じように、常に変わらず真である。もし、急な事故によって、私が出かけることができなくなったら、この命題は真から偽へと移行するではないか、と考えたくなる。だが、その場合には、「私は明日誰にも会わない」が、最初から、ずっと恒常的に真だったのである。人間にとっては、偶然の事情で事態が変更されたように見えるが、神にとっては、その未来は初めから現前していたからである。こう考えることで、神の全知性と全能性が両立する。すべての未来が現前しているという意味で、神は全知であり、そのような未来を予定し、創造したという意味では、神は全能だからだ。

オッカムのこうした思索の直接の延長上に、デカルトの永遠真理創造説があることは、明らかであろう。オッカムの議論は、偶然性を必然性へと変換している。すなわち、人間にとって偶然として現れていることがら——他でもありえたかのように見えることがら——を、神自身の偶有的な選択へと転移することによって、（人間にとっては）常にすでに書かれていたことへと意味づけを変更し、（人間にとっての）必然性として再提示しているのである。これと同じ操作を、偶然的なことだけではなく、必然的なこと——永遠真理——にまであえてほどこし、それを再必然化したのが、デカルトの説である。

以上のオッカムからデカルトへの連続線に関して、二つのことを指摘しておこう。第一に、オッカムとデカルトの説明は、カルヴァン派の（二重）予定説と基本的に同じものである。オッカムやデカルトに視野を絞れば、それは、学者の世界の論議に過ぎないが、宗教改革は、西洋社会の全体に影響を残した、大きな社会現象である。宗教改革は、科学革命とほぼ同時代の出来事だ。周知のように、マックス・ヴェーバーは、予定説が含意する生活態度にこそ、資本主義の精神の起源を見ている。と、すれば、中世哲学の最後尾に立つオッカムの思索の中に、近代が先取りされていたことになるだろう。

第二に、指摘しておきたいことは、オッカムやデカルトの議論と、冒頭に紹介した量子力学の実験との比較に関するものである。先の実験、とりわけ遅延選択実験が含意していることは、神についてのオッカムの説明と、まったく正反対になっている。オッカムやデカルトの議論は、すでに述べたように、未規定の偶然性を規定された必然性へと転換し、そのことによって必然性の優位を確立するものであった（偶然に見えることも、神の意思によって最初から決まっていた）。これに対して、量子力学では、既定的な必然性が偶然化され、偶然性は、馴致されることなく、その荒々しい姿を晒したまま、究極の優位を確保する。若干の解説が必要だろう。

時間的様相と関連づけて見ると、両者の対立が見易くなる。一般には、過去は確定されており、未来は不確定である。その上で、オッカムは、神にとってはすべてが未来である――未来として現前・現在している——とした。人間にとっては、どうしても不確定性を残す未来が、神にとっては確定的なものとして現前しているとすることによって、一挙に、全知性と全能性を確保したのである。量子力学の場合は、逆である。観測者の視線は、過去へと向かっている。遅延選択実験では、観測するかどうかの決断は、光子が、孔を通過してしまった後に下す。もし観測をしなければ、光は波として振る舞いを示す（スクリーンに干渉縞を残す）。だが、観測した場合には、光は粒子となる。この場合には、因果関係が、観測時点から言わば過去へと遡り、光は「壁の穴を粒子としてすでに通過していた」という状態が作り出されるのである。まるで、光は、初めから、（後で）観測されることになるかどうかを知っていたかのように見えるのだが、そんなことはありえない。観測するかどうかの決定がまったくランダムになされるように、実験装置は、慎重に配備されているからである。観測する／しないという選択は、まった偶然的なものであるにもかかわらず、まるで最初から——極論すればビッグバンのその瞬間から——そのように予定されていたかのように、事象はたち現われるのだが、この現れは、まったくの錯覚なのだ。

整理すると、こういうことになる。オッカムの説明は、未来のこと、どんなに未確定で、また偶然的に見えることでも、実際には、予定されており、必然だった、ということを示すものになっている。それに対して、量子力学においては、過去でさえも、普通は確定的であるとされている過去でさえも、常に未確定であり、変更されうるのだ。光子が、粒子として孔を通過したのか、波として通過したのかは、後で観測されるかどうかが決まるまでは未定なのだから。このように、中世末期から近代初期の世界観は、量子力学のそれと正反対になっている。だが、中世哲学をさらに遡ると、つまりオッカムへの転回の以前にまで遡ると、われわれは、そこに量子力学と親和性の高い哲学を見出すことになる。

3　存在の思考

西洋中世哲学の起点は、どこにあるのか？　それがいつであるにせよ、九世紀のカロリング・ルネサンスと呼ばれる時期に重大な転機があることは確かである。ジルソンによれば、以降の哲学は「存在の優位」によって特徴づけられる。無論、この場合、存在とは、まず何よりも「神の存在」である。

しかし、この世界を絶対的に超えた神は、感覚によってはもちろんのこと、知性によってもその存在を捉えることはできない。そのため、偽ディオニシオスは、神へ至る道として、肯定の道とともに、否定の道（否定神学）を用意し、展開したのである。神の存在・現前は、一切の認識の到達しうるところを超えているので、ただ否定的にしか語りえないのだ。このとき、神は、光を超えた闇に、あるいは——闇は不在ではなくむしろ神の圧倒的な存在を意味しているので——光る闇、光そのものである闇に、喩えられることになる。ところで、ここで、連想を逞しくしておいてもよかろう。量子力学の謎は、（すべてではないが）主として光についての謎である。知性の喩であった光が、どうしても捉えられない。それが、局在する粒子なのか、遍在する波なのか、どちらとも同定することができない。量子力学において、光は、まさしく輝ける闇である。

偽ディオニシオスと同じように、否定の道によって、神の絶対へと至ろうとしたのは、カロリング・ルネサンスを代表する哲学者エリウゲナである。五巻から成る大著『ペリフュセオン（自然について）』で、自身が創造するかしないか、また創造されたか創造されないか、という二つの基準によって、自然を四つの種に分類する。その中で、「創造されず創造する」始原の原因と、「創造せず創造されない」不可能な種が、ともに神であるとされる。この後者の神の特徴づけが、神の在り方をよく示している。神は、認識しうるどのような存在のあり方をも超えているのだから、端的に「無」と言われることもある。ただし、その「無」は、存在の否定ではなく、存在を超えた存在、存在以上の存在という意味である。

中世哲学の最大の論争は、言うまでもなく、普遍論争である。常識的な整理に従えば、「動物」とか「人間」といった「類」「種」が、つまり「普遍的なもの」が実在するのか、それとも、実在するのは個体（個々の人間とか個々の犬のような）だけで、「類」や「種」は唯名的（つまりただの名）なのか、という争いが普遍論争であり、前者が、「実在論（レアリスムス）」、後者が、「唯名論（ノミナリスムス）」と呼ばれる。あるいは、普遍者を個体の前におくのが実在論であり、個体の後におくのが唯名論である（さらにその中間に、個体の中におく概念論があるとされる）、と解説される場合もある。中世末期の哲学者との関連では、唯名論の代表者として、すでにその名を挙げたオッカムを、実在論の代表者として、スコトゥスを配するのが、普通である。

しかし、専門家によれば、事態ははるかに錯綜しており、普遍論争をこんなに簡単に整理することはできない[4]。ここでは、パースを引用しながら、普遍論争の中核を抉り出している、坂部恵の論にだけ触れておこう[5]。パース＝坂部によれば、普遍論争の対立点は、普遍と個の関係というよりも、個体の在り方そのものにかかわっている。一方に、個体的なものが、本来、非確定で、それゆえ（それが何かを）規定しつくすことができない豊かさをもち、普遍者や存在を分有していると見なす立場がある。他方には、個体は、直接与件として、単純に確定された規定をもち、世界と思考の構成要素たる原子である、とする立場がある。前者が、実在論（スコトゥス派）、後者が、唯名論（オッカム派）にあたる。パース＝坂部は、このように整理した上で、実在論に対して好意的なコメントを加えている。

実在論の論点を、パース＝坂部のように要約することができるとすると、さらに、ここで偽デュオニシオスやエリウゲナの否定神学の着眼点を合わせて考慮した場合には、次のような結論を導くことができるのではないか。実在論とは、神を、神に近い何かを、個体そのものに見ようとする立場である、と。明示的に同定できず、否定神学的にしか語りえない何かが、個体そのものにある。これが実在論であろう。

神がこの世界を圧倒的に超越しているとすれば、われわれは神について何かを語ることができるのか？　無論、このことを自覚するがゆえに、否定神学のような方法も提起されているのだが、否定神学的にすら、神について何かを語ることができるのだろうか？　たとえば、神は知恵あるもの——一切の者を超えて知恵あるもの——であると言われたとしても、「知恵ある」という述語は、一般には、人間に対して使われる語であり、神に関して、これが言われるときには、まったく異なる意味をもつのではないか。事柄がとりわけ深刻になるのは、存在について語るときである。「神が存在する」と主張するとき、その「存在」という述語は、世界内の被造物に関して使われる場合と、同じ意味なのだろうか？　もし、両者がまったく異なる意味であるとすれば、つまり「存在」という語は「同音異義的に」使われているだけであるならば、神の存在についての命題は、まったく意味不明のものとなってしまう。つまり神の存在について云々することはできなくなってしまう。

中世の哲学者は、この難問にぶつかっている。『神学大全』で、五つの仕方で神の存在証明を与えている、トマス・アクィナスの、この難問に対する答えは、有名な「存在の類比」である。神についての存在と被造物についての存在とは、同名同義ではない。神についての存在は、犬が存在するというのとは違う意味であるはずだ。が、しかし、両者は、まったく同音異義というわけでもない。トマスによれば、神の存在は、世界の存在との類比によって語ることができる。言わば、比喩的にならば語りうる、というわけである。これは、世界から神への到達可能性と世界と神との断絶性をともに確保しようとする、苦心の解決策である。

だが、類比的にしか存在について語りえないということは、結局、神の存在について、直接には語りえないということになるのではないか。この疑念に対して、敢然と「存在の一義性」を主張したのが、ドゥンス・スコトゥスである。「無限の存在者」（神）と「有限の存在者」（被造物）について語られるとき、「存在（者）」という概念は一義性をもっていなくてはならない。さもなければ、神の存在を前提にした上で、それが有限か無限かと問うことすらできなくなってしまう。こうしてスコトゥスは、「存在」は、有限と無限の両方に通底する一義的概念であるとするのだ。

＊

中世哲学の中心的な主張を、概括的に整理してきた。重要なことは、しかし、このような教科書的な知識の羅列ではない。現在のわれわれからすれば、一見、どうでもよいように思える、これら宗教的な争論の中で、思索を駆り立てている真のモチーフは何であるかをつかんでおかなくてはならない。言うまでもなく、この時代、哲学と神学とは一体である。思索を駆り立てているのは、キリスト教の問題、よりはっきり言えば、神ではなくキリストという問題だったのではないか。キリストという形象――人間になった神――を有する点にこそ、キリスト教のきわめてユニークな特徴がある。

キリストは、神でありかつ人間である。神とキリストは別のものではない（別だとすると多神教に陥ってしまう）。父なる神、子なるキリスト、さらにこれに聖霊を加えて、この三者を同一とするのが、いわゆる三位一体論だ。三位一体論を、ギリシャ教父の一人、ナジアンゾスのグレゴリオスは、「神の同じ一つの本質《ウーシア》、異なる三つの実存《ヒュポスタシス》」と定式化した。

キリストを参照項としてみると、中世哲学の思索の根本モチーフが明白になってくる。たとえば、普遍論争の一翼を担った実在論に立ち戻ってみよう。実在論と唯名論とを分けているのは、個体の在り方であった。キリストは人間であり、個体だからだ。キリストが人間であることにおいて神であるということは、個体が、個体を超えた何か、確定しえない何か、すなわち普遍でもある、ということを意味しているだろう。もし、この世界の個体と、世界の外部の神とが、画然と分離しているのみであるならば、実在論のような個体の把握の仕方は不要だったに違いない。実在論は、すべての個体に、キリストと類比的な両義性を見出そうとする立場だと言うことができるだろう。すべての人間（信者）に、神が聖霊という形式で降臨しているとする、三位一体論の前提と、こうした実在論の志向性とは合致する。

実在論の論理を用いれば、キリストは、個体であることにおいて還元不能な不確定性を孕み、それゆえに普遍を分有する。すなわち、キリストは、他者へと、隣人へと開かれる媒体となりうるのだ。これこそ、信者の共同体（教会）の紐帯として、聖霊が機能している状態ではないか。超越的な神について言われる「存在」と、被造物に関する「存在」を、何らかのかたちで結びつけ、可能ならば両者の一義性を確保しなくてはならない理由もまた、キリストにある。キリストは、まさに被造物として、ここに「存在している」からだ。

ことがらの意義をさらにはっきりさせるために、キリストとブッダとを比較してみよう。両者の本質的な相違はどこにあるのだろうか。どちらも人間であると同時に人間を超えた神的な域に達した者でもある。ただ関わりの方向が逆になっている。キリストにあっては、神が人間へと受肉する。他方、ブッダは、人間が悟りによって神の水準に到達した姿である。このベクトルの相違――「神→人間」か「人間→神」か――は同値（同じこと）ではない。すなわち、キリストとブッダは、互いが互いの鏡映的な反転像になっているわけではない。

このことは、彼らの教えと彼らの行為や存在との関係を考えに入れると、理解することができる[6]。ブッダは真理を悟った。それは、仏教の教義として哲学的に体系化されている。この教義と人間としてのブッダの関係はどうなっているのか？　簡単である。ブッダ自身が、その教義を例解するモデルになっているのである。ブッダが行ったこと、彼の生き方が、仏教の教義が具体的に何を含意しているかを例示する、一つの――理想的な――ロール・モデル（模範）である。ブッダの行為は、普遍的な本質＝教義の一つの個別的な現れとして、位置づけることができるのだ。この場合は、個別性と普遍性は分離している。

一見、キリストの場合も同じに思える。キリストの行為が、キリスト教の教義の含意を示す個別的な一事例になっているかのように思えるのだ。だが、キリスト教において開示されている教えとは何か、考えてみよ。それは、神が人間として歴史のある瞬間に受肉したという事実そのものではないか。キリストは、何か真理を語るために、やってきたわけではない。キリストの行為は、普遍的な真理の特殊な含意を示す一事例であったわけではない。そうではなくて、キリストの存在、特定の歴史的な時点と結びついた彼の単独的な存在そのものが、キリストの教えのすべてなのである。人間個人としてのキリストの特異的な存在から離れて、キリストの真理——普遍的真理——はない。そうだとすると、ここでは、普遍性（真理）が個体性（キリストの歴史的事実存在）から独立してはおらず、現れに直接に随伴していると見なさなくてはなるまい。

スコトゥスは、個体が個体であることを保証する「個体性」を重視する。「個体性」は、「単独性」あるいは「このもの性」等とも言い換えられている。スコトゥスのこうした議論は、おそらく、「ここに個人としてのキリストがいる」ということがそのまま普遍的真理（神）と合致するという、キリスト教の在り方を背景にしてこそ、理解可能なものとなろう。

4　第二の科学革命

中世哲学の究極のモチーフに、キリストの受肉という問題があった。このことを確認しておけば、中世哲学が、二〇世紀の初頭の「第二の科学革命」における転換、とりわけ量子力学と類似の構造をもっている、ということを説明することができる。

もう一度、遅延選択実験に戻ってみよう。この実験には、量子力学の核心的な特徴が示されている。認識が出来事に対して、絶対に還元できない遅れを取ること、これがその特徴である。出来事そのもの（孔の位置での光子の通過）と、その出来事の知識への登録（観測）との間には、どうしても隙間が生じ、後者は前者に対して必然的に遅れるのだ。ただ、「そうであったこと」（完了形）という形式でしか出来事は観察されず、「そうであること」（現在進行形）が直接に認識されることがない。

ここに古典力学と量子力学との間の基本的な相違がある。古典力学の場合には、認識と出来事との間のズレをいくらでも小さくすることができる。ズレをゼロへと限りなく近づけることができるのだ。古典力学の世界の下では、人は、原理的には、出来事が起きた瞬間に、遅れをこうむることなく、これを観察することができる。量子力学の場合には、そうはいかない。二つ孔の地点での光子の不思議な振る舞いを進行形で観察することはできないのだ。2節で、量子力学において、観測者の視線は、常に過去へと向けられている、と述べたのはこのためである。

量子力学の不思議な現象は、常に、この「遅れ」の中で、出来事に対する認識の遅れが作り出す隙間の中で生ずる。たとえば、述べてきたように、光子や電子が粒子であると同時に波でもあるような二重性を呈するのは、われわれが直接に観察していないとき、そのときに限られる。このような「観測の遅れ」があるがために、対象は――つまり微粒子は――、われわれ観察者を騙したり、その裏をかいたりすることかできるようになる。

次のような現象は、とりわけ興味深い。量子力学では、位置と運動量の間のトレードオフ関係を「不確定性原理」と呼ぶ。位置と運動量の間のこの背反関係は、時間とエネルギーの関係に置き換えることもできる。つまり、ある出来事が生起している時間について厳密に知ろうとすると、その出来事の中に登場する粒子のエネルギーについての不確定性が高まってくるのだ。ということは、どういうことか？　十分に短い時間を取ったときに、たとえば電子は、どこからともなくエネルギーを借りてきて、それを用いて光子や陽子を生み出すことができる、ということである。こんなことが可能なのは、極端に短い時間を指定したため、エネルギーに関する不確定性が閾値を越えて高まり、ついにエネルギー保存則が破られてしまうからである。宇宙を支配する最小限のバランスが、その短い時間の間には失われている。ここで肝心なことは、このバランスを失した状態は、直接には観察されない、ということだ。電子が生み出した光子は、直ちに電子に吸収されてしまうからである。量子力学の解説で名高いジョン・グリビンはこう記す。「問題は、光子が誕生するとほとんど同時に再び電子に吸収されてしまい、エネルギー保存則が破られたことに通常世界が気づくひまがないということだ」と。周囲に気づかれていない限りで、保存則は破られているのだ。

こうした現象の極限には、「真空の揺らぎ」が待っている。今、電子が、保存則が成り立っていれば生み出されるはずのない光子や電子をもたらすことがある、と述べた。これらの粒子は、等価交換の中からは生み出されるはずがないのに、資本主義的市場の中ではなぜか発生する剰余価値に似ている。ところで借金さえできれば、元手がなくても剰余価値を産出することができる。同じように、まったくの真空状態で、エネルギーが借り入れられ、粒子が生み出されることがあるのだ。要するに、不確定性原理の下では、無から粒子が飛び出すのである。この場合も、周囲がバランスの喪失に気づく前に――観測にかかる前に――直ちに、粒子は無へと回帰する。これが真空の揺らぎである。エリウゲナのような中世の哲学者は、神の存在――存在を超えた存在——を「無」と呼んだわけだが、量子力学においては、実際、無（真空）が（粒子の）存在へと転換するのだ。

量子力学的な宇宙の中で、粒子は、言ってみれば、教師に監視されていないときだけ、悪さをしている生徒のようなものである。生徒は、絶えず悪戯をしているのだが、教師が見ている限りではいつもきちんとルールを守っているので、教師はどうしても現場を取り押さえることができない。

このように、量子力学においては、対象は観察者を常に欺いている。言い換えれば、観察者は、ただ「虚偽」のみを観察していることになる。「存在との一致」という真理の古典的な定義は、ここでは正確に裏返されている。本来の存在との不一致だけが認識にもたらされていることになるからだ。

＊

観測者のこうした在り方を前提にすることで、量子力学の原理がキリスト教の受肉の論理と同一であるということを示すことが可能になる。量子力学において、観測者は騙されているとして、騙されることのない観測者、真理を、すなわち存在の実相を直接に知覚する観測者を、どこか別のところに想定することができるだろうか？　このように問いを立ててみればよい。たとえば、デカルトは、自分が騙されているかもしれないという懐疑を、無限で、全知・全能の神の存在を想定することによって、克服することができた。このデカルトの神の観念に相当するような、理想的な観測者、全知の観測者のようなものを、量子力学において想定することができるだろうか? できない。絶対にできないのだ。たった一粒でも、空間に遍在している波動としても振る舞う光子や電子をそのまま捉えるような観測者は、原理的に不可能なのである。観測したとたんに、それらは粒子とならざるをえない。そうだとすると、量子力学にあっては、対象(光子や電子)に欺かれることから独立した「(真理を)知覚している状態」を定義することはできない。両者は、同じことに帰すると考えるほかない。

とすると、どういうことになるのか? 今や、「個別の現れ」と「普遍的な本質」との関係はどうなるのか? 量子力学においては、現れの向こう側、現れの彼方に、本質の領域——何者かによって積極的に観測しうる真理の領域——を仮定することはできない。それならば、本質は、どこにあるのか? さまざまな特殊な現れを包括する普遍性としての本質は、どこにあって、誰に対して現前するのか? 「現れ」の彼方にそれがないのだとすれば、本質は、観測において直接に現前している、と考えるほかないではないか。本質は、「(観測者を)騙す」という否定的な力において、直接に姿を現しているのである。こう言い換えてもよい。本質とは、現れそのものの自己分裂である、と。観測者の前に、粒子としての光子が現れる。だが、それは、波動としての己の姿を隠蔽する光子の「仮の姿」なのだから、粒子としての光子は、他なる可能性(波動としての可能性)を幽霊のように随伴して立ち現れていることになる。繰り返し強調しておけば、波動としての光子が、粒子としての現前とは異なる、どこか彼方で現前するわけではなく、まさに「そこ」にあるのだ。これが、現れの自己分裂（波動／粒子）ということである。

コメディアンのマルクス・ブラザーズの有名なジョークこそ、この場に引用するにふさわしい。「こいつは愚か者のように見えます。愚か者のふりをしているんです。でも皆さん、惑わされてはいけません。奴はほんとうに愚か者なんです！」愚か者としての姿は、賢者という真の姿を隠すヴェールや仮面ではない。それは、本質を隠蔽したり、不完全にしか表現しない「単なる現れ」ではない。ヴェールの向こう側に、何かすごい秘密を見出すのではなく、正確に同じヴェールそのものを見るほかないのだ。このジョークにおいて、愚か者としての姿（現れ）は、表面的な現れであると同時に隠された本質でもあるという二重性を帯び、分裂している。量子力学の世界は、これに似ている。

それゆえ、ここでは、現れ（個体性）と本質（普遍性）の関係をめぐる常識的な構図が反転している。普通は、現れの特殊性・有限性を媒介にして、彼方に普遍的な本質の存在が想定される。量子力学においては、逆である。限界があるのは、むしろ本質の方だ。というのも、今や「本質」は、現れの幽霊的な随伴物でしかないからだ。「波動」（本質）が直接に現前することは原理的にありえず、それは、ただ「粒子」としての現れの「不十分さ」において暗示されているだけなのだ。このような「本質」の限界こそが「現れ」を可能にしている――「現れ」そのものである。

従って、量子力学における本質と現れの関係は、キリスト教の基本的な設定を、つまり「神の子の受肉」という設定を直接に具体化していることになる。キリスト教にあって、神（本質）は――キリストとして――まさに直接に現れる。神（本質）とは、神が惨めな人間であることにおいて神であるという自己分裂以外のなにものでもない。神の否定が神なのだ。いくら強調してもしたりない重要なポイントは、キリストは人間だということである。マルクス・ブラザーズのジョークをもう一度引こう。「この男は人間のように見えます。でも皆さん、気をつけてください。彼はほんとうに人間なんです！」。西洋中世哲学が、「それ」をめぐって思考してきた基本的な設定が、量子力学においては、そのまま実現しているのだ。要するに、量子力学における「波動関数の崩壊」は、キリストの受肉の反復にほかならない。

＊

第二の科学革命の推進者である量子力学が、中世哲学の回帰のように見える、というのは以上のような意味である。だが、しかし、それは、中世哲学の単純な再現ではない。量子力学は、中世哲学と同じような配備を反復することを通じて、それとはまったく逆の結論を含意してしまうからである。このことは、ここまでの論述の中ですでに暗示されている。どういうことか、あらためて確認しよう。

中世哲学がさまざまな概念を編み出し、さまざまな趣向を凝らして思考したのは、神の存在、神の善性や真理性、神の全知・全能性を論証せんがためである。しかし、量子力学の結論は、これとはまったく逆になる。むしろ、量子力学は、「神」の――世界について観測し知る者の――

無能性や不在をこそ、含意しているからである。

というのも、量子力学的な観測者は、常に対象に欺かれているからである。彼は、真理の認識に失敗した者として、常に、その度に斥けられていくほかない。先に紹介した、「真空の揺らぎ」のことを考えると、さらに無気味な想像をすることもできる。この世界、われわれが棲まうこの通常の世界そのものが、超大型の「真空の揺らぎ」の産物だとしたらどうだろうか、と。ミクロのレヴェルで、粒子は無からポンと飛び出し、直ちに無へと回帰していく。これと同じように、世界そのものが、無から飛び出し無へと回帰していく揺らぎの途上にあると考えることもできるのではないか。真空の揺らぎ――無からの有の出現――は、誰にも気づかれていない限りでのみ可能だった。とすると、ここから、われわれは、バークレー司教――存在と「知覚されてあること」とを同一視したバークレー司教――と、正反対のことを主張すべきだということになる。もし全体としての世界が、巨大な「真空の揺らぎ」の過程にあるのだとすれば、世界が存在できるのは、世界を「誰か」が――神のような誰かが――知覚しているからではなく、まったく逆に、誰も知覚していないから、その本来の非存在に誰も気づいていないからだ、と見なさなくてはなるまい。それゆえ、量子力学の意味することは、世界を超越的な位置から観察し、それについて知ることができる観測者（神）の極端な無能か非存在である。

とはいえ、しかし、中世哲学を、さらにその原点であるキリスト教にまで遡れば、量子力学のこうした含意は、むしろ、本来のキリスト教により忠実だということになるのではないか。キリストが十字架上で死ぬとき、「父よ、私を見捨てるのですか」と叫んだとき、彼は全知でも全能でもなかったではないか。彼は、無能な惨めな人間として、死んでいったのである。

＊注

1　もっとも、水（多数の水分子）の場合には、一つの隙間を通過するときでも波になるのに、光の場合には、一つ孔を通過したときには、すでに述べたように粒子として振る舞っているので、すでに十分に不思議なことである。
2　私の考えでは、相対性理論は、ニュートンの世界を否定したというより、むしろ完成させたという側面をもっている。詳細は、拙著『量子の社会哲学』（講談社、二〇一〇）参照。
3　この件に関する、オッカムとデカルトの連続性・共通性については、熊野純彦『西洋哲学史―古代から中世へ』（岩波書店、二〇〇六）が手際よく説明している。ここでの説明はこれに拠っている。
4　山内志朗『普遍論争』哲学書房、一九九二参照。
5　坂部恵『ヨーロッパ精神史入門―カロリング・ルネサンスの残光』岩波書店、一九九七。
6　この点については、Slavoj Žižek, *The Parallax View*, MIT Press, 2006, 98ff. が参考になる。

第3章
法人という身体

1　法人の原型

会社は法人corporationである。すなわち、それは、法的には、ヒトとして扱われる集団である。岩井克人が明快に論じているように、法人という法的形象は、近代において確立した、ヒトとモノとの間の厳格な区別を前提にしている。[1] ヒトとモノとの区別を前提にした上で、その区別を横断するような規定を担う実体が、法人である。

ヒトとモノとの区別を与えるのは所有の関係である。ヒトとは所有の主体であり、モノは所有の客体である。所有しているということは、所有されている客体に対して、無際限な制御の可能性を持っているということ――それをどのように扱うことも許されているということ――である。このようなヒトとモノとの区別を前提にしたとき、法人は、モノでありかつヒトでもあるということになる。法人がモノであるというのは、法人が所有の客体となりうるからである。たとえば、株式会社は株主の所有物である。法人がヒトであるのは、法人がさまざまな資産の所有者であり、また他のヒトと契約を結ぶこともできるからである。法人は、だから近代をまさに近代たらしめる基本的な区別を利用しながら、それに対して撹乱的な効果をもたらしうる。

法人という制度が大々的に援用されるようになるのは、近代になってからである。とはいえ、その起源は、ヨーロッパの中世に、さらには解釈によってはローマ時代にまで遡ることができる。法人という制度が要請され、構成される理由を理解することは、さして難しくないように思える。ヒトとモノとの中間に、どちらの属性も担っている法人を挿入することには、ごく単純な利便性があるからである。たとえば、法人ではない、資産が共同所有されている企業と契約を結ぼうとすれば、契約書に署名しなくてはならないのは、共同所有者の全員であり、その煩雑さには耐え難いものがあるだろう。

だが、しかし、常に変化し、多様に展開している集団を、単一の人格と見なすことには、大きな認識上の飛躍がある。たとえば、自治都市や大学は、法人の初期の形態である。ボローニャは、そうした大学のひとつだ。だが、眼に見える「ボローニャ」という共同体は、多数の学生や建物によって構成されており、それらは、不断に入れ替わり、変化している。そうした変化に抗して持続する実体としての「ボローニャ的なもの」は、いったい、どこにあるのか？　何を根拠にしているのか？　実際、中世の法学者たちは、こうした問題を徹底的に議論している。このように考えると、「法人」という形象が受け入れられているということは、それほど自明なことではない。法人はいかにして可能だったのか？　それが西ヨーロッパに生まれたのはなぜなのか、という問いを端緒にしてみよう。

中世後期から後の西ヨーロッパの法人は、すべて国王（と議会）の認可によって創設された。王によって、公共的な目的を有する集団であるとの認定がなされなくては、法人としての資格を与えられることはなかったのだ。したがって、法人として資格が付与された集団の数は、非常に限定されていた。法人の資格付与の権限が王に集中していたのは、佐藤俊樹が述べているように、法人のあり方が、王の身体についての当時の教説と深く結びついていたからである。[2]西ヨーロッパの王権は、中世の全体を通じて――最終的には絶対王政期に完成をみるかたちで――、「王は二つの身体を有する」とする政治神学を徐々に整えていき、王の支配の正統性の根拠とするに至った。中世のヨーロッパにあっては、二つの身体を有する王こそが、法人の原泉だったのだ。

カントーロヴィチの浩瀚な研究書によって知られる教説、王のうちに二つの身体が統合されているとする政治的な虚構は、次のような内容をもっている。[3]王は自然的身体 Body natural と政治的身体 Body politic の二つを有するというのだ。自然的身体は、王の可視的な通常の肉体であり、生理的な変化を被り、衰え、最期には死亡する。それに対して、政治的身体は、不可視・不可触の抽象的実体であり、あらゆる自然的・生理的な限界や過ちから逃れている。自然的身体は政治的身体を具現するが、優位にあるのは、もちろん、政治的身体である。両者は、王の崩御によって分離する。

「二つの身体」論の確立によって、王の支配は、真に持続的なものとなる。それ以前は、たとえば「二つの身体」論が十分に整備されていなかった一二～一三世紀のイギリスでは、王の死によって王による平和は終わったと主張して、次王の戴冠式までの王位の空隙期に、強盗などの騒ぎを起こす者がいた。だが、王の政治的身体が、死亡した自然的身体から独立して存在しており、それこそが真の支配者であるとすれば、こうした社会秩序の空白は生じ得ないことになる。ここでは、先に「ボローニャ」を引き合いにして提示してみせた、認識上の困難が克服されている。王の（自然的）身体と王国の物理的な変化に抗して、王の支配者としての同一性は持続しているのだ。王の政治的身体こそは、またこれによって代表され、同一性を付与された王国こそは、（整備された）法人の原型だったのである。

したがって、法人を可能にした条件に関するわれわれの問いは、さらに限定された形態をとる。王が二つの身体を有するとする教説を実効的なものとした条件は何であったのか、と。実は、王の身体に二重性を見ようとする王権は、西ヨーロッパに限られるものではない。それは、非常に広範に見られる観念である。だが、しかし、二つの身体の間の葛藤を完全に無化し、それを首尾一貫した体系の内に統合しえたのは、西ヨーロッパの王権のみであると言ってよい[4]。西ヨーロッパにおいて、「二つの身体」論が、真に完備したものに至ったのはなぜなのだろうか？

2 神秘体

カントーロヴィチの研究を手がかりにして、要点を述べておこう。鍵はキリスト教にある。法人は、キリストの身体の独特な転用に基づいているのである。とはいえ、キリストと法人との関係は、そう単線的にはいかない。そこには、ある種の媒介が必要だったのだ。

キリストと王の類比は、中世の王権のごく初期には――一〇世紀から一二世紀の段階には――すでに始まっている。「神－キリスト」という序列関係が、「神－王」の関係に対応させられているのだ。さらに時代がくだると（一三世紀）、神の位置には、「理性（自然法）」が置かれるようになる。いずれにせよ、こうした「神－キリスト」との直接の類比によっては、王の二つの身体の教説は出てこない。理由は簡単である。（恩寵によってその地位を得ただけである）現実の王king は、本性において王 King であるキリストではないからだ。

「二つの身体」論が完成するためには、まずは神秘体 corpus mysticum の概念が整えられなくてはならなかった。神秘体とは、キリストの身体のことである。一方で、パウロは、教会のことを「キリストの身体 corpus Christi」と呼んだ。他方で、カロリング朝期には、「神秘体」という語は、具体的には、「聖体（パンと葡萄酒）」を指示していた。やがて、この二つの系列の用語法が合流し、「神秘体」が、パウロ的な意味で、つまりキリスト教徒の共同体（教会）を意味する語として使用されるようになる。こうした理解が確立すれば、法人概念を基礎づける「二つの身体」論へは、あと一歩である。キリスト教徒の共同体をキリストの身体と同一視したのと同じように、王国を王の身体と同一視すればよいからだ。

だが、この「あと一歩」は、まだひとつの飛躍を含んでいた。カントーロヴィチは、この困難を次のように要約している。王の身体には、キリストの身体にある決定的な特徴——キリストの身体と教会を同一視する上で不可欠な要素——が欠けていた、それは、永遠性である、と。キリスト教の正統的な教義によれば、時間は、はかなさや移ろいやすさを代表しているのであって、永遠性とは真っ向から対立する。終末論を奉ずる以上、地上の時間は有限であり、あらゆるものには始まりと終わりがあるはずだからだ。

カントーロヴィチは、無時間的な永遠性と時間的な可滅性との二元論が克服され、時間的な持続性の概念が準備されるための、さまざまな理論的・社会的な配備を詳細に検討している。われわれとしては、理論的な条件だけ、一瞥しておこう。中世のスコラ哲学は、アリストテレス哲学などの影響を受けながら、最終的に、二元論を越えて、時間についての三つのカテゴリーを得るようになる。第一に、aeternitas（永遠性）がある。その対極として、第二に、tempus がある。これは、明確な始まり（天地創造）と終わり（最後の審判）をもつ、はかなさを本質とする有限の時間である。この伝統的な二カテゴリーに加えて、スコラ哲学が見出し第三の要素は、aevum である。aevum も、一種の「永遠性」だが、時間的な意味での永遠を、つまり生成と消滅を反復する持続を意味していた。こうして、中世の哲学は、時間に内属する持続性についての観念を獲得したのだ。王の身体が――そして最終的に法人の一般が――、地上の被造物でありながら、永続性を帯びたものと見なされるためには、どうしても、この第三のカテゴリーが認められていなくてはならない。

興味深いことは、これら三つのカテゴリーが、異なる三つの視点に相関していることである。もちろん、aeternitas は、神に帰属する。tempus は、世界に内在する存在者、つまり人間に帰属する。aevum が実在性を獲得するためには、どうしても、これら二者とは異なる視点が帰属する場所が見出されなくてはならない。それは、神と人間の中間に位置する存在者、天使である。天使に相関する時間的なカテゴリーとして、aevum は存在したのだ。

このような時間に内属する永続性の観念が、王の身体に対して適用されたときに、初めて、王の身体と神秘体（キリストの身体）との間の並行関係が、完全なものとなる。王の政治的身体とは、要するに、神秘体の転換された姿なのである。王の政治的身体とそれが具現する王国は、法人の原型である。ある集団が法人となりうるためには、その法人としての単一性を具現する個人が不可欠である、とする考え方がある。これを「単独法人」という。法人を具現するその個人は、また自然的な身体以外のもう一つの抽象的な身体を有するとされた。「王の二つの身体」という構成もまた、こうしたアイデアに基づいている。やがて、法人としての集団と、法人の代わりに行動する個人との間の結びつきは弱められていく。すなわち、そのような個人が存在することは、法人が法人たりうるための本質的な条件ではなくなり、便宜的な必要性に基づく偶有的な条件になる。この場合には、法人と、法人を代理し、法人の資格で行動する個人との関係は、「信任」という形式をとる。だが信任に基づく法人と単独法人との間の距離を強調しすぎてはならない。法人の単一性を具現する個人の省略は、王のような特定の個人が、不可視の抽象的な身体をもちうるという観念のほんのわずか先に自然と登場するだろうから。[5]

＊

したがって、繰り返せば、法人 corporation は、神秘体 corpus mysticum、キリストの身体の世俗的な転用である。こうした転用を可能にしたのは、キリストの身体の二重性、二種類の二重性であった。

第一に、キリストは、神であると同時に人間である。すなわち、超越的でありかつ内在的である。この二重性が、政治的身体でありかつ自然的身体であることの二重性に対応していることは、容易に見て取れるだろう。また、時間に内在する永続性の観念を基礎づけた「天使」にも似たような二重性があった、ということにも注目しておこう。天使は、被造物として、人間たちのいる経験的な世界に内属し、同時に、最後の審判の日まで――そしてそれを越えて――、神とともに持続的に生き続けるのだから。

ついでに指摘しておけば、法人の基底にあった、あの「所有」の関係も、この論点と関連がある。所有するということは、所有の客体に対して、神になることだからだ。ここでは、人間が、神に擬せられているのだ。

だが、法人との関係においてより一層重要なことは、キリストの身体の第二の二重性である。キリストの身体は、個体的でありつつ、同時に集合的でもあるのだ。言い換えれば、キリストの身体は、自己自身でありつつ、同時に他者でもあるのだ。キリストが十字架上で死んだことによって、人類全体の罪が購われたことになるのは、キリストの身体にこうした二重性があるからである。キリストの十字架上の苦しみを通じて、そこで、人類の総体が苦しんだことになるのだ。そして、何より、キリストの身体が教会という類的な共同体でもあるのは、キリストの身体にこうした二重性が宿っていたからである。

「神秘体」という用語の確立の過程――この語がパウロ的な含意を担うに至った過程――は、キリストの身体の意義の重心が、第一の二重性から第二の二重性の方へと移行する過程であったと言えるだろう。「天使」という存在者が、中世スコラ哲学の中で重要性をもつようになった理由も、キリストの身体の第二の二重性に関する論点と結びついている。スコラ哲学は、天使とは何かということについて、あれこれと考察を繰り返しているのだが、特にトマス・アクィナスは、そうした考察から、普遍論争にかかわる重要な含意を引き出している。普遍論争は、たとえば「犬」という普遍概念が実在するのか、たんなる名前に過ぎないのか、ということを論争点としている。アクィナスによれば、天使はみな、一つの「種」を代表しているのだ。天使の身体の非物質性は、この点に関連している。「犬」という種は、個体としての身体を有する「この犬」

のことでもないし、「あの犬」のことでもなく、さらに「この犬とあの犬」ですらない。天使が物的な身体（自然的身体）をもたないのは、物質化した身体は常に個体でしかありえず、種そのものではありえないからである。ここで、天使は、キリストの身体の第二の二重性を（縮小させて）反復しているのである。神（キリスト）は、最高度の普遍性を、つまり類を全体として具現している。他方で、人間のような通常の被造物は、個体化されている。天使は、中間的な普遍性であるところの「種」を代表しているのだ。

天使は、このように「種」を人格化した形象である。こうしたあり方が、法人のあり方と比定しうることは、容易に理解できるだろう。岩井が簡潔に要約しているように、実際、法人の実在性をめぐる議論は、普遍論争と正確に対応している（岩井、前掲書）[6]。

3　子を産む父

法人の本性は、このように、キリストの身体に先取りされていた。とはいえ、かつては――国王の認可に基づいて設立されていた段階では――法人はごく少数の集団に限られていた。だが、今日では、法人は、あふれかえるほどある。法人が、これほどまでに増大したのは、法人という制度が、とりわけ「株式会社」という形態をとった法人が、資本主義――産業資本主義以降の資本主義――にきわめて適合的だったからである。ちなみに、法人の数の爆発的な増加が最初に現れるのは、佐藤俊樹が引用する小山賢一の研究によれば、イギリスから独立して以降の合衆国である。独立当時は、合衆国全体で六つしかなかった法人が、その四半世紀後には、五〇倍以上の数に昇っている。合衆国が、ピューリタンたちによって、すなわち厳格なキリスト教徒の移民によって、まずは建国されたという事実を、ここで銘記しておいてよいだろう。近代的な株式会社制度が、最初に整えられるのも、合衆国である。

だから、法人の現代性について考察するには、資本主義の性格について、一瞥しておく必要がある。法人は、キリストの身体の転用だった、と述べたが、おもしろいことに、マルクスは、資本のあり方をキリストに喩えている。

マルクスによると、貨幣の資本への転化は、W（商品）―G（貨幣）―W′（商品）という循環の形式が、G―W―G′という形式に転換することに相当している。最初に、（別の）商品を目的とした、単純な市場的等価交換がある。私は、別の商品に対する必要を満たすために、自分自身の生産物を売るのだ。ほんとうは、これは、直接の物々交換であってもかまわない。ただ、私の需要に対応した物々交換が首尾よく成立する確率は低いので、貨幣が便宜として用いられるだけである。貨幣は、できることならば省略したい媒介物に過ぎない。

だが、循環が、G―W―G′と転換したときには、事情はまったく変化する。貨幣を、より多くの貨幣を得るために、人は投資するのである。かつて手段であったモノ（貨幣）が、今や目的となる。この循環を通じて増殖していく貨幣が、資本である。言い換えれば、資本とは、この循環の外在化した形態である。マルクスが「キリスト」の比喩を使うのは、この文脈である。キリストを、増殖した価値、つまり剰余価値に見立てるのだ。神は、その息子（キリスト）を、自分自身から差異化しつつ、同時に、両者は同一であるともされる。剰余価値についても同じである。一〇〇ポンドを投資して、一一〇ポンドを得たとすると、一〇ポンドの剰余価値を得たことになるのだが、回収された一一〇ポンドの中で、剰余価値分が初期の投資分から区別されて現れるわけではなく、両者の差異は完全に消え去っている。つまり最初の貨幣（神）は、自分自身から、息子としての剰余価値を差異化しつつ、同時に、両者は同一化してもいる、というわけだ。われわれは、後に、資本がキリストに喩えられ、法人も一種のキリストであったという符合には、偶然の一致以上のものがあることを見ることになるだろう。

資本への転化が、G―W―G′の循環によって果たされるということは、資本家が「守銭奴」を内在させつつ、守銭奴と区別されてもいる、という二重の含意をもっている。貨幣そのものを自己目的化しているという点では、資本家は守銭奴である。だが、マルクスは、資本家と守銭奴の区別を強調している。資本家は、「合理的な」守銭奴だからである。資本家は、貨幣を増殖させるためには、伝統的な守銭奴のように貨幣を単に退蔵させる吝嗇家になってはダメで、貨幣を繰り返し投資し続けなくてはならないということを、つまり貨幣を得るためにこそ、貨幣を放棄しなくてはならないことを理解しているのだ。だが、資本家が内なる守銭奴を完全に克服できるわけではない。そのことがあからさまになるのは、恐慌のときである。恐慌のとき、人は、――商品にではなく――貨幣に回帰する。つまり、誰もが、貨幣に執着する守銭奴になった状態が、恐慌である。

W—G—W′の循環からG—W—G′の循環への転化が、資本の成立を意味しているということは、結局、次のような含意をもつ。すなわち、資本主義を規定する最も基本的な動因は、使用価値と交換価値の葛藤に、交換価値が使用価値から解離していこうとする傾向にあるということを、である。G—W—G′は、使用価値ではなく、交換価値を求める運動である。そして、こうした循環によって価値が増殖しうるのは、交換価値が使用価値から離れ、独立した領域を形成しうるからである。実際、資本主義とは、人が皆、本当には必要ではないものを買う社会である。すなわち、人々が、使用価値の観点から捉えたときに、どうしても必要とは言えない余剰を欲望する社会が、資本を可能にするのだ。たとえば、われわれは、まだいくらでも着ることができる服があっても、さらに服を買うし、栄養摂取の観点から見ればとりたてて意味のない食物を欲望する。そして、使用価値への本来の欲望と、交換価値への過剰な欲望との間に、明確な境界線を引くことはできなくなる。つまり、どこで逸脱的な過剰性が始まったかを明示することはできない。最終的に、使用価値への根を断ち切って、交換価値が完全に独立してしまった場合に得られるのが、投機的な資本の世界、ヴァーチャルな投機によって利潤を得る金融の世界である。だから、今日の最も洗練された金融資本の世界は、資本主義を規定する最も初歩的な対立、使用価値と交換価値の対立に源泉をもっているのである。

貨幣がより多くの貨幣を自動的に生み出していくかに見える金融資本の世界と、サイバースペースのヴァーチャル・リアリティとは、無縁ではない。両者は、同じことの二つの側面ですらある。たとえば、今、サイバースペース上には、ハンドルネームで呼ばれ、ある魅惑的な「仮面」を被った私がいる。つまり、非物質的な天使の身体をもった私がいる。だが、スクリーンのこちら側には、食物をはじめとするさまざまな必要に規定された、物質的な肉体（自然的身体）としての私がいる。前者は、使用価値から解放された、交換価値的な世界に浸っている身体である。後者は、使用価値（の必要性）への根を断ち切ることができない身体である。

交換価値の領域の使用価値の領域からの独立が十分に大きくなったときに出現するのが、高度情報化社会、あるいは——岩井克人がいう——ポスト産業資本主義である。このときに、死活的な重要性を帯びる要素が、情報である。情報とは、要するに、認知可能な差異性である。基本的な必要との関係では大差がないように見える商品に、差異性を付与し、人々の欲望を喚起しうる交換価値を与えるのが、情報にほかならない。欲望をひきつける情報の投与に成功した商品だけが、この社会では、生き延びることができるだろう。

いくつかの論点を付加しておこう。先に、われわれは、天使の視点の導入とともに、時間内在的な永続性の観念が成立する、と述べておいた。だが、もともと、時間がはかなさの感覚と結託していたのは、最も長い時間ですらも天地創造から最後の審判までの拡がりしかなく、それゆえ、すべてのモノがその内部のどの時点かで生まれ滅びるからではなかったか。こうした基本的な世界観が消えてはいなかったのに、時間についての感覚が——はかなさから持続性へと——反転したのはなぜなのか。それは、結局、生成と消滅の繰り返し自体を、全体として、一個の持続と見なしたからである。したがって、その持続の中に、小さな天地創造と終末とが、無限個、孕まれている、と言ってよい。

このように考えたとき、資本とは、このような天使の観念的な時間の、社会的な現実化であると考えることもできる。投資し、それを回収するまでの循環、つまりG―W―G′は、終末への運動である。この終末への運動を、無限回繰り返すこと、これが資本にほかならない。

天使は、「種」の普遍性に対応していた。ところで、――詳しく論ずることはしないが――使用価値への欲望から離脱して、交換価値への欲望を喚起していくということは、市場における人々の欲望を、次第に普遍化していくことに等しい。それは、ある特殊なモノ（使用価値）への執着を、より多様な欲望との関連で、相対化していこうとすることだからである。だから、ここまでは、わかりやすくするために使用価値への欲望が実体的に固定されているかのように論じてきたが、そうではない。使用価値とは、すでに普遍化された（交換価値への）欲望の文脈に置いたときに現れる、特殊なモノへの執着なのである。普遍化していく価値体系の差分がなければ、使用価値／交換価値という区別は意味をもたない。

4　復活のキリスト

さて、問題は、資本主義が、法人という制度を特に好むのはなぜか、という点にあった。その理由は、さしあたっては、ごく簡単である。法人という制度、とりわけ有限責任の多数の株主に所有された法人という制度が、大量の資金を集めるのに都合がよかったからである。G―W―G′という循環を始動させるためには、W（商品）を生産するための生産手段への投資が必要になる。産業革命後――とりわけ第二次産業革命後――には、生産手段とは、主として、大規模な機械設備である。そうした機械設備に投資するだけの大量の資金を集めるのに都合のよい制度として、株式会社制度が利用されたのである。要するに、株式市場で株を売って、一般大衆から資金をかき集めたのだ。この場合、法人（会社）は、――モノとヒトという二重の規定をもっているという最初の指摘を念頭におけば――モノの方へと、つまり株主の所有対象の方へと特化される。

だが、このような意味での資本主義と法人との適合関係は、産業資本主義段階までのものである。産業資本主義とは、大量の規格品を市場に出せば、需要があった段階である。そのためには、大量生産を許す、大規模機械設備が必要になる。だが、ポスト産業資本主義においては、情報が商品に与える微細な差異が価値をもつ。こうした段階にあっては、今述べたような意味での、株式会社への要請は、大幅に低下するだろう。情報の創造は、初期の投資額とはほとんど関係がないからである。

それならば、ポスト産業資本主義の段階に入ると、法人という制度は衰退するのか。つまり、法人としての実質をもたない――単独の所有者に所有された――オーナー企業のようなものが中心になるのか。

しかし、岩井克人によれば、ポスト産業資本主義においては、別の意味で、法人という制度への要請が高まっていく(はずだ)。たとえば、ヴェンチャー企業を立ち上げる、近年流行しつつある方法として、「シリコン・ヴァレー・モデル」と呼ばれるやり方がある。それは、自由になる資金を有するヴェンチャー資本家から集められたヴェンチャー基金を、有望なアイデアや能力を有する個人やグループに貸し与える方法である。その場合、ヴェンチャー基金と、アイデアをもつ個人・グループとは、共同で企業を立ち上げるのだが、その企業は、非上場の株式会社という形態をとる。非上場の株式会社にすることのメリットは、いくつもあるのだが、岩井によれば、最も重要なことは、情報のパラドクスに対処するということである。

情報のパラドクスとは、こういうことである。情報を商品化するためには、その情報を他者に見せ、他者と共有しなくてはならない。だが、他方で、情報は、他との差異によってのみ価値をもつのだから、共有されてしまった情報には価値がなくなってしまう。この矛盾を解決するために、法人が、とりわけ株式会社が利用される。

どういうことか? 最も手っ取り早い方法は、情報を他者に売り、その他者と共有する前に、自分で独占して使用してしまうということである。つまり、その情報を、コア・コンピタンス(中核的な競争力)とする企業を立ち上げてしまうのだ。シリコン・ヴァレー・モデルとは、まさにこれである。

だが、それでも、問題は最終的には解決しない。企業活動は協働作業なので、情報を不可避に他者と共有しなくてはならないからだ。情報を教えられた仲間が、その情報を盗み、別の企業を立ち上げてしまうかもしれない。そのため、企業は従業員を雇うときに、「非競合条項」が入った契約を結んだりするが、その拘束力は十分ではない。

結局、裏切りが生じないように、企業そのものに対するコミットメントを作り出し、情報を共有させ、囲い込むのが最も効果的だ、ということになる。コミットメントを創出する最も単純な方法は、「黄金の手錠」などと呼ばれる、金銭的なインセンティヴによって従業員を拘束することである（一定の年限を勤めないともらえない企業年金制度や企業退職金制度、一定の期間現金化できない従業員株主制度、一定の年月保有しないと行使できない株式オプション制度など）。

だが、コミットメントを創出するより有効な方法は、個性的な文化を有する企業組織を作ることである。企業における協働作業を通じて、もともとは創業者個人が発想したアイデアや情報は、やがて、一緒に働き、同じ組織を構成する人々の共同の知識や能力に転化していく。企業組織とは、こうした人々の、組織に特異的な――つまりその組織との関連でのみ有意味な――人的資産のネットワークである。組織が個性的であるということは、そこで作り出される情報が特異的だということだが、それだけではなく、その組織に参加する人が投資しなくてはならない人的資産が組織特殊的なものになるということでもある。そうなれば、その人物が組織から離れることの犠牲は大きく、組織へのコミットメントは否が応でも高まることになるだろう。

最後の懸念が、いわゆる「ホールド・アップ問題」である。ホールド・アップとは、企業が丸ごと他者に乗っ取られてしまうことである。それは、従業員から見ると、コミットしていた企業に裏切られたかのように映ずる。たとえば、企業年金などの約束が、新しいオーナーによって反故にされてしまうかもしれない。あるいは、その企業でしか通用しない能力を習得して、企業に貢献してきたとしても、最後の段階で、裏切られて、利潤の分配に与ることができない、ということもあるかもしれない。逆に言えば、ホールド・アップの恐れがあるとき、企業としては、従業員からコミットメントを引き出すことは難しくなる。

ホールド・アップは、どうやったら防ぐことができるのか。ホールド・アップされるのは、会社が所有可能なモノだからである。したがって、ホールド・アップされないためには、会社は――モノ／ヒトの二重性を有する法人としての会社は――、ヒトの方へと特化すればよいことになる。そのためには、他者によって所有されることがないように、会社それ自身が、自己を所有すればよいのだ。つまり、会社が、自社株を買うのだ。だが、これには問題がある。自社株の購入は、国によっては違法であるし、仮に合法的である場合にも、それは、株主総会での議決権をもたない――つまり会社の所有者としての権限を行使できない――「金庫株」になってしまうからだ。それならば、どうしたらよいのか。複数の会社で、互いに株式を持ちあえばよいのだ。そうなると、それら複数の会社のグループが、自己を所有しているのと同じことになる。今や、ホールド・アップの恐れはなくなる。ホールド・アップする他者が外部にはいない状態になるからだ。ところで、こうした株式の相互持ち合いこそが、戦後の日本資本主義の最大の特徴とされてきたものでもある。

＊

さて、そうであるとすると、「資本主義の現在」の変容の中心は、所有権——私的所有権——の地位にあるということがわかる。所有の主体（ヒト）と客体（モノ）の厳格な区分を前提にしていた近代社会にあっては、理論上、究極の権力、究極の制御権は、所有者に——生産手段やその生産手段を資産として所有する会社の所有者に——属しているはずであった。ところが、今概観してきたように、現代の資本主義社会に、株式の相互の持ち合いのような法人間のネットワークへと向かう強力な誘因があるとすれば、権力は、私的所有とは無関係なものとなる。ある会社が、別の会社に所有され、その介入を受けていたとしても、その別の会社自身もまた、さらに別の会社に所有されているかもしれず……という連鎖が続いてしまうからだ。したがって、本来、所有主体（ヒト）と所有客体（モノ）との区別を前提にして成り立っていた法人は、逆に、所有ということ自身を無意味なものに変えようとしているのである。

こうした変化の源泉には、情報のパラドクスが、つまり共有されてはならず、かつ共有されなくてはならないという情報のパラドクスがあった。情報のパラドクスが、最終的には、外部に所有者をもたない、法人間の所有のネットワークを動機づけることにもなるのだ。ところで、われわれは、ここまで、情報のパラドクスを商品の生産者の側にのみ定位して考えてきたが、同じパラドクスは、消費者をも含めて考えた場合には、より先鋭に現れることになる。というより、情報が、商品に価値ある差異を備給するためのものであるとすれば、情報の享受者として消費者をも含めて考えなくてはならない。価値ある情報とは、市場において消費者に承認され、受け入れられる情報、消費者にやがて共有されることになる情報である。言い換えれば、生産者としては、未来において、消費者を含めて共有されることになる情報を、現在、排他的に所有していることが意味があるのだ。共有されてはならず、されなくてはならないというパラドクスは、現在（共有されてはいけない）と未来（共有されなくてはならない）の区分によって解消する。未来において、より多くのものに共有されることになる情報を、現在において、より少数のものが握っていれば、それだけ価値あるものとなる。

ポスト産業資本主義において、商品に差異性を備給する究極の情報とは何か？　それは、「ブランド」、有力な法人（企業）を指し示すブランドではないか。だが、ブランド名は、いったい何を意味しているのだろうか？　たとえば、「ナイキ」という企業は、生産をインドネシアや中国の工場に外注しているのはもちろんだが、それだけではなく、流通も宣伝もすべて外注している上に、肝心のデザインさえも、代理店に委託している。つまり、それは企業の間のネットワークに解消されてしまう。そうだとすると、「ナイキ」は何を意味しているのか？　何も意味してはいないのだ。無、である。それは、ただ、漠然とあるライフスタイルを、人々が自分の魅惑的な未来を投影することができるライフスタイルを指しているだけなのである。

だとすれば、われわれは――情報内容がまずあって、それの共有について考えてきたわけだが――、むしろ逆に考えるべきではないか。つまり、情報とは、――少なくとも法人を表示するブランド名の場合には――、まさにこの共有性そのもののことではないか、と捉え直してみるのである。支配的な法人を名指すブランド名は、結局、人々がそこに自己を同一化しうる空虚、人々に共有されることになる空虚以外のなにものでもない。

このように考えを進めることができるのだとすれば――法人名に対応するブランドを経由して――、われわれは、法人の原点に回帰しているのだ。法人の原点とは、キリストの身体である。キリストの死を通じて、人類の罪が購われるのは、先にも述べたように、キリストの身体が、人々が自らを普遍的に同一化できる場となっているからである。法人の究極の姿は、まさにこのキリストの身体である。法人は、その発展の終局において、原点に回帰するのだ。それこそが、キリストの復活である。

復活のキリストであるところの未来の法人は、法人を繁栄させた土壌であるところの資本主義そのものの克服を、資本主義そのものからの解放を暗に示してもいる。なぜか？　岩井は、私的な利益を追求する営利法人と、利益を目的としないNPOとは、そう信じられているほどには異なってはいない、と述べている。というのも、株式の相互持ち合いなどによって、法人が、私的所有とのつながりを断ってしまえば、会社の存在は、所有者（株主）のための利潤追求ではなく、会社という共同体の存続そのものになるからだ。そして、この共同体が、類の普遍性にまで到達すれば――キリストの身体が理論上志向している極点にまで到達すれば――、このとき資本主義は終わることになる。

＊注

1 岩井克人『会社はこれからどうなるのか』平凡社、二〇〇三。

2 佐藤俊樹『近代・組織・資本主義』ミネルヴァ書房、一九九三。

3 Ernst Kantorowicz, *The King's Two Bodies*, Princeton Univ. Pr. 1957（小林公訳『王の二つの身体』平凡社、一九九二）。

4 詳しくは大澤「王の身体の二重性」『みすず』三六六―三六七号、一九九一。

5 佐藤俊樹は、「単独法人」と「信任」という形式との間の相違を重くみている。社会契約論の文脈でみると、両者の違いは、ホッブズとロックの違いに対応している。リヴァイアサンという単独の個体によって、社会秩序を具体化されなくてはならないと考えていたことを考えると、ホッブズの社会秩序は、「単独法人」の考え方に基づいている。それに対して、ロックが、社会秩序と政治指導者の間に見ていた関係は、「信任」である。

6 ここで、カントーロヴィチの議論に対する重要な異説に、若干のコメントを付しておきたい。重要な異説とは、ジョルジョ・アガンベンの説である。アガンベンは、カントーロヴィチの議論の重要性を認めつつ、彼がキリスト教の伝統を過度に重視している、として批判する。その上で、アガンベンは、むしろ、古代ローマ以来の慣行の方に、西ヨーロッパの王の主権の起源を見ようとするのだ（Giorgio Agamben, *Homo sacer*, Guilio Einandi editore, 1995 → Daniel Heller-Roazen tr. *Homo Sacer*, Stanford, 1998）。私には、これら二説のどちらが妥当であるかを判定する準備はない。だが、たとえアガンベンの説が妥当であるとしても、ここでの論旨は崩れることはない、ということだけは述べておこう。アガンベンの意図は、王の政治的身体は、「ホモ・サケル（聖なる人間）」だった、ということを論証することにある。ホモ・サケルとは、それを殺しても殺人罪に問われることのない人間のカテゴリーである。そうだとすると、十字架の上で殺されたキリストこそは、ホモ・サケルの至高の事例だということになるだろう。

第Ⅱ部

現代宗教論

第1章

悲劇を再演する笑劇——現代日本の新興宗教をめぐって

1　悲劇を再演する笑劇

マルクスは、ヘーゲルの言葉に若干の修正を加えるようにして、こう言っている。すべての世界史上の大事件と大人物は二度現れる、ただし、最初は悲劇として、二度目は笑劇として、と。無論、ここでマルクスが念頭においているのは、ナポレオンの再来とされたナポレオン三世が演じた笑劇のことである。

ところで、一九九九年から二〇〇〇年にかけて、この日本で起きた、新興宗教にかかわるいくつかの社会的事件を見てきたものは、このマルクスの警句の縮小版を見せられているような気分を味わったに違いない。たとえば千葉県成田市で発覚した、自己啓発セミナー「ライフスペース」が関与したとされる、「ミイラ化遺体事件」[1]や、宮崎県の「加江田塾」による「ミイラ化遺体事件」[2]などから、多くの人は、一九九五年のオウム真理教事件を想起したに違いない。これらの事件の主役となった「宗教団体」は、オウム教団のように、テロや戦争を敢行しようとしたわけではないが、一般の社会的規範とはおよそ通約しようのないほどにかけ離れた論理を披瀝してみせることによって、オウム事件のときに多くの日本人が感じたであろうような、少数派宗教団体とそれを取り巻く一般の人々との間の懸隔を印象づけたのであった。たとえば、ライフスペースにせよ、加江田塾にせよ、明らかな遺体を前にして、それらが未だに生きていると主張したのだった。

とは言え、マルクスがヘーゲルの言葉に付け加えた但し書きに、これほど相応しい事例はめずらしい。仮に、彼等がかつてのオウム教団を思い起こさせるにせよ、それは、明らかにオウム教団が演じたことの笑劇的な再演であった。さらに言えば、一九九九年から二〇〇〇年にかけて、オウムが周辺住民との軋轢に対処すべく取ってきた手段を見るならば、オウム自身が、かつてのオウムの笑劇と化しているようにすら見える。これら、ごく近年の新興宗教団体の振る舞いが、笑劇に見えるということは、次のような事態を指す。九五年までのオウム教団の主張や彼等の教祖麻原彰晃の言動には、仮にそれが一般の人々にはいかに荒唐無稽なものに見えていようとも、なおそこには宗教的超越性や崇高さの片鱗を感じさせるものがあった。だが、ライフスペースの代表高橋弘二の言葉には、そうした超越性や崇高さがまったく欠けている。それらは、ただ荒唐無稽なだけであり、それを支持する超越的理念がまったく消えている。しかし、こうした転回は、最初の悲劇の段階で、すでに予感されてもいた。九五年のオウム事件の折に、人々は、麻原と教団幹部の「俗悪さ」をほとんど強迫的とも言い得る徹底振りで暴いたことのうちに、それは現れていよう。

オウム教団は、二十歳代から三十歳代の若い信者が中心になって構成されていた点に特徴がある。だから、オウム事件は、宗教にかかわる犯罪としてだけではなく、若者の特異な犯罪としても、注目されたのであった。若者による犯罪という文脈に関しても、同様に、悲劇から笑劇への転回を認めることができる。たとえば、一九九九年末から二〇〇〇年初頭にかけては、ちょうどオウム信者の世代に属する若者が引き起こした、二つの事件が、この国の人々を驚かせた。ひとつは、新潟県三条市で、三十七歳(犯行発覚時)の男が、女性を、九年間にもわたって、自宅の一室に監禁していた事件である。[3]女性が誘拐されたとき、まだ小学四年生であったことを思うと、この事件は、まず、オウム事件より前の、宮崎勤による連続幼女殺人事件を連想させる。さらに、「監禁」が、オウム真理教の修行の顕著な特徴であったことを考慮すれば、この事件を、オウムの修行のパロディと見ることもできなくはない。男は、一切の宗教的な深みを欠いた「独房修行」を、女性に強いていたようなものだ。もっとも、少女は九年間以上の期間にわたって監禁されていたのだから、事件の発端は、いわゆる地下鉄サリン事件よりも前になるが、オウム教団の誕生を規準に見れば、事件は、やはりオウム以降の文脈の中に位置付けられなくはない。

もうひとつの若者の犯罪は、笑劇への転回をより一層あからさまに示している。それは、京都府伏見区で、二十一歳の若者が、小学生を校庭で刺殺した事件である。[4] この事件では、犯人は、――オウム事件ではなく――九七年の「酒鬼薔薇聖斗」を名乗った中学生の連続児童殺傷事件を、意図的に模倣していたように思われる。[5] 犯人は、酒鬼薔薇聖斗と同じように、犯行現場に謎めいたメッセージを残したのであった。しかし、われわれは、酒鬼薔薇聖斗の神戸での犯罪と京都でのこの若者の犯罪とを比べて、再び、最初は悲劇であり、二度目は笑劇であった、と言わないわけにはいかない。たとえば、京都の事件で、犯人は、自身を示す暗号として「てるくはのる」という仮名の列を残している。この暗号は、酒鬼薔薇聖斗が崇拝していた、彼独自の神「バモイドオキ」を連想させる。「バモイドオキ」という名前について言えば、これを一種のアナグラムと解することで、意味を復元することができる（「バイオ・モドキ」）。同様に、人々は、事件直後から、「てるくはのる」に何らかの意味を読み取ろうと努力してきた。しかし、犯人が特定された後に、「てるくはのる」は、まったく意味のない偶然の文字例であったということが、はっきりした。「バモイドオキ」にはあった――神の超越性を指示する――意味の深みが、「てるくはのる」からは完全に奪われてしまっている。

「バモイドオキ」と「てるくはのる」のこうした落差は、両事件の次のような差異に対応している。酒鬼薔薇聖斗の場合は、学校への挑戦や児童の殺人が、同時に、学校生活の葛藤を超えた形而上学的な問いへと翻訳されているように見える。それに対して、京都の事件の犯人の場合は、――自殺してしまったがためにその詳細を知ることはかなわないが――動機を与える出来事として、学校における成績や卒業をめぐる世俗的な挫折以上のものを見出すことは難しい。

このように、一九九九年以降の宗教をめぐる諸事件を、そしてまた若者による諸犯罪を、数年前に起きた悲劇に対する、笑劇風の反復として位置づけることができるのである。もっとも、悲劇と喜劇の間の断絶を強調し過ぎてはなるまい。前者から後者への移行の可能性は、先にライフスペースに言及しながら示唆したように、前者の内にすでに懐胎されているようにも見えるからである。ここでは、こうした転回がなぜ生ずるのかを、考察してみよう。

2　死んでいない死体

考察の起点として、一九九九年末から二〇〇〇年初頭にかけて注目を集めた、宗教団体がかかわる二つの事件が、同じモチーフを共有していたことに留意しておこう。すでに示唆しておいたように、ライフスペースのメンバーも、加江田塾のメンバーも、ともに、ミイラ化し、明らかに死んでいる身体を、「生きている」と主張していたのである。彼等のこうした主張を、次のように理解することができるのではないか。すなわち、ここでは、死んでいる身体そのものが、生ける身体の一局面として理解されているのではないか、と。つまり、死が、生の全振幅の中の一部として定位されているのではないか、と。

こうした生／死についての感覚が何に由来しているのかを理解するために、いくつかの補助線を引いてみよう。市野川容孝は、一八世紀後半に、西欧全体に、「早すぎる埋葬」に対する恐怖が広がっていったと、指摘している。[6] 早すぎる埋葬とは、まだ仮死状態で蘇生可能な身体を埋葬してしまうことである。死んだと思い、埋葬した身体が、実はまだ生きていて、墓穴から自力で出てきたといった、ぞっとするような事例がたくさん報告され、人々を恐怖させたのである。こうした恐怖は、当然、身体がいつ死んだかという境界を厳密に定めることを強く動機づけることになる。死への終極点は、全身の腐乱である。しかし、それ以前のどこかで不可逆的な死への過程を踏み出しているはずだが、その点を厳密に確定することは非常に難しい。かくして、市野川によれば、生と死が、死への連続的な過程として一本の線で結び付けられることになった。このように振り返れば、死を生の一局面とする認識は、この段階で、少なくとも理論上は、準備されていたと言えなくはない。とはいえ、見たような一八世紀以来の医療の認識の中では、生へと決して回帰しえない死の極限が想定されていた。

さらに参考になるのは、同じ一八世紀に流行していた「活人画」についての、スラヴォイ・ジジェクのコメントである。[7] 貴族的なサークルの楽しみのために作られた活人画とは、歴史や文学などの有名な場面を、実際の人物によって作り、彫刻のように固定させたものである。活人画に配置された人物は、動くことへの欲望を否定し、静止していなくてはならない。活人画が暗黙のうちに前提にしているのは、身体は基本的に生きた――動く――状態にあり、彫像のように固定した身体は、動きが魔術的な仕方で麻痺し、凝固させられたものである、とする世界観である。

つまり、静止――あるいは死――そのものが、動き――あるいは生――のひとつの状相として捉えられているのだ。同じことは、写真に関しても言うことができる。写真とは、生ける身体を死化すること、動く生ける身体を、まさにその生（動）の一極限としての死（静）の状相において提示することにほかなるまい。カメラが導入された初期において、多くの人々が写真に撮られることを恐れたのは、それが、述べたような意味における「死化」の過程を含意していたからではないか。活人画の前提にしていた世界観を、活人画とは反対の側から照らし出しているのは、――ジジェクが示唆しているように――、聖母マリア像が涙を流したというような、よくある風説である。聖母マリアの死せる彫像が、それ自身、潜在的には生きているものとして捉えられているのである。また、写真の死化の過程を反転させる技術が、つまり死化している写真をあらためて活性化する技術が、言うまでもなく映画である。

要するに、これらの事例は、「生／死」という種の対立が、それ自身、「生」という類の内的な対立と見なしうる、ということを示している。このことを確認した上で、ライフスペースや加江田塾の一見荒唐無稽な主張に立ち戻ってみよう。この主張もまた、「生／死」の種的対立と「生」の類的な包括性との重ね合わせを前提にしていることが、容易に理解されるだろう。死んでいるように見える、動かない身体が、それ自身、生の一局面であるということは、原理的には、その身体は永遠に死なないということ、生は永続するということを含意する。

ところで、一九九三年に出された鶴見済の『完全自殺マニュアル』が、若者たちに広く受け入れられた。このとき、「自殺」が、すなわち個人の死が、いわゆる「ハルマゲドン（世界最終戦争）」の等価的な代理物として提起されていた。自殺は、個人的なハルマゲドンなのである。自殺が、あるいは個人の死が、ハルマゲドンの代理物となりうるということは、死が、その当人にとっては世界の終焉を意味していることを考えれば、容易に理解できることであろう。

私は、かつて、新新宗教[8]の「ハルマゲドン」願望について次のようなことを論じたことがある。ハルマゲドンは、つまり世界の絶対の否定は、資本主義的な世界の永続性についての、資本主義的な世界が決して終わることなく続くことについての認識の産物であり、そうした認識の反面なのだということ。[9]そうであるとすれば、ハルマゲドンを欲望することにおいて、世界の永続性が認識されている、と見なすこともできる。したがって、欲望と認識の関係が、ここでは、通常の、死をめぐる欲望と認識の関係と逆立していることがわかる。一般に、人は、自らが必ず死ぬ——終わりがくる——ということを知っている。まさにそれゆえにこそ、不死を、永続する生を欲望するのである。

だが、『完全自殺マニュアル』が象徴するように、ハルマゲドンと個人の死が代理的な関係にあることを念頭におくならば、この場合には、死を、死についての伝統的な「認識／欲望」の関係においてではなく、ハルマゲドンを待望する感性の内に表現されているような、「認識／欲望」の関係との相関で、理解すべきではないか。今述べたように、ハルマゲドンが必ず到来すると欲望し、また想定することは、それ自身、資本主義的な世界の永続性の認識へと接続されているのであった。それと同様に、ときに、個人の死の確認が、それ自身、その個人の身体が死ぬことなく永続することへの認識と相関する、ということがあるのではないか。このように考えることによって、ライフスペースや加江田塾が死体に対して示した荒唐無稽な態度を、ハルマゲドンへの新新宗教の態度の延長上に位置づけることができるのである。

3　聖なるものの現れ

ミルチャ・エリアーデによれば、宗教とは、聖なるもの、至高なるものについての体験である。聖なるものとは、それとの関係ですべての事物・事象に普遍的に意味が与えられるような、宇宙における超越性・特異性である。宗教学――あるいは宗教現象学――の課題は、「聖なるものの現れ Hierophanie」が、どのような形式で確保されているかを、見定めることにある。聖なるものの存在は、宇宙に内在する諸事物――それゆえ俗なる事物――が、ある人々にとって聖なるものの現れとして受容されることを通じて、確保される。宗教史とは、さまざまな人々が、さまざまな事物に、さまざまな仕方で、聖なるものの現れを見出してきた、転変の軌跡として、描くことができる。聖なるものの現れの諸形態の、こうした軌跡の中で、現在の新興宗教を位置づけるとすれば、どのようになるのだろうか。

近代社会を生きる者は、宗教を、生の一領域――ときに無視することすらできる一領域――であるかのように考える傾向がある。だが、伝統社会においては、人間の生と宗教は、外延においいて、完全に合致していた。すなわち、すべての行為と体験が――食事であろうと、性行為であろうと、労働であろうと――聖なるものと関係づけられ、聖なるものからの距離に応じた宗教性を帯びて現れていたのである。エリアーデは、自らが生きている宇宙の総体が聖なるものとの関係で組織され、聖化されている、伝統社会の人間を、「宗教的人間 homo religiosus」と呼んで、近代人と対置している。

伝統社会において、聖なるものは、内在的な――それゆえ宇宙内のいずれかの地点に局所化された――諸事物・諸事象において現れる。このことは、伝統社会の宗教的人間に対して現象する空間、時間、そして自然物の編成に、劇的な影響を刻印する。エリアーデは、この影響を克明に記述している。簡潔にその影響の一端を記しておこう。たとえば、空間編成に関しては、聖なるものが現れる場は、超越的な神々に最も近接した地点であり、そこから意味が発出する「宇宙の中心」と見なされる。人々が居住する共同体は、宇宙の中心からの距離によって、自己の位置を理解し、意味づけようとする。あるいは、伝統社会では、時間的にも、空間上の「宇宙の中心」に対応するような、聖なるものが現れ出る特異的な瞬間があると見なされている。その特異的な瞬間は、定期的に反復・再演される。したがって、エリアーデの考えでは、俗なる直線的な時間から区別された聖なる暦は、必然的に、永遠の循環を描かざるをえない。

エリアーデは、こうした宗教的人間と対照的な、非宗教的人間の出現について、およそのところ次のように論じている。エリアーデが見るところでは、非宗教的人間は、近代ヨーロッパに初めて、登場する。非宗教的人間は、自己の行為を自ら自身によってトータルに支配しようとする能動性によって特徴づけられる。したがって、非宗教的人間の宇宙の中からは、行為を規定し、自由を制限する聖なるものは、排除されることになる。エリアーデのこうした見解は、近代化の本質を、合理化の過程として、とりわけ、「世界の脱呪術化」という意味における合理化の過程として捉えた、マックス・ヴェーバーの議論と、きわめてよく合致するように見える。

だが、脱呪術化の過程としての近代化は、「聖なるものの現れ」を単純に除去することではない。このことを明らかにしているのが、ヴェーバーの著名な論文『プロテスタンティズムの倫理と資本主義の精神』である。

よく知られているように、この論文において、ヴェーバーは、西ヨーロッパの宗教改革を通じて生まれたプロテスタンティズムの行動様式《エートス》が、「意図せざる結果」として、「資本主義の精神」の発達を決定的な仕方で促進した、ということを論証しようとした。この中で、ヴェーバーは、セバスチャン・フランクの言葉を引くような形で、宗教改革の意義について次のように論じている。

すでにセバスチャン・フランクは宗教改革の意義を明らかにしようとして、いまやすべてのキリスト者は生涯を通じて修道僧とならねばならないのだ、と言っているが、これは宗教改革の性質の説明としてまことに核心を衝いたものである。世俗的日常生活から禁欲が流れ去るのを防ぐために堰堤が設けられ、かつて修道僧の最良の代表者であったようなあの熱情的で厳粛な内面的な人々がいまや、世俗的職業生活の内部で禁欲を追求することに専心するようになったのである。

エリアーデの議論と対応を付けるならば、修道僧とは、聖なるものの現れの場において、聖なるものに直接に仕えた者たちである、と言うことができるだろう。そうであるとすれば、ヴェーバーが論証しようとしたことは、独特の逆説であったことになる。ヴェーバーの論文は、非宗教的人間——つまり「資本主義の精神」の担い手——の誕生を説明することをもくろむものである。ヴェーバーは、それが宗教改革を経由して誕生した、とする。ところで、宗教改革とは、すべての人を「一生涯の修道僧」とすることであった。したがって、結局、ヴェーバーの議論は、非宗教的人間——つまり「資本主義の精神」の担い手——は、生と宇宙の普遍的な宗教化の結果として生み出された、ということを示したことになるのだ。世俗化＝脱聖化は、「聖なるもの」の供給源——聖なるものが現れる（宇宙の）中心——を、宇宙の全体へと包括化したことの結果なのだ。

こうした逆説はなぜ生ずるのか？　聖なるものの現れの場を包括化したことが、逆にかえって、世俗化を導くのはなぜなのか？　聖なるものの現れに——プロテスタントにとっての現れに——ある転倒が孕まれていたからである。ヴェーバーの所論は、このような解釈を許す。このことを以下に簡単に説明しておこう。

資本主義の精神へと連なる、「召命としての職業」に打ち込む行動様式は、宗教倫理の観点から特徴づければ、「世俗内禁欲」と見なすことができる。それは、エリアーデが非宗教的人間の特徴であるとした、「自己自身を自己自身で支配すること」の能動性が貫徹した生活態度である。世俗内禁欲の確立にあずかったプロテスタント諸宗派の中で、ヴェーバーが最も重視しているのは、カルヴァン派である。カルヴァン派の教義の中核は、「神の恩寵による選び」についての「予定説」である。予定説とは、最後の審判の日に、誰が救済されるのか／呪われるのか、という選別が、全知全能の神によって、あらかじめ完全に決定されている、とする説である。この説は、表面的には、人間の能動的な行為の宗教的価値を、まったく無化してしまう。救済されるのか、それとも呪われているのか、ということが最初から決まってしまっているのであれば、人間のいかなる努力も救済の蓋然性を高めるものではない、ということになるからだ。だが、ヴェーバーによれば、この説からかえって、世俗内禁欲の高度な能動性が導出されたのである。こうした逆転を導く心的な機制についての説明は、『プロテスタンティズムの倫理と資本主義の精神』の圧巻をなす部分だが、ここでは、立ち入らないことにしよう。

ここで注目しておきたいことは、予定説が、「聖なるものの現れ」について、独特の屈折を前提にしている、ということである。予定説は、言ってみれば、聖なるものが、人間の行為や体験の対象となりうる――つまりそれに対して人間が影響を与えうる――内在的な諸事物の上には、絶対に姿を現わさない、とする教義である。神（聖なるもの）の選択は既定されており、人間の行為——たとえば善行の蓄積——とは無関係である、と見なされたのは、このためである。だが、そもそも聖なるものが真に超越的なもの（神）であるとするならば、このような意味において「現れない」ということこそが、その存在のための本質的な条件であるはずだ。もし聖なるものが内在的な事物において十全に現れ出てしまうのであれば、もはや、それは、超越的なものではありえないからだ。その意味で、予定説は、聖なるものの超越性を、きわめて厳密な意味で捉えようとしているのである。だが、このことをもって、プロテスタンティズムにあっては、聖なるものは現れない、と結論すべきではない。むしろ、こういうべきである。原理主義的なプロテスタンティズムにあっては、聖なるものは、「現れない」という否定性においてこそ、まさに現れているのだ、と。

ヴェーバーの議論が照準していたのは、世俗化が、宗教性の強化に媒介されていた、という驚くような逆説であった。こうした逆説が導かれ得る根拠は、聖なるものの現れにおける、今述べたような屈折のうちに見ることができるだろう。それは、聖なるもののまさに聖なるものたる所以である「超越性」の純化が、聖なるものの現れの否定——宇宙の脱呪術化——を含意しうる、ということとなのだから。

こうした展開を前提にした上で、現在の日本の新興宗教にとっての「聖なるものの現れ」が、どのような位置づけをもちうるか、を考えてみよう。

4　俗物的な教祖

オウム真理教にとって、「聖なるもの」とは、言うまでもなく、教祖麻原彰晃の身体そのものであろう。麻原彰晃は、信者たちが、修行を通じて最終的に指向されていた状態、つまり最終解脱の段階に、すでに到達してしまっている、とされていた。

だが、もちろん、サリン事件後、オウム真理教を批判してきたマスコミの認識は、これとは違っていた。だから、マスコミは、オウムを攻撃するにあたって最も有効な戦略は、麻原の身体が――信者にとって――帯びている聖性＝超越性を消し去り、麻原がいかに普通（以下）の人物に過ぎないかを示してやることだ、と考えたに違いない。地下鉄サリン事件が起きた一九九五年に流された、ワイドショーや週刊誌等を通じた膨大な量の報道の中で、麻原という男を形容するのに最も多く使われた語は、おそらく「俗物」という語であっただろう。さまざまなことが、麻原の「俗物性」を証拠だてている事実として、指摘された。麻原が殊のほかメロンが好きだったこと、ラーメンが好きだったこと、ファミリーレストランで「豪遊」したこと、その中には信者には禁じられている肉も含まれていたこと、あるいは彼が何人もの女性信者と性交し、ときに彼女たちを妊娠させていたということ等々。麻原が性や食についての快楽を存分に享受していたことを示すと考えられた、これらの「事実」は、麻原の俗物ぶりを示す格好の証拠と考えられたのである。さらに、俗物性の最も強力な証拠と見なされたのは、麻原が金銭に執着していたという事実である。それは、教団に贈与することが求められていた布施の金額の高さによって示されると、見なされていた。教団に出家する際には、全財産を教団に贈与することが望ましいと考えられていたのである。食物や性や貨幣から得られる快楽——誰もが求めていながら、そのことに羞恥心を覚えずにはいられない快楽——を、麻原が、信者の誰よりも存分に享受していた（らしい）ということを指摘することで、彼が「神」ではなく、普通（以下）の「人間」であることが暴かれるだろう、これがマスコミの論理である。

しかし、俗物性の根拠とされるこれらの「証拠」は、どのようにして集められたのだろうか？麻原彰晃は、地下鉄サリン事件の後、公判が始まるまで、一度も、公衆の前に姿を現わしてはいない。警察や司法の関係者を別にすれば、誰も、麻原を直接に取材することはできなかったのだ。だから、俗物性の証拠とされる事実は、すべて、信者（や元信者）からの伝聞情報を通じて見出されたものであるはずだ。そうであるとすれば、マスコミによる麻原攻撃が前提にしていた図式は、成り立たない。信者自身にとっても、麻原は、最初から「俗物」だった、ということになるのだから。信者たちは、わざわざマスコミから麻原が俗物であったということについて啓蒙される必要はない。

事実、俗物であるということ、ごくありふれた人間的卑小さが現れているということ、こういったことを、肯定的に捉えることもできる。たとえば、それは、「親しみやすさ」として感ずることもあるだろう。事実、教団発行の書物や雑誌をながめてみれば、ほとんどの信者が、麻原との初対面時の印象を、これに類する語で表現している。たとえば、ある有力な女性信者は、初対面の麻原について、「優しそうだなというのと、安心感がありましたね」と述べている。俗物性についてのマスコミの表現と親しみやすさについての信者の表現は、完全に対応しており、マスコミや信者ではない一般の人びとには見えていて、信者には見えていなかった盲点などはどこにもない、ということになる。

ここから、われわれは次のように推定したくなるのである。すなわち、一般の想定とは逆に、信者にとって、指導者が俗物であるということと彼の身体が神的な超越性をもち、聖性を帯びて君臨していたという事実とは、必ずしも矛盾しないのではないか、と。それどころか、俗物性こそが、その超越性＝聖性の要件だったのではないか、と。こうした推定の論脈に立ったとき、今ではほとんどの人が忘れかけている、ある挿話が思い起こされることになる。

一九九五年の日本のテレビのワイドショーは、三月二〇日の地下鉄サリン事件以降、そのほとんどの時間を、オウム関係の話題のために費やした。そのワイドショーの中で、秋以降しばらくの間、オウムとは本来、何の縁もゆかりもない一人の風変わりな人物に、スポットがあてられたことがあった。その人物とは、麻原彰晃の私選弁護人横山昭二である。彼は、誰も引き受けようとしなかった麻原の弁護を、自らかって出たと言われており、麻原自身にも気に入られて、彼の弁護人についたとされている。かなり高齢のこの弁護士は、ワイドショーの映像から判断する限り、相当な変人であった。たとえば、こうした大事件の弁護は、一〇人以上のチームを組んで行うのが普通だが、彼は他の弁護士に協力を要請しようとはしなかった。膨大な量の書類等の資料の検討に取り掛かる様子も見せなかった。そもそもオウム真理教についての知識も乏しく、誰もが忌避した麻原の弁護を引き受ける動機もはっきりしなかったのである。

私選弁護人に着任以来、当然、ワイドショーは、この人物の取材に力を注いだ。言うまでもなく、この人物を通じて、麻原についての情報を得ようとしたのである。だが、彼の口からは、たいした情報は得られなかった。それでも、ワイドショーは、彼の取材をやめることはなかった。それどころか、次第に、その興味の中心が、この人物そのものへと移行してきたのである。ワイドショーや週刊誌は、サリン事件やオウムとはほとんど独立に、「横山昭二」についていろいろなことを伝え始めたのである。全体として見れば、この人物は、かなり否定的に描かれた。ワイドショーや週刊誌は、彼をいかがわしい人物として描き出そうとした。とりわけ、彼が金銭に関してたいへん貪欲であることが強調された。たとえば、弁護士としての地位を利用した詐欺的な行為によって、訴えられていること、多額な報酬と引き換えに秘密書類を週刊誌にリークしたこと等が、伝えられたのだ。また、彼のオウム弁護は売名行為ではないかと邪推する者も少なくなかった。要するに、マスコミによって、横山弁護士は、まさに「俗物」として造形されたのである。

今、オウムのテロの本筋とはあまり関係がないがゆえに、後になって思い起こされることがない、解任された弁護人をめぐる報道ぶりにふれたのは、この弁護士が、まさに麻原を形容するのに使われたのとまったく同じ語を用いて描写されていることに注目を促したかったからである。

このことから、次のような仮説を立ててみることはできないか。すなわち、横山弁護士は、われわれの無意識の想像力の中で、麻原彰晃の等価物だったのではないか、と。横山弁護士とは、いくぶんか戯画化された麻原彰晃なのではないか。事件以降、われわれは、麻原彰晃を見たいと、熱烈に欲望した。しかし、麻原は、一度も姿を現わすことなく逮捕され、留置所の奥深くに隠れてしまった。麻原を見たい、というわれわれの渇望をもった視線は、結局、彼の弁護人横山昭二のところで遮られ、その先には及ばない。このとき、この視線に宿るあまりに強い欲望のゆえに、この視線は、現実の対象として現れた人物・横山と、それが真に見たいと欲していた――しかし拒否されていた――対象・麻原とを、無意識のうちに混同し始めるのである。要するに、われわれの視線は、自覚することなく、現実に見ているこの私選弁護人を、麻原のように、あるいは麻原として、眺めるようになるのだ。麻原彰晃へのわれわれの欲望が、横山弁護士に転移されていたのではないか、これがここでの仮説である。

横山弁護士をめぐるマスコミ報道に関して、重要なことは、彼は確かに否定的に造形されたが、しかし、ワイドショーは明らかに、この人物に魅了されていたようにも見える、ということである。関心の重心が、横山弁護士の向こう側にいるはずの現実の麻原やオウム教団から、横山昭二そのものへと移動してくると、やがて、各テレビ局のレポーターは、芸能人を追いかけるときと同じように、横山弁護士を追いかけるようになる。横山弁護士は、一時的に、人気アイドルタレントのように扱われたのだ。ワイドショーは、横山弁護士を、一方で「詐欺師」と呼びながら、他方で、彼を、憎みきれない親しみやすさの内に捉えていたことになる。

ワイドショーが、そしてまたその視聴者が、俗物として描かれた人物を、親しみやすい人物としても知覚し、この人物にいつのまにか魅きつけられてもいた。そうであるとすれば、横山弁護士と、それをテレビを通じて見ていた視聴者との関係は、麻原彰晃とその信者との関係と、少なくとも、「質」においては異なるものではない、と考えることができるだろう。つまり、横山弁護士／視聴者は、一時的でごく薄められた形式において、麻原／オウム信者の関係を、自ら反復していたかもしれないのだ。

5 カリスマ○○

今や結論的な論点を提起すべき段である。プロテスタンティズムにおいて、聖なる超越性は、現れの否定を媒介にしてこそ現れる、と論じた。この場合、聖なる超越性は、現れの領域の彼方に、積極的な実体として存在している、と想定されている。だが、そうだとすれば、聖なるものは、直接的には現れてはいないのだ。してみれば、こうした事態のさらなる延長上に、現れの彼方には、何ものも存在していない、と認定されうる段階が、出来するのではないか。言い換えれば、現われの彼方に聖なるものがあるのではなく、経験的な世界への現れがそれ自体で、そのまま聖なるものである、と見なされる事態が、定位されうるのではないか。プロテスタンティズムにおいては、現われが否定・還元されて、彼方にある聖なるものに結びつく。この現われの向こう側にある実体を消去してしまえば、何が残るのか。現われが、まさに現れとしての自己を否定しようとするのだが、その先の超越的な聖なる実体へと結びつかないという事態、要するに現われの自己否定性のみが残るだろう。この自己否定的な現われが、「彼方」へと上向することなく、そのまま聖なる超越性であると認定されることがあるに違いない。

ここで提起したい命題は、麻原彰晃は、このような、聖なるものと等値されてしまっている（自己否定的な）現われではないか、ということである。つまり、「麻原彰晃」という現象は、現われであること――この経験的な世界に内在する俗っぽい男であること――と聖なる超越的第三者であることとの直接の重なりによってこそ定義されるのではないか。麻原が「最終解脱者」でなくてはならないのは、このためである。麻原の彼方に超越的な解脱者がいるのではない。麻原は、すでに超越的解脱者なのだ。

ここで示したおきたい仮説に、もう少しばかり、厳密さを加えておこう。正確に言えば、オウムにおいては、現われと聖なるものが、全的に一致してしまっているわけではない。一致への強力な傾向を見ることができるが、なお、現われの否定を、それを超えたところにある聖なる超越性――「真我《アートマン》」や「シヴァ神」――へと飛躍させようとするベクトルも作動している。こうした飛躍へのベクトルが完全に退化し、現われと聖なるものとが全的に合致してしまったのが、オウム以降の、二〇世紀最末期の（日本の）新興宗教――一九九九年から二〇〇〇年にかけての社会的事件の中で注目された新興宗教――だったのではないか。麻原彰晃に対しては、人は、なお、その彼方にありうる聖なる超越性を察知することを通じて、少なからぬ畏敬の念を覚えないではなかった。現に、麻原は、裁判が始まるまで、「彼方」にとどまり、われわれの前に決して現れなかったのである。だが、ライフスペースの指導者高橋弘二に対しては――共同記者会見や各報道機関の「単独会見」に次々と応ずることで実際にも姿を頻繁に現わし、このことを「グル・デビュー」と信者たちが称えたとされるこの教祖に対しては――、畏敬の念を覚えた者は少なかっただろう。もはや、彼方には何もないからである。

現在の日本にあって、こうした傾向が極限に至りつつあること、すなわち聖なるものと現れの合致への傾向が極限にまで向かいつつあること、このことを象徴しているのが、一九九九年に流行し、今やすっかり定着した、「カリスマ美容師」「カリスマ店員」「カリスマ主婦」等の「カリスマ○○」という語である。「カリスマ」という語が付されるのは、無論、その分野にあって、特別に有能であると見なされ、顧客たちの憧れの的になっている者である。ここで、重要なのは、「○○」の部分に入る職業は、できるだけありふれた、ごく日常的な職種でなくてはならない、ということである。要するに、この語は、俗なる日常性が聖なる超越性（カリスマ）と合致してしまうという現象を、端的に代表しているのである。

オウム以降の宗教や若者にかかわる事件が、どんなに悲惨であっても、オウムの悲劇を、深みを欠いた笑劇として反復するしかない理由も、今や明らかであろう。聖なるものが俗なる現れと等値されてしまうということは、俗なるものの背後に、深い宗教的な意味を与える超越性が失われていることを意味するからである。このとき、教団の指導者がくりだす常識はずれの説は、もうひとつの形而上学を示唆する教義としては聞こえず、ただの奇天烈な「定説」[10]になってしまう。新潟の女性監禁事件の犯人や京都の小学生刺殺犯は、その表面上に現れた行動だけを見れば、それぞれ、オウム信者や酒鬼薔薇聖斗が行ったこととあまりかわらない。たとえば、出家したオウム信者がやっていたことは、特異な修行と、一見ごくつまらないルーティーン・ワークだけである。だが、オウムの文脈では、それらは、聖なるものへと連なる高貴な行為の一部として意味づけられる。同じようなことをやっていても、新潟や京都の犯人たちの行動は、まったく無意味な、つまらない人生の断片以上のものにはなりえない。

あの「死んではいない」とされた死体の意義もまた、こうした論脈の中で、説明することができる。われわれが今、ここで見ているのは、聖なるものの否定――俗なる現れ――が、まさに聖なるものとして呈示される、という転倒であった。ハルマゲドンの予言は、同じ転倒の論理に従っている。すなわち、宇宙の全的な否定・終結こそが、まさにその宇宙の永続的な存続を含意するのだ、と。同じように、生ける身体の否定こそが、まさに、永続的な生へと接続されることもあるに違いない。

だが、自己否定的な現われが、それ自体で、超越的な聖なるものとして呈示されているとき、それは、実は、ある遮蔽幕として機能しているのである。聖なるものが本当に端的に〈空虚〉であるということ、そのことから目をそむける遮蔽幕になっているのだ。それは、聖なるものの純粋な〈空虚〉がもたらしうる恐怖から人を逃避させる、麻薬として作用しているのである。

＊注

1　ライフ・スペースは、自己啓発セミナーとして始まった教団である。主宰者（教祖）の高橋弘二は、自らをサイババから指名された「シャクティパッド・グル」であるとしていた。一九九九年一一月に、彼らが長期逗留していた茨城県内のホテルの室内で、ミイラ化した男性遺体が発見された。彼らは、このミイラは生きている、と主張し、話題となった。ミイラは、脳内出血で入院していた男性を連れだしたものであった。ライフ・スペースは、自分たちの教義を「定説」と呼んでいた。

2　加江田塾は、一九九五年に設立された新興宗教教団である。教祖の東（ひがし）純一郎は、創造主「タオ」の代理人であると称した。二〇〇〇年一月に、ミイラ化した子どもの二つの遺体が発見された（一つは、腎臓病で死亡した六歳の男児、もう一つは、出産直後の男性未熟児）。教団は、清めのためのお祓いを続けていた、と主張した。

3　二〇〇〇年一月、母親への暴力が原因で、加害者宅を訪れた保健所職員が、中にいた女性を発見し、保護した。やがて、加害者は、その女性を、九年二ヶ月も前に——つまり加害者が二八歳のときに——拉致し、その後、自室に監禁し続けていたことが発覚した。加害者の男性は引きこもりで、自室に彼と同居していた母親すら入れなかったので、彼女は、加害者の部屋に女性が監禁されていたことに気づかなかった。

4　一九九九年一二月二一日に、京都市伏見区の小学校校庭で、小学二年生の児童が、覆面をつけた男性に殺傷された。犯行現場には、犯行声明と思われる手書きコピーのメッセージ（六枚）が残されており、その中に、「私を識別する記号てるくはのる」とあった。その後、二十一歳の男性が捜査線上に浮かび、警察は任意同行を求めたが、男性はこれを拒み、直後に自殺した。

5　一九九七年に神戸市須磨区で起きた、十四歳の少年による、連続児童殺傷事件。少年は、犯行声明で「酒鬼薔薇聖斗」を自称した。この事件については、本書第Ⅲ部第2章・第3章・第4章を参照。

6　市野川容孝『身体／生命』岩波書店、二〇〇〇。

7 Slavoj Žižek, *The Plague of Fantasies*, Verso, London, p. 87.

8 日本の宗教社会学では、一般に、幕末期以降に生まれた新興宗教を、「新宗教」と呼ぶ。さらに、一九七〇年以降のとりわけ新しい新宗教は、さらに独特の特徴があることから、「新新宗教」と呼ばれることがある。

9 大澤真幸『虚構の時代の果て』ちくま新書、一九九六→ちくま学芸文庫、二〇〇八。

10 「定説」は、ライフ・スペースの用語。注1を参照。

第2章
父性を否定する父性

【原理論】

1　父的なるものの起源

今西錦司以来の霊長類学は、人間社会を他の動物の社会から区別する指標的な特徴が、家族の出現にある、という見解を支持してきた。一見したところ、この見解は、明らかに間違っているという印象を与える。人間以外の多くの種が、家族と見なしうる集団を構成しているからである。実は、霊長類学が「家族」と呼ぶものには、いくつかの限定条件が付加されているのだ。それらの条件をすべて満たすような集団は、人間社会にのみ見出されるのである。今西錦司があげた条件とは、①近親相姦の禁忌、②外婚制、③性別にそった分業、そして④家族が上位の共同体《コミュニティー》に組み込まれていること、の四つである。たとえば④の条件は非常に厳しいものであって、家族に比定されうる集団が、さらに広域の共同体のサブシステムになっているケースは、人間以外の社会では、非常に稀である。言うまでもなく霊長類学の課題は、こうした諸特徴を有する人間社会への過程を、進化史的に跡づけ、それがいかなる必然のもとに生み出されたかを推論することにあろう。

様々な霊長類（サル）の集団の形態を並列してみると、ただちに次のことがわかる。集団の世代的な継承性が保証されているほとんどの種が母系だということである。霊長類学で言う「母系」は、社会学や文化人類学で言う「母系」とは異なった意味をもっている。後者の母系とは、子どもが母親の出身家族から地位と権利を継承するシステムである。この場合、多くの場合、子どもは特に母の兄弟の保護下に置かれる。それに対して、サルの集団が母系であるというのは、集団が世代を越えて同一であると見なすことの根拠が母‐娘（メスの親子）の連続性に認められる場合を指している。

かつて近親相姦の禁止は、人間社会を動物社会から分かつ決定的な条件であると見なされてきた。しかし、今日では、人間以外の多くの動物種において――とりわけサルの集団において――、近親相姦が「禁止」されているとは言わないまでも、少なくとも「回避」される傾向があることが、わかっている。集団を形成する種においては、オスまたはメスのいずれかが、性成熟に至る前に出自集団を離れ、別の集団へと移動するために、近親間の交尾が回避されるのである。母系の集団とは、出自集団を離脱するのがオスであるような場合を指す。オスは他集団へ移動してしまうために、集団の（世代間的）同一性の準拠にはなりえないのだ。

霊長類社会の場合には、父系社会はごくわずかの種にしか認められない。だが、ここで、父系社会を営む種の多くが、人類に近縁な種であるということ、とりわけ、その中にはゴリラ、チンパンジー、ボノボといった人類に最も近い類人猿がすべて含まれていること、こうしたことに注目しないわけにはいかない。いくぶん例外的なのは、クモザル等のいくつかのいわゆる「新世界サル」（南米に生息するサル）だが、人間社会への進化ということを主題にする場合には、人類から相対的に遠縁にあたるこれらの種については、とりあえず除外して考えておいてよいだろう。確認すべきことは、霊長類においては父系社会は相対的に稀ではあるが、逆に、人間に非常に近い種に限れば、その相対的に稀な父系社会が採用されているということである。つまり、オス（の世代間の連続性）に同一性の根拠をおくような集団は、主として、人間に非常に近い種に見出されるのである。

一見しただけでは、たとえば、ゴリラとそれよりも「下等」なハヌマンラングールは、ともに、一夫多妻（単雄複雌）の「疑似家族」を営んでおり、どちらもオスを中心にした集団になっているかのような印象を与える。しかし、ハヌマンラングールの場合には、中心にいるように見えるそのオスは、頻繁に入れ代わるのである。にもかかわらず、（近親の）メスの集団は変わらない。つまり、集団の同一性はメスの集団が連続しているという事実によって保たれており、その母系集団にオスが参入と離脱を繰り返すのだ。言わば、オスは、強固な連帯を示す近親のメスの集団に、交尾のために雇い入れられているのである。これに対して、ゴリラの集団は、外形だけではハヌマンラングールの集団に似ているが、一頭の中心的なオスによってその同一性が維持されている点で、ハヌマンラングールの場合とは、構成の原理を異にしている。ゴリラの集団では、メス同士の繋がりはさして強くない。メスたちは、ただオスを媒介にしてはじめて単一の集団たりえているように見えるのだ。このことが端的に明らかになるのは、中心となるオスが死亡したときである。このとき、ゴリラの集団はそのまま解体してしまうのだ。

チンパンジーやボノボは、ゴリラのように、単一のオス（父）によって統括されているわけではないが、近親関係にあるオスたちによって、集団の同一性が維持されている。メスは集団を離脱して別の集団へと移動するのに、オスは世代的に連続して同一の集団に所属しているのである。これに対して、たとえばニホンザルの場合には、オスが集団を離脱する。つまりメスの世代的な連続性によって、ニホンザルの集団の同一性を保持されているのである。

要するに、霊長類においては一般に非常に稀な、父系的な集団構成の原理が、主に、人間に近縁な類人猿の社会に、認めることができるのである。われわれの探究の目標は、人間特有の社会、とりわけ先にあげた厳しい諸条件を満足させる家族の起源にある。ここに示してきた事実が示唆していることは、人間的な家族が構成へと至る道において、近親者からなる親族集団が、その集団としての同一性の根拠をオスの同一性・連続性に基礎づけることが、不可欠な（必要）条件だったのではないか、ということである。この「オス」のことを、広い意味での「父的なもの」と呼ぶこともできるだろう。

厳密に言えば、集団を統括しているオスが、次世代の（同じ集団の）オス（の子ども）に対して、生物学的な父と言いうるのは、一夫多妻の集団を形成しているゴリラだけである。チンパンジーやボノボの場合には、集団内の（大人の）オスが集団内の（大人の）メスと乱交的な関係を切り結ぶので、どの特定のオスが子どもの生物学的な父であるかを決定することができなくなってしまうのだ。だが、この相違をそれほど重視する必要はないだろう。というのも、人間の社会においても、「父的な機能」を果たすのは、必ずしも、（生物学的）父によって担われるとは限らないからである。ここで「父的な機能」と呼んだのは、集団内の先行世代の男性が、まさに男性という（女性とは異なる）固有の役割において、同じ集団内の次世代に対して行う教育の機能のことである。男性という固有の立場からの教育の中心は、一般に、集団内の次世代の男性に対して、男性として要請されている役割を習得させることにある。しばしば、原始的な共同体においては、父親と子どもとの過度な接触が忌避され、少年を男性社会へと参入させるのに必要な教育や通過儀礼の大半が、少年たちにとっては言わば兄の世代にあたる、同性愛的に（ホモセクシュアルもしくはホモソーシャルに）結合する男性結社によって主宰される。こうした場合には、父的な機能は、青年たちの結社によって果たされていると考えていいだろう。人間的な社会への過程の問題として重要なことは、さしあたって、集団の世代的連続性が、男性（オス）によって保持されているということであり、生物学的な父が特定されているか、ということではない。

重要なことは、類人猿の集団においては、父的な機能が萌芽的な形態において――しかしそうした形態においてのみ――見出される、ということである。たとえば、ゴリラのオスは新生児に対して、ほとんど関心をもたない。が、オスは、離乳期以降の子どもに対しては積極的に係わるようになり、一緒に遊んだりして世話をやく。特に子どもの母親が死亡しているときには、オスは母親代わりになって、積極的に子どもの養育にあたる。こうしたことのために、山極寿一は、ゴリラの集団においてこそ、父――社会学的父――の起源が見出される、と論じている。[1] 興味深い事実は、たとえば一夫一婦の集団をつくるテナガザルでは成熟した子どもが親と同一の集団に止まることは決してないのに対して、ゴリラの場合には、息子は年老いた父と共存し、父から平和的に集団を継承する、ということである。ともあれ、ゴリラの場合でも、父(オス)が担当すべき教育の機能が、つまりここで父親的な機能と呼んだものが、母(メス)が担う養育とは独立の固有なものとして完全に分化しているとは、まだ言うことができない。それゆえ、逆に、われわれの仮説はこうである。父的な機能が十全に分化し、これを担当する父(的なもの)が自立して現れたときに、冒頭にあげたような諸条件を充足する人間的な家族が成立するのではないか。

2　二種類の他者

ごく単純化して断定してしまえば、人間の子どもは、生育過程で、二種類の他者との関係で、自己のアイデンティティを確立しなくてはならない。二種類の他者とは、もちろん、女性（母）と男性（父）である。精神分析学や発達心理学の知見を要約するような形で、これら二種類の他者の特徴を整理しておけば、次のようになるだろう。女性としての他者との関係は、直接性をその特徴とする。この関係の極限には、たとえば母胎内の胎児や母親と乳児に見られるような癒合的な連接の関係が控えている。これに対して、男性としての他者は、こうした直接的な二者関係を禁止・否定する、間接的な第三者として体験されることになる。後者の他者は、前者の他者との関係の延長上に位置づけることはできない。つまり、後者の他者との関係を、直接性の程度の差異によって特徴づけることはできない。それは、直接的な水平の関係に対して、言わば垂直的に係わり、そうした関係の一般に制限を加えるような超越的な他者として現れることになる。父的なものが自立しているということは、こうした、明確に分離された二種類の他者との関係の中で、自己を定位することである。要するに、子どもは、どちらかの他者と同一化することによって、自身の性的なアイデンティティを確立するのである。

たとえばバダンテール[2]は、精神分析学や発達心理学の諸研究を参照しながら、男性になることは、女性になることよりもはるかに難しい、と述べている。このことは、今し方述べた二種類の対他関係を準拠として、――いくぶん単純化を施す必要はあるのだが――説明することができる。子どもは母胎から生まれ、また授乳に典型的に見られるように初期の段階において母との濃密な関係の下に置かれることからも容易に想像がつくように、女性的な他者との直接的な関係は、原初的な他者関係の水準を代表していると、言うことができる。この関係は、幼児にとって、始めから与えられた至福の関係として体験されるはずだ。だが、男性になるということは、こうした関係を否定し、自ら、能動的に（原初的に与えられてあるものを）否定するこの他者と同一化することを意味する。つまり、男性になるということは、原初的な関係から距離を取ることなのだ。原初的なものに対するこうした否定性を獲得しなくてはならないがゆえに、男性になることは、女性であること――それは原初的な関係の水準で定義されてしまう――よりも困難な過程として現れることになるのである。

ここで、「女性的な他者（母）／男性的な他者（父）」という区別は、生理学的な性の区別とは、必ずしも対応しない、ということを指摘しておこう。つまり、養育者の生理的な性が何であれ、子どもは、こうした二種類の他者を成長過程において体験するのである。エーレンザフトは、父親と母親が、授乳以外の局面でまったく区別なく子どもの養育にあたった、四〇組のカップルを観察した。この場合、子どもは、「パパ」「ママ」という語を、父母の双方を指すのに使ったという。たとえば、「ママ」と呼んだときに、父親がやってくれば、それが子どもにとってママなのである。「ママ」という呼びかけは、近くにいる方の親を指すわけだ。逆に言えば、こうした近くの（直接的な）親との関係において、遠くの（間接的な）親――つまり「パパ」――が措定される。子どもは、局面ごとに異なる（生理的な）性の人物によって占められる、二種類の他者を体験しているのだ。

こうした二種類の他者との関係で、子どもの性的なアイデンティティが規定される。が、この場合も、厳密に言えば、「女性性／男性性」は、生理学的な性差をそのまま反映するものではない。むしろ、これらは、成熟したあらゆる人間の人格を構成する二重の契機として捉えられるべきであろう。

十分な実証的な事実の指摘を割愛して、結論的に述べておくならば、父的なものを分化させて保有すること、そのことによってここに述べたような意味で区別された二種類の他者との関係が出現すること、こうしたことは人間的な社会に通底する普遍的な条件なのではないか。

女性的な他者との関係に対して直行的に係わる、男性（父）的な他者の次元を示すのに、ラカンによる「男性」の定義が好都合かもしれない。[3]ラカンは、カントが「力学的」と形容した二律背反によって、男性を定義している。力学的二律背反とは、相互に否定関係にある、テーゼ〔$\exists x \sim \Phi(x)$：Φでないxが存在する〕とアンチ・テーゼ〔$\forall x \Phi(x)$：すべてのxはΦである〕とが、ともに真になってしまうような状況である。たとえば、「自然の因果律に支配されない無制約者、つまり自由が存在する」（テーゼ）と「一切が自然の因果律に従う」（アンチ・テーゼ）という主張の組が、その一例である。こうした二律背反は、すべての対象に適用される普遍的な法則に従わない例外的な対象があり、しかも法則自身の成立が、この例外に依存しているときに、現れる。宇宙の一切は因果律に従っていると考えざるをえないが、その因果律を駆動させるためにも、因果律に規定されずに運動を開始させる自由が、存在している必要があった、というわけだ。父（男性的な他者）が占めるのは、この例外の位置である。
あらゆる他者との関係は、直接性の関係の内に定位される。つまり、他者は直接性の程度によって位置づけられる。だが、こうした直接的関係が秩序を有するためには、こうした関係に対する一般的な制約として、無制限な直接性を禁止する、それ自身は直接性の関係の延長上には定位されていない他者が必要になる、というわけである。

【現状論】

1 子殺し二例

現在、父性の復権が声高に求められている。宇野派経済学の学問区分に倣えば、原理論は、段階論を経た上で、現状分析に結び付けられなくてはならないのだろうが、ここでは、中間を省略して、一挙に議論を現状分析に接続してみよう。

父性の確立は、人間の社会をまさに人間的たらしめる（人間にとって）普遍的な条件だったのではないか、ということをここまで示唆してきた。ところで、現在の「父性の復権」という要請を現象させる社会的な基底にまで遡るならば、この普遍的な条件の根本にかかわる大きな構造的変容が剔出されるように思われるのである。だが、このことを示す前に、若干のことを確認しておく必要がある。第一に、留意すべきことは、父性の復権への要求は、日本社会においてのみ見られる特殊な現象ではない、ということだ。バダンテールによれば、近代社会におけるフェミニズムの隆盛にちょうど対応するようにして、父性や男性性は傷つけられてきており、とりわけ一九八〇年代以降、欧米でも、フェミニズムの主張とも両立しうるあるべき父性を模索する「父性革命」が強く求められている。

第二に、注意しなくてはならないことは、父性の復権への要求は、言わば「下から」も生じてきている、ということである。父性の復権を叫んでいるのは、一般には、「大人」であり、とりわけ「父親」である。だが他方で、「子」の方も、必ずしも顕在的な声に出さなくても、父性を要求しているようにも見えるのだ。このことを象徴的に示している事件が、一九九六年に東京で起きた、家庭内暴力を繰り返す子をその父が金属バットで殴殺してしまったという事件である。[4]殺された少年は、当時、中学三年生だった。彼は、ささいなことで父や母を殴りつけ、その暴力はやむことがなかったという。あまりの暴力の激しさのゆえに、やがて他の家族は別居し、父と子だけの共同生活が始まる。この子の暴力に対して、父は——報道によれば専門のカウンセラーの助言もあり——、決して自ら暴力的に対抗することなく、ひたすら耐えつづけ、息子の理不尽な要求を一つひとつ満たしてやったのだという。たとえば、事件の前日には、父は、息子にサンドイッチを買ってくるように命令され、これに応じている。しかし父が買ってきたサンドイッチに息子は満足せず、いつものように、激しく父を殴りつけたのだ。このとき、父が別の「適切なサンドイッチ」を買ってきたならば、息子は満足したのだろうか？　言うまでもなく否である。子が真に欲しているのは、サンドイッチではないからだ。

ならば、子が欲していたものは何か？　徐々にエスカレートさせつつ強迫的に反復された暴力を通じて、子が無意識の内に欲望していたことは、容易に推測できるように、父からの反発である。つまり、子は、父が権威をもって彼の前に立ちはだかることを欲望していたのであろう。だから、父が子の理不尽な要求を受け入れれば受け入れるほど、かえって、子の暴力は激しさの度合いを増さざるをえない。つまり、父性の復権は、子の側の要請でもあるのだ。

だが、それならば、この事例において、父が、子に暴力をも辞さない断固たる態度で対応し、子を積極的に教育しようとしたならば、悲惨な結果を避けることができたのだろうか？　この問いへの答えを別のよく似た子殺しの事件が示している。ここで例示したい事件は、九二年に起きたもので、やはり家庭内暴力を繰り返す子（当時二三歳）を親が殺害したのである。[5]だが、この父は、先の父のように、ただひたすら息子の要求を受け入れていたわけではない。彼は息子を叱り、人生を教えようとしているのだ。この事件を紹介した芹沢俊介は、この父を「教導する父」の範疇に属すると述べている。[6]父は、殺害した自分の長男に、異字ではあるが、自分と同じ発音の名を付けている。つまり子は「父－の－名」を完全に引き継いでいるのである。父は、子が成長したときに親と同名であることを誇りに思うような立派な父であろうという願いをこめて、同じ名を子に与えたのだという。

高校教師でもあるこの父は、人生の先輩でもあるという自負をもって、「教導する父」として振る舞い、子に人生について忠告したり教えたりしてきたと見られる。父の教育は主に言葉によるソフトなものだったが、幼いころよりときには、体罰をも与えていたと父は証言している。体罰は、殺害そのものを別にすると、三回与えられており、その内二回が、言葉遣いを戒めるものであったという点に、芹沢は留意している。この父は、妻を含む（長男以外の）家族のメンバーには、実際に、その父としての教育機能に相応しい形で、尊敬されてもいたようだ。問題の長男は、父の忠告や期待に対して両義的に反応する。高校入学までは、子は父（等）の期待によく応えていた。だが、高校を中退することで、子は、まず父の期待を裏切るのだ。しかし、子は、父の期待や教示に徹底して反抗するわけではない。高校中退の後に、すぐ大検に合格して、大学に進学する。しかし、大学に入ると、再び反抗して、遊びに熱中する。ミュージシャンになろうとするが、父の忠告を受けて、司法試験のための勉強をあらためて開始する。要するに、彼は父への反抗と父の受容の間を振幅しており、どちらにも安定して止まることができないでいるのである。

殺害の最後のきっかけとなったのも、子の言葉遣いである。父が子に、『福翁自伝』を引きながら教え諭していたとき、突然、子は父を「てめえ」呼ばわりして、反発したのだ。この言葉にショックを受けた父は、もう殺すしかないと一挙に思い詰めるまでに至ったのである。「てめえ」という呼び方は、子が父の超越的な権威をおよそ承認していないことを示している。そのために父の父としての立場は完全に失墜してしまい、このことが父を逆上させたのだ。

暴力的な子を殺害したこれら二つの事例は、現在復権を求められている父性の困難な位相を表現している。父が父としての超越的な権威をもって君臨しようとしても、また逆に、こうした権威を無化した対等な理解者たらんとしても、どちらも失敗するのである。いずれも子の真の欲望に対応していないのだ。バダンテールは、主として欧米の事例に基づいて、現在の男の困難を、「鉄骨男」と「骨抜き男」の両極がともに拒否されていることにある、と分析している。超越的に振る舞い、父の機能の極大化を図るのが、鉄骨男としての父であり、逆に、子を徹底して受入れようとする父が、骨抜き男としての父であると、言うことができるだろう。

2 アダムの真実

日本の新宗教の動向を研究してきた社会学者によれば、旧新宗教においては、教祖や指導者は、多くの場合、「父」の隠喩で捉えられてきた。だが、新新宗教（七〇年代以降の新宗教）の中で、父の隠喩は後退し、代わって、指導者は、「グル」「ラマ」「尊師」等の呼称が採用されるようになる。言うまでもなく、「父」として指示されている場合には、一般信者と指導者の関係は親子関係として理解される。だが、「グル」等の呼称は、こうした家族的関係性を、信者と指導者の関係から、さしあたって排除するものである。こうした態度の極点に現れたのが、言うまでもなく、オウム真理教である。

オウムが犯した数々の殺人の中でも、最も人々に強く嫌悪を与えた、それらの殺人の代表として記憶されたのは、坂本弁護士一家の殺害である。なぜこの殺人事件は、他にも増して衝撃的だったのか。この事件は、殆ど常に、坂本一家の典型的に幸せそうな核家族のホームビデオの映像とともに報道される。オウムの殺害犯たちは、この家族を全員殺し、その上で、死体を互いに遠く離れたところに埋めた。つまり、この殺人は、人間を殺しているだけではなく、家族的関係性を殺してしまっているのだ。人々がこの事件に衝撃を受けたのは、グルを中心としたこの教団の関係性が、古典的な家族的関係性の容赦なき排除を含意していることを、示したからである。

だが、グルと父とはどう違うのか？　今し方、われわれは父性は求められていると同時に拒絶されている、ということを見てきた。つまり父は求められているのだが、まさに父が父らしさをもって子の前に現れたとたんに、子に拒否されてしまうのだ。そうだとすると、グルという「父ならざる父」が、まさにこのダブル・バインド的な状況にある父の純化された形態であった、と考えてみることができないだろうか。こうした仮説にたち、さらに、庵野秀明とガイナックス・スタッフによるアニメーション『新世紀エヴァンゲリオン』を手掛かりにして、考察を進めてみよう。オウム事件の報道に日本中が興奮していた一九九五年から九六年にかけてテレビ版が放映され、それを引き継ぐ劇場版が九七年に公開された、この作品は、あからさまに家族を主題としているからである。[7]

『エヴァ』に登場する主要な人物は、すべて、家族関係に由来する心的なトラウマをかかえている。小谷真理によれば、この作品のテレビ版は、三部に分割される。[8]この内、第三部は、それまでの展開とは非常に異質な、主人公碇《いかり》シンジの内面世界のみを表現した二話構成のパートなので、この部分はとりあえず別扱いにしてかまわないだろう。[9] そうだとすると、作品の主要部分は、大きく二つのパートに別れていることになる。

『エヴァ』は、「使徒」と一括して呼ばれている不思議な生物――次々と人類を襲ってくる――と、国際的な特務機関「ネルフ」との戦いを、物語の骨格としている。使徒と対等に対決できるネルフ側の武器は、「エヴァンゲリオン」（以下、「エヴァ」と呼ぶ）と呼ばれる人造人間のみである。人造人間エヴァには、適性を有する十四歳の少年・少女が搭乗する。適性があるとは、エヴァの神経系（ネルフ）と自らの神経系とを高い共鳴率によって共鳴させることができることである。エヴァは、搭乗者との共鳴によって動くのだ。ただし、エヴァは、エネルギーを外部の電源に頼らざるをえず、有線による電力供給を必要としている。適性をもち、搭乗者として選ばれた少年・少女は、「ファースト・チルドレン」「セカンド・チルドレン」等と呼ばれる。主人公碇シンジも適性者の一人である。

物語は、シンジが父碇ゲンドウに、突然、召喚されるところから始まる。ゲンドウは、ネルフの最高司令官である。ゲンドウは、典型的な強い父として描かれる。小谷真理は、ネルフという組織自身が、ゲンドウを父とする家父長的な家族に見立てられる、と論じている。小谷の区分した「第一部」は、使徒との闘争を通じて、ネルフのこの家父長的な構造が肯定され、強化される物語であると、単純化することができる。

シンジは、父に呼び戻されるまで、父に棄てられた精神的な孤児であるとの感覚を抱いてきた。この感覚は、父の命令でエヴァの搭乗者となった後にも、完全には消去できない。なぜか？シンジは、父に承認されることを欲しているのだが、しかし、シンジにとって、父がシンジに何を要求しているのかということが、つまり父の意志が、定かならぬ未規定なものとして現れているからである。このことがシンジの不遇感の原因である。それでも、第一部は、この強い父と子の間の和解の方向を密かに示唆する。シンジは、エヴァの搭乗者としての成功が、父の承認が得られる唯一の道であると見なし、そして実際、エヴァに乗って使徒を倒したときに、生まれて初めて、父に褒められるからである。

だが、結局、不遇感は、最終的には解消されない。言い換えれば、父による完全な承認に到達したとの実感を得ることはできない。このことは、父と子の関係の場面では、解消できない葛藤として現れるだろう。あるいは、また、父は子の求めているものに応じるような形で、子を承認してはいないのだから、子にとっては、父の裏切りとして現れることであろう。第二部は、こうした、父と子の関係の困難を起爆剤として展開していく。父と子の関係の挫折を、非常にわかりやすく提示しているのが、テレビ版拾九話である。ここで、シンジは父の裏切り（とシンジが解する父の行為）に耐えきれず、エヴァの搭乗者という身分を棄て、ネルフを飛び出してしまう。父の方も、シンジを見捨て、「お前には失望した」と言い放つ。ここで、われわれは、前項で検討した二つ目の子殺し事件のことを思い起こしてもよいだろう。この事例において、子は、ある年齢まで、父の期待に応えようと努力する。いや、それどころか、最後まで子はこの努力を放棄していない。が、しかし、それでも、子にとっては、父は救済者ではありえず、言わば「裏切り者」として現れる。父に対する子の「てめえ」という侮蔑的な呼び方は、子のこうした心情を表現しており、それに対応して、父の方も子を棄てた（殺害した）のだ。

だが、第拾九話は、まださらに展開していく。この拾九話こそ、第二部の中心である。一旦、ネルフを去ったシンジは、他のエヴァが使徒との戦いに苦戦しているのを見かねて、自らの意志でネルフに引き返す。そして、父の冷たい言葉に抗して、自ら、「エヴァ初号機のパイロット」だということを宣言するのだ。こうして、彼は、再びエヴァに搭乗する。この逃亡と回帰は、シンジが父ゲンドウの軍門から離脱したことを象徴するだろう。

シンジのエヴァは使徒を殴りつけるが、すぐに内蔵バッテリー内のエネルギーを使い尽くしてしまい、停止してしまう。通常、エヴァは有線による外部からの電力供給を必要としているからだ。こうして、エヴァは使徒に一方的に攻撃されるだけの立場に陥ってしまうのだ。と、このとき、エヴァは、外部からのエネルギー供給なしに突然動きだす。このストーリーの展開は、父的な超越性からの離脱という特徴づけを越えた、さらなる前進を含意している。すなわち、父の超越性の支配圏から離脱するとともに、シンジは、今度はエヴァによって象徴される領域へと参入したのである。外部電源とエヴァを繋ぐコードは、エヴァが父の超越性との関係の内にあることを含意している。したがって、こうしたコードの不在は、今や、エヴァが父による支配とは異なる原理で駆動しうることを暗示しているわけだ。

しかし、エヴァは何を象徴するのか。その読み取りは、非常に容易である。エヴァという略称は、言うまでもなく、最初の人間アダムの妻の名を想起させる。小谷は、エヴァのほっそりとした体型は、拒食症の少女の体型とそっくりだと指摘している。少年・少女がエヴァに搭乗している状態は、母の子宮の内部の状態の隠喩になっていることは、容易に見抜くことができる。要するに、エヴァは、母的なるもの、女性的なるものの象徴なのである。

父の超越性は、コードを媒介にして作用する。つまり、それは距離を媒介にしてのみ作用する。ところで、「原理論」において、われわれは、女性的な他者――この場合、もちろんエヴァに対応する――とは、直接性において、言い換えれば「近さ」において関係しうる他者であると、述べておいた。こうした、コミュニカティヴな関係における直接性に対して、このアニメが与えた表現こそが、「共鳴率」というアイデアである。共鳴率とは、要するに、搭乗者とエヴァの間の自他関係の直接性の指標である。共鳴率が高ければ、自己であることと他者であることとの区分が不可能なものになってしまうだろう。シンジのエヴァが外部の電源との繋がりを失っても動いたのは、共鳴率が一〇〇%を越えたからである。このとき、シンジはエヴァに完全に飲み込まれてしまう。

ここまでのアニメの展開が示しているのは、父的な超越性の徹底した排除である。今、シンジに即してみてきたこの展開を、他の主要搭乗人物のすべての運命が、ほぼ同様に反復し、再演してみせる。だが、ここで注意しなくてはならない。父に対応する超越的他者が排除されて、原初的な層にあった、母的な内在的他者が露呈したのだとのみ、これを解したのでは、肝心な細部の含意を逸することになるからだ。

第一部においては、使徒は外的な敵として現れる。だが、第二部においては、使徒がエヴァやその搭乗者の身体そのものに内的に侵入しているのだ。関係の直接性は、エヴァと搭乗者の間だけではなく、エヴァと使徒との間にも見出されるのである。この直接性の延長上に暗示されていることは、エヴァと使徒とは実は同じものである、ということである。このことは、最後の使徒が、エヴァの五人目の搭乗者カヲルであった——シンジは彼に同性愛的な愛情を抱く——という展開によってあからさまに示されている。エヴァとは、使徒、つまり天使なのだ。もちろん、天使は、人間と神を媒介する超越者である。したがって、結論は、こうである。超越性を否定する、直接的で内在的な他者こそが、同時に、まさに超越的な他者でもあり、したがって言い換えれば、ある意味で父そのものなのである。

このように解さなくては、第三部の、したがってテレビ版アニメ全体の一番最後を飾る、唐突な言葉の意味が、理解できなくなってしまう。この物語は、徹底的に父を否定してきたにもかかわらず、「父に、ありがとう。母に、さようなら」という言葉によって、父を最後に肯定し、母を排除するのである。したがって、逆に言えば、女性的な他者こそが——エヴァこそが——、超越的な父の真実の姿なのである。ネルフは、その地下に、アダムと呼ばれる生命の源を隠し持っている。アダムは、もちろん、起源の父である。ところが、そのアダムを最後の使徒カヲルが見て、驚愕する。アダムはリリスだったのか、と。アダムは、リリスの偽装された姿だったのである。神話によれば、リリス（リリト）とは、エバに先立つ、アダムの最初の妻のことである。

ファミリー・ロマンス（家族小説）の範型は、現実の父を、より高貴な父へと置き換える空想である。それは、子の完全な超越性（父）への欲望を表現している。『新世紀エヴァンゲリオン』も、ある意味で、ファミリー・ロマンスである。それは、しかし、真に超越的な他者を、完全に内在的な他者として措定するのである。

だから、父性（超越性）の復権は、確かに求められている。が、しかし、（子によって求められている）父性とは、父性の全的な否定を表現するような父性なのである。ここに、今日の父性がかかえる究極の困難がある。父性の否定を体現するような父とは、完全に内在的で直接的な関係において、超越的であるような他者でなくてはなるまい。われわれは、こうした逆説的な事例を、少なくとも一つは知っている。これこそは、オウムの「最終解脱者」が、悲劇的な仕方で実現したことだからである。父性が人間的であることの普遍的な条件であるとするならば、その父性が、まさに父性の否定の表現であることを要求したとき、人間にどのような未来があるのだろうか？

＊注

1 山極寿一『家族の起源―父性の登場』東京大学出版会、一九九四年。
2 エリザベート・バダンテール（上村くにこ・饗庭千代子訳）『XY―男とは何か』筑摩書房、一九九七年。
3 Jacques Lacan, *Encore, Séminaire XX (1972–73)*, Paris, Points, 1975.
4 一九九六年一一月、東京都文京区に住む団体職員の男性（五十二歳）が、長男（十四歳）を殺した事件のこと。男性は、朝七時に、自室で眠っている長男を、金属バットで殴って殺した。長男は、日頃から家庭内暴力を繰り返していた。当時、母親と長女は、長男の暴力に耐えられず、別居していたので、男性と長男は二人で暮らしていた。男性は、殺害後、ただちに警察に自首してきた。
5 一九九二年六月に、埼玉県浦和市で、高校教師であった父親とその妻が、長男を殺害した事件。
6 芹沢俊介『現代〈子ども〉暴力論』春秋社、一九九七年。
7 『新世紀エヴァンゲリオン』は、一九九五年一〇月から一九九六年三月にかけて、テレビ東京系列で放映されたアニメである。全二六話で構成されている。その後、一九九七―九八年に、劇場版も公開される。さらに、二〇〇七年以降に、『新劇場版ヱヴァンゲリヲン』も公開されている。
8 小谷真理『聖母エヴァンゲリオン』マガジンハウス、一九九七年。
9 もっとも、オタク的なファンの熱狂的な議論を呼んだ問題は、このパートの是非についてであり、劇場版は、このパートの作り替えとして提起されているのである。

第3章

仮想現実の顕在性

1　ふざけた選挙

オウム真理教団は、一九九〇年の衆議院議員選挙に、教祖麻原彰晃を含む二五人の候補者を立てた。が、無名の新興宗教教団が、国政選挙で勝てるはずがない。大方の予想通り、いずれの候補者も法定得票数を大幅に下回る票しか得られず、惨敗した。しかし、彼らの非常に独特な選挙運動は、人々に強い印象を残した。「ショ、ショ、ショ、ショ、ショ、ショ、ショ、ショーコー」という教祖の名を連呼する歌詞を含む歌を、単純で覚えやすいメロディにのせて大音響で流したり、象（ヒンドゥー教の神ガネーシャ）をかたどった帽子や麻原彰晃の顔を模したマスクを付け、白い宗教服を纏った運動員が、街頭や宣伝カーで奇妙な踊りを披露する。彼らの選挙運動は

郵便はがき

恐れ入りますが切手をお貼り下さい

101-0062

東京都千代田区
神田駿河台一の七

㈱弘文堂

愛読者カード係

ご住所	郵便番号
ご芳名	（　　才）
ご職業	本書をお求めになった動機
ご購読の新聞・雑誌	ご購入書店名

―愛読者カード―

現代宗教意識論

①ご購読ありがとうございます。本書に関するご感想をお寄せ下さい。

②その他小社発行の書籍に関するご要望をお聞かせ下さい。

③他にご希望の出版物又は執筆者がありましたらお聞かせ下さい。
今後の出版活動の資料といたします。

こんな具合だったので、多くの人々は、彼らはふざけていると思っただろう。つまり、選挙を相対化する一種のアイロニーとして、こうした運動がなされていると考えただろう。実際、評論家の芹沢俊介は、後に――この教団が地下鉄にサリンをばらまくテロを起こした後に――、この選挙をふりかえって、当時、何千万円も使って選挙を皮肉るとはなかなかおもしろい教団だと思った、と述懐している。[1] 教団は、選挙を一種のゲームのようなものと見なして遊び、それが本来は恣意的な制度であって、仮想現実のひとつに過ぎないものであることを暴露してみせているというわけである。

だから、このとき、多くの人は、教団は本気で候補者の当選をねらっているとは思わなかった。たとえば、教祖麻原彰晃が、トップ当選するだろうとか、六万票は獲得できるだろう、といった楽天的な予想を表明しても、多くの人は、これを高度な冗談のようなものと受け取り、本気でそう言っているとは受け取らなかったのだ。

ところが、麻原は落選した後にひどく落胆し、さらには、悪意ある者によって票数が操作されたことが判明したという言い訳のようにも聞こえる原因分析をしてみせたのだった。こうした言動は、教団が「本気」で当選を狙っていたということ、しかも当選しうると考えていたことを示しているだろう。選挙運動の期間中にこの教団に興味を惹かれた芹沢は、これを見て、教団への関心をすっかり失ってしまったという。選挙への立候補がアイロニーとしてなされたのであれば、選挙運動は最高度の遊びだが、本気で当選を狙っていたのだとすれば、彼らが愚かだったということを示すだけだ、このように考えたからであろう。[2] 他の一般の候補者と同じように本気で選挙に関わり、遊び感覚を失ってしまっているとすれば、選挙の虚構性を証示し、それを現実ならぬ仮想現実の一個として相対化する余裕を完全に喪失していることになるからだ。芹沢と同じような感想をもった者は少なくなかったはずだ。

だが、ここでこの教団への興味を失うべきではなかったのではないか？　なぜなら、以上の観察には、いわゆる「仮想現実《ヴァーチャル・リアリティ》」と「本当の現実」の区別や混同をめぐる、ごく常識的な解釈に対して決定的な一撃を加える重大な洞察が含まれていたからである。

一九八〇年代の後半以降、青少年の新奇で不可解な犯罪に直面する度に、犯罪者が仮想現実と本当の現実とを混同している、との説明が繰り返されてきた。こうした説明は、現実の混同を、メディア・テクノロジー——とりわけ電子メディア——の発達や普及と関係づけてきた。すなわち、テレビやビデオが映し出すアニメーションやあるいはコンピュータが可能にしたゲーム等の精巧で複雑な仮想現実にごく幼い頃から接してきた者にとっては、仮想現実と現実の区別は曖昧なものとならざるをえず、やがて彼らは両者を取り違えることもあるのだ、と。オウム真理教団によるテロリズムこそは、こうした「仮想現実と本当の現実の混同」というテーゼに基づく説明の絶好の対象となった。たとえば、教団は、世界最終戦争《ハルマゲドン》が近い将来に勃発すると想定しており、テロは、こうした戦争への準備として遂行されたと解釈できる。こうした想定は、若者たちに広く受け入れられた人気のアニメーションの物語と基本的な設定を共有している。要するに、教団は、アニメーションに描かれた仮想現実（虚構）と現実を混同させているように見えたのだ。

冒頭のオウム教団の選挙運動についての観察は、この種の広く共有されている説明（の結論）が誤っているわけではないが、しかし説明を支える——しばしば暗黙の——推論の過程に誤りがあるということを示唆している。この事例は、仮想現実を本当の現実として信じているということはどういうことなのか、を教えているのである。

概略を示した一般的な説明は、「信じている」ということを「（仮想現実を本当の現実と同じようなものと）意識している」ということの一種と見なしている。こうした見解は、すでに概観した次のような推論を支持するだろう。すなわち、仮想現実に対してアイロニカルな距離を取って、これを相対化することができれば、仮想現実を現実と等置するほどまでにその仮想現実に没入する（仮想現実を所与の現実として受容する）ことはないはずだ、という推論を。選挙に落選して落胆する教団メンバーを見て、教団への興味を失った者は、このような推論に依拠していることになる。落胆は、選挙への彼らの没入ぶりを示している。この没入は、選挙をゲーム＝仮想現実の一つとして相対化する視点を、彼らが持たなかったことを意味する、というわけだ。

だが、メディアが与える仮想現実（アニメーション、TVゲーム等）への過剰な接触のために、仮想現実と現実との境界が意識されなくなったとする説明は、根本的な点で説得力を欠いている。この説明が、説明対象の知的能力をあまりに低く見積もっているように思えるからだ。たとえば、最終戦争を想定するオウム信者は、『宇宙戦艦ヤマト』が現実ではないことを知っていたに違いない。

こうした違和感は、オウムの選挙への関わりが呈する二つの一見対立的な印象の双方がともに真実を伝えるものだったと考えることによって解消されるだろう。つまりアイロニーとして演じているということと、本気で没入しているということとが、言い換えれば、可能な多数の仮想現実のひとつとして関わるということと、唯一の現実として関わるということとが、矛盾することなく共存する境位がありうると考える場合にのみ、先の短絡的な説明に、必要な繊細さを付加するための道が、開かれるのである。

アイロニカルな距離を取ることと本気で没入していることとが共存しうるということは、たとえば、CMのことを思うと容易に理解することができる。たいていのCMは、オウムの選挙運動と同じようにふざけている。ここには広告することへの——そして自己自身への——アイロニーがある。しかし、だからと言って、われわれはあのCMの提供者は商品を本気で売るつもりはない、とは考えない。そして、実際に、消費者の方でも、ふざけたCMのせいで買う気を失うことはない。消費者は、むしろCMの影響ですすんでその商品を「本気で」買う——つまりその商品に一票を投じるのだ。だから、アイロニカルな没入は、商品広告の場面では日常茶飯のことである。

もっとも、ふざけた広告は、安価な商品の広告や、同種の他商品と機能的に大差がないことが誰にでもわかっているような商品の広告の場合に多い。高価であったり、命にかかわるような商品、たとえば自動車や住宅、薬品などの商品のCMに関しては、生真面目な態度が支配的になる。人生における重要度が増してくると、アイロニカルな距離をとるだけの余裕が次第に失われてくるのだ。だからこそ、人は、オウム真理教が、国政選挙のような最も重大な「選択」に対して、アイロニカルな距離を取っているように見えたときに、驚いたのである。[3] 言い換えれば、「オウム」という症例は、「瑣末な」選択においては普通に見出されるようなアイロニカルな没入が、生の選択のすべてに浸透させてしまったケースであると解釈することができるだろう。そして、こうしたアイロニカルな没入の全面化においてこそ、仮想現実の現実への反転が生じるのである。われわれは、この一見矛盾した態度を可能にしている機制を問わなくてはならない。

2　アイロニカルな没入

ここでアイロニカルな没入と呼んできた態度こそ、ペーター・スローターダイクが『シニカル理性批判』で（本来のキュニシズムからは区別された）シニシズムと呼んだ現象である。[4] スローターダイクは、シニシズムを虚偽意識の第四の形態と位置づけている。シニシズムに先立つ三つの虚偽意識は、嘘と迷妄とイテオロギーである。これら三つの虚偽意識に対しては、「真実」（嘘の背後の悪意、迷妄をもたらす感覚的・論理的錯誤、イデオロギーを規定する生活基盤）を対置する啓蒙の戦略が有効である。しかし、第四の虚偽意識であるシニシズムは、スローターダイクによれば「啓蒙された虚偽意識」と呼ぶべきものになっている。誤謬を指摘して、真実を提起するという啓蒙の戦略は、シニシズムの徒には役に立たない。彼らは、「それ」をはじめから知っているからである。だがそれでも、彼らは虚偽意識を放棄しないのだ。こうした状況は、ちょうど、CMに関して、誰かがそれは「嘘（誇張）」だとか、その背後に売り手の利己的な動機（利潤動機）があるだとか指摘したとしても、消費者がCMの呪縛から解放されることがないのと同じである。

スローターダイクは、シニシズムという語をワイマール期ドイツに支配的だった精神を特徴づけるために使用している。スローターダイクが論じているさまざまなことがらの中で、仮想現実と現実との関係ということとの関連で興味深い事実は、この時期、詐欺事件やぺてんが異常に多く――「当時起こったペテンや詐欺事件の中で特に重要なものを列挙し、そのあらましを述べるだけで分厚い本一冊分になるだろう」[5]――、詐欺師という職業が、時代のモデル、神話的な原型にまでなっていた、ということである。たとえば、トーマス・マンのフェリークス・クルルの実在のモデルであり、自分自身でも上下二巻の回想録を著しているホテル泥棒マノレスク、カール・ツックマイヤーが戯曲化して成功をおさめた偽大尉ケーベニック、回想録によってその名が知られているホーエンツォレルン家の偽王子ハリー・ドメラ等が、スケールの大きな詐欺師として知られている。さらに、一九二三年に頂点に達する破局的なインフレが意味するところは、価値のない紙幣を発行しつづける国家自身が、大詐欺師であった、ということである。詐欺師が時代の典型にまでなりえたことを、スローターダイクは、詐欺にひっかかる人々の側に、集団的な詐欺期待が準備されていたからだと分析する。詐欺期待とは、詐欺に引っ掛かりはしないかという不信感をもった予期と、詐欺にひっかかることを受け入れようとする心の用意のことである。

ドイツのインフレが頂点に達した年に、ドレースデンの元検察官ドクトル・E・ヴルフェンが、『詐欺師の心理学』なる冊子を発表している。それは、詐欺師の世界やその心理を、おおっぴらに開示してみせるものだったと言うことができるだろう。そして、ワイマール期は、最大の詐欺師によってピリオドが打たれることになる。言うまでもなく、最大にして最後の詐欺師とは、ヒットラーである。ナチスの支配下で一種のバイブルであった、ヒットラーの著書『わが闘争』には、どのようにして大衆を騙すか、どのようにして大衆に暗示をかけるか、その手法が細かく書かれている。たとえば、集会は人が理性を失う夕暮れにやるべきであるとか、現状の秩序から逸脱した共産主義者の方が保守的な者よりもナチスに誘惑されやすい等々のことが、指示されている。『わが闘争』が広く読まれていたということは、ヒットラーのぺてんは、手の内をあかしながらなされていたということである[6]。つまり、単純に、大衆は騙されていた、と言うわけにはいかないのだ。大衆のヒットラーへの熱狂は、アイロニカルな没入の形態を取っていたのである。

ラクー・ラバルトによれば、ナチズムの本質は、ゲルマン神話による、政治の虚構化にこそある[7]。言い換えれば、ナチズム期において、ゲルマン神話という虚構（仮想現実）が政治的現実として機能したのだ。そのためには、人々はこうした錯認を可能にする暗示にかかっていなくてはならない。スローターダイクは、ヒットラーは自己暗示の天才であった、としている。また、ワイマール期は、治療の技法として暗示がとりわけ注目された時期でもあった。ヒットラーだけではなく、「詐欺期待」をもって彼に接した人々もまた、自己暗示の支配下にあったと言うべきだろう。そして、この暗示の態度を解析するならば、ここでアイロニカルな没入と呼んできた様態に帰着するのではないか。

再び、現代の日本社会の話題に戻ってみよう。仮想現実への関係がアイロニカルな没入と呼ぶべき構成を取っているという仮説は、一九八〇年代の若者のサブカルチャーが呈したいくぶん奇異感を与える二重性を説明する手掛かりを与えてくれる。一九八〇年代の中盤に、当時登場してきた若者（二十歳代前半程度）たちの世代は、その新しさや不可解さのゆえに「新人類」と呼ばれた。この語は、一九八五年末頃より頻繁に使用されるようになり、一九八六年の新語・流行語大賞（自由国民社主催）の流行語部門の金賞に選ばれている。新人類と呼ばれた層の特徴は、感受性が繊細で、自らの美的感覚が与える好悪の感情に非常に素直に従っていること、それゆえ特定の規範が課す価値に深く拘泥しないこと等に見ることができよう。こうした特徴を有する新人類は、さまざまな「現実《リアリティ》」を恣意的な約定（規範）に支配された虚構（仮想現実）と見なし、そのいずれにも深くコミットしない、シニカルな相対化の態度において際立っていた。こうした現象は「高尚な」文化や思想と無縁ではない。たとえば、新人類は、ポストモダンの脱構築派《ディコンストラクショニスト》の風俗的な対応物であったと言うこともできるだろう。

この「新人類」という語の出現とほぼ同じ頃——あるいはいくぶんか遅れて——、やはり若者のサブカルチャーを特徴づける現象として「オタク」と呼ばれる集団が注目された。若者のある特定の層が「オタク」という語で最初に名指されるようになったのは、一九八三年のことであったと言われているが、この語が広く知られるようになったのは、一九八〇年代の最後の年に連続幼女殺人事件の容疑者が逮捕されてから後のことである。オタクとは、アニメーション、SF、テレビ・ゲーム、コンピュータ、アイドル歌手等々のいずれかの分野に、熱狂的なまでに没頭し、その細部に拘泥していく若者たちのことである。

オタクの熱狂と新人類のシニシズムとは対立的なものに見える。一方で、新人類は、現実を恣意的な虚構性（仮構性）において相対化する。他方で、オタクは、特定の虚構（アニメ等）をまるで唯一の現実であるかのごとく絶対化しているように見える。ごく図式的に整理すれば、新人類においては、現実を仮想化するベクトルが支配的であったのに対して、オタクにおいては、逆に仮想現実が現実化するベクトルが優位になっているのである。この同時代的な振幅をどう理解したらよいのか？　まったく対立的な二つの態度の共存をどう理解したらよいのか？　さらに付け加えておくならば、両者は同時代的に共存していただけではない。事情に精通している論者たちによれば、オタクと分類される者と新人類と見なされる者とは、しばしば、まったく同一の人物なのだ。あるいはオタクは新人類の末裔とも言うべき層にあたるのである。理解のための鍵が、「アイロニカルな没入」にあることは、今や明らかであろう。新人類とオタクは、アイロニカルな没入がそれぞれ別の角度から捉えたときに呈する姿態なのであり、その両義性をそれぞれ一面的に特化した像なのである。

3　仮想現実の顕在化

一部の若い女性オタクに異様なまでに愛されている服の一つに、ピンクハウスと呼ばれるブランドがある。ピンクハウスを愛用する女性は、「ピンキー」と呼ばれてきた。[8] ピンキーは、ただちに見分けることができる。ピンクハウスが非常に特徴的なブランドだからであり、またピンキーは、この特徴的なブランドで身につけるすべてを完全に統一している――若い母親の場合には子どもにまで着せている――からである。ピンクハウスの特徴は、いわゆる「女の子」らしさ、かわいらしさを、極端に――ほとんどマンガ的と言ってよい水準までに――徹底させているところにある。ピンキーという名で類別させるほどまでの彼女たちの特異性はどの点に由来するのか？　このささやかな問いから、考察の突破口を開いてみよう。

前提として、次のことを確認しておく必要がある。ここまで、現実と仮想現実（虚構）とが対立的であるかのように議論を進めてきた。だが、むしろ、どのような現実も仮想現実によって裏打ちされている、と見なすべきである。説明しよう。どのような現実もまさに「意味」を帯びたものとして現前している限りにおいて、まさに現実たりえている。「意味」を帯びて現前するとは、直接に現象している現実（a）が「なにものか（A）」として現前するということである。現実は、「aをAとして」という構成の中で、つまり「直接に現象する現実」が「それ以上の——あるいはそれ以外の——何か」として認知されることにおいて、まさに現実としての積極性（実定性）を獲得することができるのだ。たとえば、私の目の前の物質の塊（a）は、「コップA」という一般性において捉えられることにおいて、初めて私にとって有意味な存在となる。現象がそれとして認知されるところの「意味」とは、現象（a）ならざる「それ以上の何か（A）」である。ところで、「意味」は、あるいはむしろ厳密には諸「意味」の体系は、直接に現象する現実ではなく仮想的《ヴァーチャル》＝潜在的なものであり、虚構的なものである。

　現実が仮想的な意味によって裏打ちされていることをとりわけ明白に示すのは、多少なりとも儀礼性を帯びた日常のコミュニケーションの場面だ。たとえば、手紙の冒頭の挨拶——「ますますご清祥のこととお喜び申し上げます（a）」——を読むとき、本当のところ差出人が何を考えているかということとは無関係に——たとえば文字通りにこれを受け取って「あなたは私の何について喜んでいるのか」と追求することなく——、この挨拶を彼（女）の私への「好意（という意味）A」の表現として受け取ることになる。仮想現実としての意味（の体系）は、現実を理解可能なものとする枠組みであり、それなくしては現実はその現実性を失うことになるだろう。仮想現実が現実の枠組みになりうるために決定的に不可欠な条件は、両者の間に距離があること——つまり両者が当事者にとって区別可能なこと——である。

現実が、そこから距離をおいた仮想現実によって裏打ちされていることが、「作り話」という意味での（本来の）虚構の寓意的な理解とでも呼ぶべきものを可能にする。ここで「寓意的な理解」と呼んだのは、たとえば、あるサラリーマンが司馬遼太郎の時代小説を読んで、そこにサラリーマンとしての自己の人生にも妥当する「真実」を発見し、感動したり、そこから教訓を得たりする、といった場合である。われわれはこうした寓意的な理解を——たとえばオタクに関してしばしば糾弾されるような意味での——「現実と仮想現実の混同」とは見なさない。司馬遼太郎を寓意的に理解したサラリーマンは、幕末の志士として振る舞い始めるわけではないからだ。寓意的な理解は、虚構（司馬遼太郎の時代小説）が象徴的に表現している意味的な枠組みと彼の人生の現実に一貫性を与えている意味的な枠組みの間に類比的な同型性を認めることができるときに可能になる。小説が描く幕末の藩や幕府の困難と不況期の企業の困難が似ている、というわけである。こうした類比的な理解が生じるためには、現実とその現実の基本的な「意味」を構成するような仮想的・虚構的な枠組みとが明確に区別されていなくてはならない。

以上のような回り道的な考察を経た後には、「ピンキー」の特異性は明白になる。ピンキーが独特に見えるのは、現象する現実とその現実の「意味」となる仮想的枠組みとの間の距離がほとんど無化されているからである。先にも述べたようにピンクハウスのファッションはあまりにかわいらしさを誇張しているために、「お人形」（のような「女の子」）でなくては似合わない。要するに、ピンクハウスは誰が着てもいくぶんグロテスクな誇張に見えてしまうのである。にもかかわらずピンキーはピンクハウスをまとうのに躊躇しない。一般には、人は、まずは自分の容姿の現実を客観的に把握し、それに合うような穏健な洋服を選ぶだろう。ピンキーは、しかし、この順序を逆にしているのだ。まずかわいいピンクハウスの服があって、それに合うものとして自分をイメージしてしまい、そのイメージを勝手に自分の現実として想定してしまうのである。前者の一般の場合には、自己の現象と自己がそうであることを指向している理念的な「意味」との間の乖離が意識されている。だが後者のピンキーにおいては、準拠する自己の（そうありたい）「意味」が――ピンクハウスのファッションをまとった自己のイメージとして――直接に現象化しているのだ。

ピンキーの延長上にいわゆる「コスプレ」があることは、容易に理解できるだろう。[9] コスプレとは、アニメーションやマンガあるいはゲームに登場する気に入ったキャラクターとまったく同じファッションを身にまとうことである。こうした遊びは、日本の「アニメ・オタク」に端を発し、今や世界中のアニメーション（ジャパニメーション）・ファンに浸透している。言ってみれば、ピンクハウスを着ることは、あまり過激ではないコスプレだったのである。ピンキーにせよ、コスプレにせよ、ここに現実と、それを意味づける虚構＝仮想現実（「お人形（のような少女）」、「アニメやゲームのキャラクター」）との間の距離が、前者が後者に吸収されるような形で、無化している様を見ることができる。このとき、（作り話としての）虚構が現実の「意味」や「真実」を示す寓話や象徴になるのではなく、文字通りのものとして受け取られることになるだろう。要するに、ここでは、仮想（潜在的）現実が直接に一個の現象として顕在化しているのだ。

一般には、現実は、その意味的な枠組みに対して、言わば不足し欠落した状態にある。人は、現象する現実を補完することによって、その潜在的な意味を把握することができるのだ。それに対して、現代の先端的なメディアが構成する仮想現実は、「意味」に到達するために必要な不足分を先取りするような形で、直接に意味を顕在化させるものとして、その受容者に受け取られているのではないか。言わば、今日のメディアが構成する仮想現実は、あまりに「見え過ぎる」のである。特に、コンピュータのディジタル技術やハイ・ビジョン映像等が創りだす精細度の高い情報に関しては、「見え過ぎる」とか「聞こえ過ぎる」ということが、比喩的な含意を捨て、直接的に知覚的な意義をもつことになる。たとえば布施英利は、医学部の解剖実習のハイ・ビジョン撮影に参加したとき、受像機の解像度があまりに高く、モニターの画面を媒介にして臓器に接していることを忘れさせてしまうほどだった、と述べている。布施は、その夜に見たテレビの画像が乱れた不明瞭なものに見えて仕方がなかった、と回想している[10]。

一般には、仮想的・潜在的な「意味」において措定される自己同一性は、直接に現象している経験的な自己に対して、最低限の距離を保持している。つまり、前者は後者の現実の自己に対する「他者」である。実際、コスプレをしたりピンキーになることは——つまり現象する経験的自己を潜在していた仮想的自己に吸収することで両者の距離を無化してしまうことは——、「他者」

になること（「他者」を演じること）であろう。たとえば、それは、アニメやゲームのキャラクターになることである。ここで重要なことは、次のことだ。このとき人は、「他者」に、つまり偽の自己になることによって、本来の自己から疎外されるのではなく、まったく逆に、この仮想的な「他者」こそが、現実の自己よりも一層本来の自己である、との感覚をもつのだ。

スラヴォイ・ジジェクは、われわれ自身と、コンピュータの——とりわけコンピュータ・ネットワークの端末となっているコンピュータの——ディスプレイ上のわれわれのペルソナとの間に、ここに見たのと同じ両義的な関係が作られているということに注目している[11]。一方では、われわれはコンピュータ上に設定されたペルソナに対して距離を取り、それを偽の自己像に過ぎないものだと見なす。だが他方では、そのペルソナこそが本当の自分だとも感ずるのである。しかも、二つの感覚は背反するのではなく、むしろ相互に強め合う関係にある。普段はおとなしい男がインターネット上では攻撃的になることができ、そのことでまさに本来の自己に立ち返っていると感ずることができるのは、それがインターネットの上での偽の自己に過ぎないものであるということが彼自身にはわかっているからである。

ここまでくれば、われわれはアイロニカルな没入という逆説の神秘の核心に、近づきつつあることに気づくことだろう。コスプレのキャラクターやコンピュータ・ネットワーク上のペルソナの両義性はアイロニカルな没入の逆説性とちょうど対応しているからである。一方では、われわれはそれらを自己ならざる「他者」とみなし、そこからアイロニカルな距離を取るのだが、他方では、まさにそれゆえにこそ、それらを自己の本来性であると感じ、それらに深く没入《コミット》=関与《コミット》することになるからだ。

4　最終解脱者

だが、それにしても、現実の構成的な枠組みであるところの仮想的・潜在的な現実(「意味」の体系)が、現象的な現実と直接に等置されるに至るのはなぜだろうか? われわれはこのように問い進めたくなる。しかし、この問いは、転倒している。むしろ、本来の問いは、次のような形であるべきであろう。すなわち、現象する現実とは乖離したところに、なぜ、そしていかにして、その現象の内に具現することのない仮想的にして潜在的な枠組みとしての「意味」の体系が定着しうるのか、と。

仮想的な「意味」の内に定位される自己の同一性《アイデンティティ》(キャラクター、スクリーン上のペルソナ)が、経験的な自己にとっては「他者(偽の自己)」であるという、前節での指摘が手掛かりとなる。「意味」は、区別——あるいは選択——を媒介にして、否定的=反照的に規定される。したがって、「意味」は、それを妥当なものとして他(の可能的な「意味」)から区別する操作が帰属する——現実的であるにせよ理念的なものであるにせよ——「身体」の存在を前提にしている。厳密な議論を省略して結論だけ述べておけば、「意味」の体系を構成する選択性の帰属点となる身体は、超越(論)的な準位に存在しているものとして想定された他者の形態で与えられる。その超越（論）的な他者を、私はその超越（論）的な性質に鑑みて、「第三者の審級」と呼んできた。一般には、第三者の審級は、その超越（論）性を、自らの具体的な現象性の否定において、つまりその抽象性＝潜在性によって、実現する。要するに、「意味」の体系は、超越（論）的で抽象的な第三者の審級に対して存在しているのだ。あるいは、第三者の審級は、そこから「意味」の体系を捉えたときに妥当で斉合的なものとして現れるような視点を与えているのだ、と言ってもよい。仮想的な「意味」の内に位置づけられた「自己」の役割（キャラクター、ペルソナ）が、「他者」としての性格を帯びるのは、その役割を評価する視線が、直接に経験的な「この自己」に帰属しているのではなく、それ自身、やはり〔もう一人の別の〕他者（第三者の審級）に帰属しているからである。

それゆえ、次のように結論づけることができる。現象する現実に「意味」を与える仮想現実が、現実から乖離した場所に定着しうるのは、その仮想現実（「意味」の体系）が、抽象的・潜在的な第三者の審級の志向的な相関項として構成されているからである、と。「意味」の体系は、直接に経験的に現象する可能性を否定されている抽象的・潜在的な視点に対するものとして措定されている。このとき、「意味」の体系は、その視点の抽象性・潜在性を言わば委譲され、それ自身、抽象的・潜在的な形式の集合となるのである。

われわれは仮想現実としての「意味」の体系に媒介されて世界を体験し、そしてその「意味」の体系の内部で自己の同一性《アイデンティティ》に具体的な内容を（自己の身体に充当された「意味（役割）」の形態で）与えることができる。ところで、その「意味」の体系は、直接的には、自己の視点にではなく、超越的な他者の視点にこそ相関して与えられているのであった。そうであるとすれば、ここに、アイロニカルな没入が生じうる必要条件を認めることができるだろう。述べてきたような仮説に立てば、人が、ある対象に志向し、たとえばそれを求めるのは、彼が直接的にそれを欲望しているからではない。彼がその対象を欲望するのは、まずは、その対象を欲望に値するものとして意味づける超越的な第三者の存在を想定しているからなのである。つまり、彼は、少なくとも直接的にはその対象を欲望したり、その対象に拘泥したりしているわけではない。この点では、彼は、対象をいつでも放棄しうるどうでもよいものとして相対化していることになるだろう。だが他方で、彼は、対象を意味づける超越的な他者を想定している限りでは、その対象を求めることになる。つまり、意識の水準では対象の意味を相対化していても、結局、行動の水準を見るならば、その対象を欲望し、それに固執しているのと同じことになるのだ。これこそアイロニカルな没入と呼ぶべき態度ではないか。

だが、超越的な第三者の審級が想定されているということは、アイロニカルな没入が全面的に生じるための必要条件ではあるが、十分条件ではない。第三者の審級が、現象の内に顕在化することなく抽象的に存在しているのだとすれば、結局のところ、第三者の審級を想定して行動する者の内的な意識以外には、第三者の審級は存在の場所をもたないことになろう。抽象的な第三者の審級は、その存在を想定し、これに従属している者の内的な意識の内に固有化されてしまうわけだ。したがって、このとき、第三者の審級という他者に帰せられる欲望や志向作用は、これに規定されている者自身の内面に同化され、彼の直接の欲望や志向作用として引き受けられることになるだろう。こうして、対象の意味を相対化することを可能にする、対象へのアイロニカルな距離は失われてしまう。今や、その対象を欲望しているのは、他者（第三者の審級）ではなく、彼自身なのだから。

ここでわれわれの前節での観察をあらためて復習しておこう。それはこうだった。たとえば、オタクと呼ばれる若者の世界において、あるいはコンピュータのネットワークの世界において、仮想的・潜在的な「意味」の体系が、直接に現象の領域に顕在化しているように見える、ということ。つまり、現実とその構成的な枠組みとなる仮想現実との間の距離が無化してしまっているわけだ。本節での考察は、さらに次のような論点をここに付け加える。こうした事態が起こるのは、「意味」の体系の選択性の帰属点となっている超越（論）的な第三者の審級が、現象的な現実の内に具体的に顕在化している場合であるはずだ、ということを。なぜならば、仮想的な「意味」の体系を現象的な現実から乖離させているのは、第三者の審級の抽象的な潜在性だったからである。

しかし、第三者の審級が顕在的な現象として具体化してしまうということは、第三者の審級の本質の、つまりその超越性の否定を意味しているはずだ。それは、第三者の審級が、われわれと同じように経験的な世界に内在する一対象であり、決して、そうした世界の可能条件の提供者ではありえないことを示しているからだ。第三者の審級が現象の内に顕在化するということは、たとえば、神として崇められ、人々の目から隠されていた秘物がつまらない石ころに過ぎないことが暴かれてしまうとか、あるいは、神や王として敬われていた者が過ちを犯しうる平凡な男であることが明白になってしまうということにあたる。要するにそれは、神の実態がただの偶像に過ぎないこと——王が裸であること——が暴かれてしまうことなのだ。

だが、しかし、にもかかわらず第三者の審級の超越的な権威を保持しようとする動機が、第三者の審級に従属する者たちの間に持続している場合には、さらに、驚くような反転が待っている。第三者の審級の超越的な外観が否定されているということ、このこと自身を第三者の審級の超越性の表現として定位することで、再び第三者の審級を措定する反転が生じうるのだ。この反転は、第三者の審級の否定の否定によって、第三者の審級を再樹立する運動である。たとえば、王が裸であるとき、この事実に対処するやり方は二つある。第一の古典的な方法は、裸であるというスキャンダラスな事実を臣民に対してひたすら秘匿し続けることである。だが、この場合には、王が裸であるかもしれない（王は本当の王ではないかもしれない）という臣民たちの疑念を完全に晴らすことができない。これに対して、リスクもあるもうひとつの方法がある。王自身が、自らが裸であることを、臣民の前に示してしまうことである。このことは、王から王たる権威を完全に奪ってしまう可能性もあるが、同時に、逆の可能性への道も開く。自らが裸であること（自らが平凡な人物にしか過ぎないこと）を自ら自覚する王は、それだけにより一層尊敬に値するものとして見なされうるのだ。第三者の審級の超越的な外観の否定を第三者の審級の超越性の表現へと転ずることは、裸の王へのこの第二の対処法に対応している。

否定の否定によって再樹立された第三者の審級は、以前の第三者の審級よりも一層厳格な支配を従属者に及ぼすことになるはずだ。なぜならば、すでに超越的な外観を否定されている第三者の審級（裸の王様）を再び超越的なものとして機能させうるのは、まさに、「その第三者の審級が超越的なものとして君臨している場合に従属者が取るであろうような行為」を従属者たちが厳密に保持し続けている場合に限られるからである。今や第三者の審級の超越性は、ただ従属者たちの行為という事実の形態でのみ保持されるだろう。[12] 言わば、否定された超越性の外観が、従属者の厳格な従属の行為によって補償されているかのごとくなのだ。今、目の前に平凡で過誤を犯しうる王や指導者（第三者の審級）がいる。従属者たちがこうした王や指導者に完全に厳格に従属するということは、たとえば王や指導者において認知された欠点や過誤を王や指導者に責任帰属させるのではなく、従属者の方に帰属させ、従属者が自らに制裁を加えることを含意する。経験的な現象の内に顕在化してしまった第三者の審級の欠点や過誤は、従属者の方に転移されることで解消されていくわけだ。[13]

オウム真理教の教祖麻原彰晃が「最終解脱者」として扱われた理由も、こうした文脈の中で理解することができる。麻原が自ら最終解脱者を名乗り、オウム信者も彼が最終解脱していると見なしたことに対して、評論家たちは、解脱したり悟りに達することはたやすいことではなく、麻原の場合のように短期間で完了してしまうはずがないということを指摘して、麻原と彼の教団を批判した。だが、この教団にとっては、麻原が、解脱の最終段階に到達してしまっている、ということが決定的に重要だったのだ。最終解脱しているということは、眼前にいるこの平凡な男がすでに神だ、ということである。つまり、最終解脱者とは、具体的な現象として経験的な現実に内在してしまっているがゆえに――つまり超越性の外観を否定されているがゆえに――超越的であるような第三者の審級の一姿形なのである。オウムによるテロ以降、マスコミのオウムについての報道の一つの焦点は、麻原彰晃が「俗物」に過ぎないといことを暴くことにあった。だが、こうした麻原への攻撃は、オウム信者には必ずしも有効ではありえない。そもそもマスコミ関係者は、事件後、裁判が始まるまで一度も公的な場面に現れなかった麻原が「俗物」であることを、どのようにして知ったのだろうか。オウム信者の証言を通じてであるほかなかっただろう。このことは、信者たちが麻原の「俗物」性をよく知っていたが、そのことによっては彼らの麻原への帰依の態度は必ずしも崩れなかった、ということ示しているだろう。

同じようなことはヒットラーに関しても妥当する。この場合、参照点となっている超越性は、第一次大戦において無念の死を遂げた英霊である。ワイマール期とは、言わば、無念の戦死者たちの意志（遺志）を充足することに志向した時代であると、特徴づけておくことができる。[14] ヒットラーは、第一次大戦の末期、ベルリンで革命が勃発したときに、野戦病院に入院中だった。ヒットラーが述べるところによれば、彼が政治家になることを決心したのは、この病院で革命のことを聞かされたときだった。彼は、そのときの悲しみを「母の墓の傍らに立った日」のそれと類比させた後、次のように述べる。

「戦争で死んだ二百万人、彼らの死は報われないというのか。……墓が開いて、泥と血にまみれた無言の英雄を怨霊として故郷に送り込まずにおれないのではないか。この世で男が自らの民族に捧げうる最大の犠牲をかくも愚弄し裏切った故郷の地へ。」

スローターダイクが述べているように、ここに示されているイメージは、大地に倒れ伏した戦死者たちがヒットラーの中でよみがえり、自らの民族のもとに回帰していく、という筋である。実際、一九三九年以降のヒットラーの電撃作戦は、あちこちの墓が開いて埋もれていた死者たちが突撃兵としてよみがえるという構想を具体化するものだった。ヒットラーとは、彼自身にとって、そして彼に従った者たちにとって、ワイマール期を支配した超越的な他者である戦死者を、この経験的な世界の内部に具象化する「生ける死者」だったのである。生ける死者たるヒットラーは、死者の形態で措定されていた超越性を、その超越性の否定において——つまり「生きている」ということにおいて——現実化するのである。

このような超越性の外観を否定する超越性が措定されたとき、アイロニカルな没入は完成する。第一に、超越性を担う他者（第三者の審級）が抽象的な実在ではなく、自己が経験的に対面しうる他者である以上は、その超越的な他者は、自己の内面の意識に回収されてしまうことはない。つまり、他者の意志や欲望を想定することによって、自分自身はおよそコミットしていない対象を欲望したり、選択することもできるようになるのだ。そして、第二に、この段階においては、仮想的な「意味」の体系の実定性を支える超越性は、すでに、相対化されてしまっている。オウム信者は、麻原が「俗物」であることに無自覚であるから彼に従ったというより、彼が「俗物」であることを知っているからこそ彼に従ったのである。ただ、彼の指定する「意味」の体系に厳密に従って生きることだけが、彼の「俗物」性を超越性に転ずることになるからだ。そして、その「俗物」性は、従属する信者たちの人間的な弱さの形で――いくら徹底して教祖に帰依しようとしても完全には帰依しきれない弱さという形で――、従属者の方に転移されることになるのだ。俗物なのはあの人ではなく私の方だ、というわけである。

補　知識の有限性／無限性

以上の議論の論理的な系《コロラリー》について、簡単に補足しておこう。

われわれは、八〇年代の後半より現代の日本社会で目立ってきたオタクと呼ばれる若者たちに何度か言及してきた。しかし、人が特定の専門知識に精通しているとか、熱心な趣味をもつということは、最近に始まったことではあるまい。オタクという現象をこうした一般的な現象から分かつ特徴はどこにあるのだろうか。つまり、オタクは、専門家とか、昔からいたマニア（趣味人）とどこが違うのか。オタクを、それらのものから分かつ最もわかりやすい表面的な特徴は、情報の濃度と意義の濃度の極端な不整合という点にあるだろう。つまり、ある人の主題への関わり方において、圧倒的な量の繊細な情報が集積されているにもかかわらず、他方で、その情報の意義がまったく希薄であるとき、その人は「オタク」と呼ばれることになる。通常は、――つまりオタクではない場合には――、情報の集積の度合いと意義の大きさとは、比例関係にある。要するに、有意義だからこそ、細部までの多くの情報が集められるのだ。だがオタクの場合はこうした関係が成り立たない。

有意義性とは、情報をより広いコンテキストに置き直した場合の価値である。情報が生のある領域において有用であるということが示されるとき、その情報は意義をもつ。たとえば医者が内臓について詳しくても「内臓オタク」でないのは、内臓についての情報が治療というコンテキストで役に立つからである。特に、情報の意義が評価されるコンテキストが、完全に包括的な世界や生の全体にまで押し広げられたときには、その情報は、真・善・美などの「究極的な価値」との関連で評価されることになる。たとえば、芸術とか、基礎的な性格の強い学問等は、こういった価値との関連で有意義であると見なされる。

しかし、オタクは、自らが収集したり関心をもっている非常に細々とした情報について、その有意義性を主張しようとはしない。たとえば、『ブレードランナー』の建物のミニチュアに『スター・ウォーズ』のミニチュア「ミレニアムファルコン号」を使っているなどということは、非常に注意深く繰り返し映画を観察しなくては気がつかないことで、オタクはこういうことを「押さえておこう」とする。しかし、この知識は、何かに役立つわけでもないし、何か深遠な真理や芸術的価値に関係しているわけでもない。オタクは、「情報」だけに関心があって、その情報を越えた「意義」に興味をもたないのだ。オタク以前の人々（いわゆる「般ピー」）は、自らが興味ある情報について他人にむけて主張するときには、その情報を「意義」によって裏付けなくてはならないように思ってきた（この情報の何らかの分野における有用性とか、生や世界における価値を示すといった仕方で）。しかしオタクはそういうことはしない。情報が、意義による正当化を要求しないのだ。

　オタクの知識がこのような性質を有するのは、その知識の集積の様式が、背反的な二つの指向性に支配されているからである。第一に、オタクの知識の集積は、終わることのない無限性において際立っている。岡田斗司夫の『オタク学入門』は、オタクがどのような知識に感応するかを具体例によって示している。[15]たとえば、ハリウッド映画は、プロデューサー側の興行上の要求を満たしていくうちに、自然と、一定のパタンのタイム・テーブルの中に収まっていくのだという。映画開始三〇分後に、映画全編にわたる主人公の行動の基本的動機が語られ、六〇分後には事件が社会的事件へと発展していく等々といった具合である。オタクたちはわざわざストップウォッチを片手に映画を見て、このパターンが踏襲されていることを確認して満悦したり、いくぶんかの変則を発見しては感じ入ったり、批判したりするのだという。あるいは、毎週放映されるアニメーションは、週ごとに異なった作画監督によって描かれている。同じアニメーションの同じキャラクターを描いていても、作画監督ごとに絵にはさまざまな個性がある。この作画監督別の相違を見出すことはオタクの喜びの一つだという。ただちにわかることは、こうしたタイプの、どこまでも細部の相違を剔出していこうとする知識の集積には、決して終りがないということである(タイム・テーブルのパタンやそこからの逸脱についての知識はいくらでも精密にしていくことができるし、絵の個性や変化についての知識をどこまでも緻密にしていくこともできる)。どの知識の段階に達しても、より細かい(より瑣末な)差異を発見し、新たな情報として蓄積していこうとする点に、オタクの特徴がある。こうした無限性を通じて、オタクの知識の情報的な密度は上昇していく。

だが他方で、第二に、オタクの知識の領域は、それぞれの主題ごとに、決して越えることのない限界をもっているようにも見える。つまり、それは絶対的な有限性によってあらかじめ規定されているかのごとくなのだ。知識は、確かに無限にいつまでも集積されていくのだが、アニメーションであれ、SFであれ、TVゲームであれ、オタクは自らが選んだある特定の主題の領域の外へと決して向かおうとはしない。オタクの知識が、情報的に濃密でありながら、意義の面では希薄に見えるのは、オタクがその知識を特定の主題の外の領域とおよそ関係づけようとしないからである。こうしたオタクのスタイルは、各オタクが収集している情報の全体が、そのオタク自身にとって、一個の「宇宙」と呼ぶにふさわしいような、自己完結性をもっている、ということを示している。ここで言う宇宙とは、それ以上の「外」がない最大限の領域、という意味である。ある情報が「意義」による裏書きを求めるのは、その情報が、あらゆる情報の集合（あるいは宇宙）の部分にしか過ぎないので、その情報がことあらためて注目されなくてはならない理由を、情報の全体のコンテキストの中で説明しなくてはならない、と考えられているからである。逆に言うと、意義による裏書きを求めない情報は、それが位置づけられるべきより広いコンテキストが問題にならないような情報だということになる。オタクが興味をもつ情報（の集合）は、このような意味では、絶対に越えられない終わりをもっているようにも見えるのだ。

有限でありかつ無限でもあるような二重性をオタクの知識に刻印するのは、どのような契機なのか？　オタクたちがその知識をあくことなく無限に集積させていくのに、その領域がある範囲内に絶対的に制限されてしまうのはなぜなのか？　このことは、オタクたちの革命軍と見なされたオウム真理教団がもっていた特異な時間意識との関係で理解可能なものとなる。

オウムの想定によれば、この世界は、西暦二〇〇〇年前後に、最終戦争《ハルマゲドン》をともなう破局を迎えるはずであった。言うまでもなく、この予想は、オウムの教祖麻原彰晃の予言の形で与えられていた。世界の絶対的な否定を未来の確定的な時点に想定し、それをまるで理想像であるかのごとく指向する点に、オウムの時間意識の特徴を認めることができる。オウムが設定しているこうした理想像の逆説性は明白であろう。ここでは、どのような積極的な理想からも共通に排除されざるをえない事柄が、つまり世界の全的な破壊が、理想として措定されているのだから。この逆説は、4節で論じた超越性の逆説に正確に対応するものである。4節で導き出した「超越性の外観の否定においてこそ表現されるような超越性（第三者の審級）」は、世界を全的に否定する力の帰属点として、投射されるのである。本来は、超越的な存在者に第一義的に求められている任務は、世界の創造にこそあった。しかし、オウムが信奉しているような「超越性の否定において表現された超越性」は、世界の絶対的な否定、世界の破壊をこそ、主要な任務としている。麻原が自らをシヴァ神の化身であるとしたのはこのためである。シヴァ神は、ヒンドゥー教の「破壊の神」なのだから。

このように、オウムにとっては、歴史は破局的な終末を、つまり時間的な限界をもっている。だが、他方で、――厳密な論証はここでは省略するが[16]――、この限界を有する時間は、資本主義の終わりのない時間に規定されているのだ。資本主義の時間とは、終わりを常にその度に先送りしていく時間である。結果として、直進する無限の時間が導かれざるをえない。オウムの「終わり（破局）を有する有限の時間」は、この資本主義的な無限の時間が徹底して追求されたときに生ずる、逆説的な転回として現れることになる。

したがって、オウムの時間は、「無限への志向によって規定された絶対的有限性」によって特徴づけられる。ところで、このような特徴を有する時間の形式は、オタクの知識の集積過程に関して見出した形式とまったく並行的である。一方で、オタクの知識の集積過程の無限性は、決して最終的な均衡に到達することなく、新たな剰余を求めて再投資され続ける資本の終わりのない運動と類比的である。他方で、オウムの時間が絶対的な否定によって終わりを刻印されているのと同様に、オタクの知識も越境できない限界＝終わりによってあらかじめ囲われているように見える。オタクの知識に課せられている――課せられざるをえない――絶対的な制限は、オタクの宇宙の中で、オウムにとっての最終戦争《ハルマゲドン》と同等な意味を担っているように見えるのだ。

こうした類比から推論しうる仮説は、次のようになるだろう。オウムのように教義として明示された痕跡をもたないとしても、特定の主題へのオタクの熱狂を支えているのは、4節で導出したような逆説的性格を備えた超越性なのだ、と。オウムは、麻原によって具現される破壊する神を措定したことで、終末論的な時間をもった。これと同じ機制に支えられて、オタクの知識は――充足を知らない無限性を指向しながらも――絶対的な有限性によってあらかじめ囲われることになったのではないか。そうであるとすれば、オタクとは、逆説的＝自己否定的な超越性を希薄化し、いたるところに散種したときに現れる、行為の様式だということになる。[17]

＊注

1　芹沢俊介『「オウム現象」の解読』筑摩書房、一九九六年。

2 だから、芹沢は、オウム事件が勃発したときに、完全に不意打ちを食らったような気分になった、という。

3 だが、オウム真理教事件と同年に行われた統一地方選挙において、東京と大阪の首長として「元タレント」を選んだ者の内の多くは、「ふざけた一票」を本気に投じたと言うことができるのではないか。

4 Peter Sloterdijk, *Kritik der zinischen Vernunft*, Suhrkamp, 1983. 高田珠樹訳『シニカル理性批判』ミネルヴァ書房、一九九六年。

5 同書、四七四頁。

6 柄谷行人が、ある「広告代理店」において行った講演で、この事実を指摘している。柄谷行人『言葉と悲劇』第三文明社。

7 もちろん、これは「政治の芸術化（美学化）」という、ナチスについての伝統的な特徴づけの延長上にある規定である。Philippe Lacoue-Labarthe, *La fiction du politique : Heidegger, l'art et la politique*, Christian Bourgeois Editeur, 1988. 浅利誠・大谷尚文訳『政治という虚構』藤原書店、一九九二年。

8 荷宮和子『おたく少女の経済学』廣済堂、一九九五年。

9 同書。

10 布施英利「電脳デザインの神経回路」『イマーゴ』一九九〇年九月号。内田隆三「資本のゲームと社会変容」『岩波講座社会科学の方法I―ゆらぎのなかの社会科学』岩波書店、一九九三年。

11 Slavoj Žižek, "Cyberspace, or, the Unbearable Closure of Being 1", 1997. 鈴木英明訳「サイバースペース、あるいは存在の耐えられない閉塞I」『批評空間』III―一五、一九九七年、九三―九七頁。

12 もともとの第三者の審級の下では、従属者の逸脱は、必ずしも、第三者の審級の権威を傷つけない。第三者の審級の超越的なものとしての存在は、従属者たちの行為とは独立に保持されているからである。それに対して、否定の否定によって再来する第三者の審級は、従属者の従属する行為から独立にその超越性の実質を示す場所をもたない。

13 私はかつて、エディプス・コンプレックスの理論を確立させる前にフロイトが抱いていた「誘惑理論」との関係で、こうした心的機制について論じたことがある。大澤真幸『資本主義のパラドックス―楕円幻想』ちくま学芸文庫、二〇〇八年、第V章。

14 ワイマール文化は、躍動感や生命感、運動を賛美した（銀の矢をつけたメルツェデス車が参加するカーレースへの打ち込み、フォルクスワーゲンの構想において頂点に達するモータリゼーション熱等）。スローターダイクは、こうした運動への陶酔には、一九一五年―一六年（第一次大戦）のトラウマの影響が見られる、と分析している。つまり、泥の中で立ち往生し、攻勢に転じようにも塹壕に埋没していかざるをえなかった戦死者たちの切なる欲望に規定されて、ワイマール期の運動や躍動への傾倒が現れた、というのだ。

15 岡田斗司夫『オタク学入門』太田出版、一九九六年。

16 大澤真幸『虚構の時代の果て』ちくま学芸文庫、二〇〇八年。

17 オタクについて、より詳しくは、以下を参照。大澤真幸『不可能性の時代』岩波新書、二〇〇八年、第Ⅲ章。

第Ⅲ部

事件から

第1章 Mの「供犠としての殺人」
――吉岡忍『M／世界の、憂鬱な先端』をもとにして

1 端緒の事件、そしてその謎

今、振り返ってみると、あれが、不可解な連続殺人の端緒であった。宮崎勤による連続幼女殺害事件こそが、二〇世紀末期の日本で次々と起きた、十代後半から三十代までの比較的若い者たちによる、なんとも動機が不可解な、しかし非常に陰惨な殺人事件の最初のものだったのだ。この事件が起きた一九八八年から一九八九年は、時代の転機、国際的にも国内的にもまさに転機であった。国際的には、一九八九年は、東欧の社会主義諸国の体制が連鎖反応的に崩壊し、実質的に冷戦が終結した年である。国内的には、事件は、昭和天皇が病に倒れ、死去した時期に重なっている。日本中の人々を驚愕させた宮崎勤の殺人は、当初は、まったく孤立した例外的事件かと

も思われた。だが、その後、日本人は、似たような驚き、似たような当惑をもたらす、悲惨な殺人事件に、毎年のように立ち会わされることになるのだ。オウム真理教事件、酒鬼薔薇聖斗事件、バタフライナイフ事件、「てるくはのる」事件、西鉄バスジャック事件、池田小学校事件……。さらに視野を拡げて、合衆国等で見られる「憎悪殺人《ヘイト・クライム》」や学校銃撃事件、あの無差別なテロの例をも加えるならば、こうした不可解な殺人事件の頻発は、世紀転換期の、いわゆる「先進資本主義国」全体に見られる共通の傾向であると見なすこともできるだろう。

吉岡忍の『M／世界の、憂鬱な先端』（文藝春秋、二〇〇〇年→文春文庫、二〇〇三年、以下『M』と呼ぶ）は、この端緒の事件である宮﨑勤の殺人とその背景を精査し、その原因をあらゆる角度から考察した著作である。宮﨑事件に関する報告と考察に関して、われわれは、これ以上徹底したものを望むことは、今のところは——そしておそらく今後も——できないだろう。これを読むと、この端緒の中に、その後に続く事件のすべての要素が、すでに含まれていることがわかる。このことは、本書の最後に考察が加えられている、一九九七年の酒鬼薔薇聖斗事件を、宮﨑勤事件と比較してみても、明らかであろう。ここで私は、吉岡が提示している諸事実と、それに対する考察を、あらためて整理し、事件の全体像を描いてみたい。

宮﨑勤（一九六二年生まれ。当時二十六歳）は、一九八八年八月から翌年六月にかけて、四歳から七歳の四人の幼女を殺害し、その死体に猟奇的とも言いうる陵辱を加えた。[1] それは幼女に対する性犯罪の一種に思えるのだが、『M』に導かれて、宮﨑の生活史を詳細に振り返った場合には、われわれは、どうしても、ひとつの疑問にぶちあたることになる。宮崎は、そのような犯罪をおかしそうもない、彼はそうした犯罪から遠く隔たったところにいる、むしろ彼こそは、誰にもまして、そうした犯罪を嫌悪し、忌避するはずではないか、そのように思えてくるのだ。宮崎が、こうした犯罪に関与しそうもない道徳的な人物だと言っているのではない。宮崎は、この種の殺人を、生理的に受け付けないのではないか、と思えるのだ。

宮崎は、殺した幼女の性器を弄び、そして、最後には死体を切り刻んでもいる。たとえば、幼女の性器に触り、そして性器にボールペンやドライバーなどを挿入したシーンをビデオで撮影したりもしている。ところが他方で、宮崎は、ごく幼い頃より、身体の生々しさを極度に嫌い、特に性器・陰部に関わる事柄には異常なまでの嫌悪感を示してきた。だから、宮崎は性についての知識がほとんどなく（何しろペニスの勃起を病気の一種だと考えるほどなのだから）、おそらく性的に不能である。たとえば、宮崎は、子どもの頃、自分と同じくらいの年齢の女の子が野外でオシッコをするのを遠くから見たことがあった。女の子は、しゃがんで、オシッコをしたあと、そのままパンツを引き上げ、スカートをぱっと払って、また元気に遊びはじめた。これを、宮崎は、汚い、と感ずる。その日は「気持ち悪くて、ご飯が食べられなかった」。だが、後年、自らが死体に対して行った冒瀆的な行為に関して、宮崎は、法廷で、弁護士の質問にこんなふうに答えている。「小便のこびりついているところの穴に、挿入っつうですかね」（性器のなかに、ということ）「はしたないところに入れました」、と。「小便がこびりついているところ」という表現に、子どもの頃に「汚い」と感じたときの嫌悪感が反響している。が、しかし、宮崎は犯罪のときだけ、逃げることなく、あえてその「汚い」部分に執着したのだ。なぜだろか？ 要するに、一見したところでは、幼女殺害事件は、宮崎という人物を規定する基本的な性向に、根本から反しているように見えるのだ。この両義性を説明しなくてはならない。

吉岡は、まさにこの両義性と真っ向から対決している。ここにこそ謎の核心があるように思えるからである。この謎に逢着しているのは、吉岡だけではない。宮崎自身が、自ら、この点に当惑しているのである。たとえば、A子（最初の被害者。以下『M』に従って、被害幼女を、被害の順に「A子」「B子」「C子」「D子」と表記する）の死体を弄んだ事実について、宮崎はこう述べている。「本来の私はああいものを見ると気持ち悪くて吐いて、ご飯食べられないのに。吐いても、なかば平気。頭では気持ち悪くなっているのに、心のなかでは気持ち悪くなく、なかば平気」。

2 「甘い世界」の喪失

「甘い」という形容詞は、宮崎にとっては、キーとなる言葉である。しかも、興味深いことに、宮崎は、この語を、個別の対象に付する形容詞としてではなく、空間や世界の性質を表現する形容詞として使う。最も安心していられる場所、最も大きな快楽が得られる空間を、彼は「甘い世界」と呼ぶ。この語は、何度も使われており、吉岡は、この語に注目するようにわれわれを促す。だが、それにしても甘い世界とは、どのような状態なのか。

宮崎は、先天性の手の障害を、たいへん苦にしていた。彼の手首は不自由で、手のひらを上に向けることができないのだ。このことは、「ちょうだい」の仕草ができないことを意味している。つまり、周囲の者に「甘える」ことが難しいのだ。煎じ詰めてしまえば、宮崎にとって甘い世界とは、この手の障害を無化できる世界、手に障害があるという事実を無視したり、忘却していたりすることができる世界、手の障害を問題にする必要がない世界である。たとえば、宮崎は、「鷹にい」という、心身に障害を有する年上の同居人を、長い間、最も重要な遊び相手としている。「鷹にい」と一緒にいると甘い、のである。「自分は手が悪いし、あの人は足が悪い」から、つまり互いの障害が相殺されるからである。

さらに、「甘さ」は、祖父と深く結びついている。宮崎にとって、おじいさんがいかに決定的であったかということを、われわれは『M』によってあらためて思い知らされる。甘い世界とは、祖父がいる世界である。祖父に規定された世界、祖父に見守られた世界である。こんなふうに言ってもよいだろう。祖父の視線を想定したとき、その視線に捉えられている世界の中のあらゆる物、あらゆる関係が甘くなるのだ、と。おそらく、祖父の前にいるとき、祖父に認められているとき、祖父と遊んでいるとき、祖父のあたたかい理解の視線の内にあるとき、宮崎は、自らの手の障害のことを忘れることができたのだ。このことは、祖父を他の家族と対照させる宮崎自身の言葉によって裏付けられる。後年、つまり祖父の死後、突然、宮崎は、両親や妹たち――祖父以外の家族――は、ほんとうの家族ではなく、ただの同居人だと言い張るようになるのだが、その証拠として、こんなふうに語る。親は、「手がこんな（に不自由な）のに」、幼稚園のような「人に見られるようなところに行かせ」た、本来は「甘く守ってくれる」はずなのにそうしてくれなかった、と。宮崎の周囲の誰も――祖父以外の誰も――、宮崎が手について深い劣等感を抱いていたということを理解していた形跡がない。だから、われわれは次のように結論できる。祖父とは、宮崎にとって、世界を、基本的に快楽を帯びたものとして――したがって受容可能なものとして――構成する超越的な他者なのだ、と。「甘い」が、個別の対象の性質ではなく、空間や世界の性質とされているのは、それが、祖父の視線の内にある世界を形容する言葉だからだ。

祖父がいるから世界が立ち現れる。逆に言えば、祖父の死とともにすべてが崩壊する。実際、宮崎は、祖父が倒れ危篤状態に陥ると、ひどく狼狽した。本人の言葉を使えば、「わぁーっとなった」。そして、ほどなくして、世界から、そして世界内の諸対象から、意味が抜き取られていく。つまり、何に対しても感情や感覚を抱くことができなくなったのだ。祖父が倒れて二・三日後に「気がついたら、ころっと感情をうしなってしま」ったと、鑑定人に語っている。たとえば、今が悲しいはずのときであることを理解はしていても、悲しさの感情が湧いてこないのだ。何に対しても、集中できなくなり、「心ここにあらず」の状態になる。周囲もこの激変には気づいている。宮崎と言えば、われわれにとっては、法廷での無気力そうな頬杖をつくスタイルだが、母親によれば、これは祖父の死後、突然始まったものである。

祖父の死をきっかけにして、宮﨑が、急速に、犯罪へと傾斜していく。その過程を、『M』の詳細な記述が克明に追っている。私は、祖父は、彼にとって、神のような超越的な他者である、と述べた。殺人は、この神としての祖父への供犠、宗教以前的な供犠としてなされている、と解釈できる面がある。彼は、犯罪について振り返る文脈の随所で、「祖父への捧げものをする」という考えが出てきた、と繰り返している。それは、酒鬼薔薇聖斗の犯罪が、バモイドオキ神のための儀式だったのと似ている。あるいは、宮﨑は、祖父の葬式を見たいという思いに何度もかられている。宮﨑が、「今田勇子」の名で、A子宅に長文の倒錯的な手紙を送った動機も、本人の「推察」(というのも宮﨑本人はこの手紙のことをほとんど覚えていないのだ)によれば、(A子の葬式を挙げさせて)「葬式」を見るためであった。[2] 驚いたことに、昭和天皇の葬儀を、宮﨑は祖父の葬儀と解釈している。

宮﨑は、祖父が死んだ、とは言わない。これだけであれば、認めたくない現実の単純な否認だが、「死」に代えて、宮﨑が、こう表現していることが、非常に特徴的である。「祖父が見えなくなった」と。そう確信するのは、焼き場においてである。宮﨑は、遺骸を燃やすと、理科室に置かれた人体模型のような全身の骸骨が出てくると予想していた。そうした骸骨を、彼は「骨形態」と呼んでいる。だが、焼き場から出てきたものは、骨形態ではなかったので、宮﨑はびっくりする。「あれーっ、となった。いままでの考えが百八十度ひっくり返る思いだった。おじいさんが見えなくなっただけで、姿を隠しているんだと強く思った」。吉岡の推定では、後に内沼鑑定が「多重人格」と見なすような、人格の解離が生じたのは、この瞬間である。[3]

言い換えれば、宮﨑にとって、祖父は本来、見えるべきものである。祖父は、たまたま姿を隠したただけなのだ。そして、驚いたことに、やがて宮﨑には、死んだはずの祖父の姿が、本当に見えるようになるのだ。少しだけ現実より小ぶりの、あまり動かない姿で。だから、宮﨑の神は「現れる神」である。この点に注目しておきたいのは、これが、彼の犯罪がいわば近代の後に属しているということ、ポスト近代の出来事であるということを、示しているように思うからだ。

詳しくは述べないが、近代を定義している条件は、人々が経験する世界を意味づけ、その枠組みや座標を設定するような、超越的な準拠点が、経験する世界そのものの中には決して現れず、抽象的で不可視だという点に求めることができる。たとえば、マックス・ヴェーバーによれば、近代社会へのブレークスルーは、プロテスタンティズムによってもたらされる。カトリックとの対照におけるプロテスタントの特徴は、神を徹底して抽象化し、人間との隔絶性を強調したことに求められる。その超越的な他者（神）の抽象性がさらに徹底され、純化されれば、それは、やがて、「神」という実体的な表象の姿を取ることすらなくなるだろう。これが、いわゆる「世俗化」である。このように考えた場合には、ベケットの有名な戯曲『ゴドーを待ちながら』は、まさに近代の枠組みを例示するものである。周知のように、この戯曲において、二人の登場人物は、ゴドー（ゴッド）をただひたすら待ち続ける。ゴドーは最後までやって来ない。ゴドーは来ないからといって、いないわけではないし、登場人物も、そのことによってゴドーから解放されているわけではない。ゴドーは、「待たれる（現れない）」限りにおいて存在しており、二人の登場人物は、待つという姿勢において神に呪縛されているのだ。宮崎の神（祖父）は、これとは対照的である。それは、現れてしまう神であり、現れることにおいて宮崎を捉える神である。

繰り返せば、神としての祖父の視線の内にあるとき、宮崎の世界は甘い。宮崎のあのいわゆるオタク的なビデオ収集癖は、祖父の不在を埋め合せる代替行為であった可能性が高い。[4] 宮崎事件は、「おたく（オタク）」という言葉を人口に膾炙させた事件として有名だ（ところが、当の宮崎自身は、この語を知らなかったらしい）。ビデオ収集の勢いは、祖父の死によって、あるいは鷹にいとの別れをきっかけにして（鷹にいは、祖父に承認されている世界の中の同胞を代表する人物であろう）、加速する。宮崎は、ビデオ収集の喜びを、まさに「甘い」と形容する。こうした事実は、祖父を喪失したことの代償として、ビデオ収集が行われ、祖父と過ごした時間と類似した気分を、そのときに味わえたことを示していよう。

おもしろいことに、宮崎は、ビデオの内容には、あまり興味がない。ただ、ビデオデッキが動き、録画が進行しているということがわかると、甘い気分を味わうことができるのだ、と。実際、祖父の死後、逮捕されるまでの期間には、一日九本の速度でビデオのコレクションは増加しているので、中身を見る時間はまったくなかっただろう。ずっと後になって、東浩紀が「オタク」の文化を論じつつ、そこに、「データベース」に喩えられる、包括的な世界を構築しようとする意志を読み取っている。[5] 宮崎も、手当たりしだいにビデオを収集して、甘い世界を構築しようとしたのである。

3　「相手性」の迫り出し

先に述べたように、宮﨑は、身体的な直接性に対して、非常に強い嫌悪をもっている。人間の身体の匂いを嫌がり、洗濯物が近くにあることも拒否する。人間の身体に触れることも嫌で、相手が女性であれ、男性であれ、抱き合うことを「気持ち悪い」と言う。吉岡は、このような宮﨑の「身体への嫌悪」を繰り返し強調している。宮﨑が雄弁に語る主題は二つである。ひとつは祖父であり、もうひとつは、手の障害である。身体的なリアルに対する極端な嫌悪の起爆源になっているのは、やはり、この「手の障害」であろう。先に引用したように、宮﨑は、性器を、便が付着している部位であるとして、それに対する嫌悪を露にする。宮﨑は、手に障害があったため、トイレでお尻を上手く拭くことができない。そのため、肛門に便が残ったり、オチンチンに便がくっついてしまったりする。他者の性器を不潔であるとする宮﨑の視線は、便が付着した、自分自身の陰部への嫌悪が転移したものであると、解釈できないこともない。

こうした、まれな身体障害が触媒になって、テクノロジーの発展に支えられた時代のトレンドを先取りするような変容が、宮﨑の上に現れたのではないか。二〇世紀末から現在までの時代は、実際、身体的な直接性を拒否したり、隠蔽したりしようとする、強い指向性を示している。たとえば、吉岡が注目する郊外という空間が、そうである。それは自然の直接性や身体的な暴力性を拒否した空間だ。宮崎が住む五日市町も、郊外化の変容と無縁ではなかった。あるいは、九〇年代に急速に普及したコンピュータとそのネットワークに代表される、電子メディア・テクノロジーは、身体的な直接性を省略した、事物への関係やコミュニケーションを可能にした。

宮崎自身は、コンピュータには、何の興味ももっていない。だが、彼の偶然の障害が、起こりかけている——あるいはその後に起ころうとしている——時代の変化に敏感に反応し、それと連動し、その帰結を増幅させてみせたと考えられないだろうか。少なくともビデオの異常なコレクターであり、画像技術を学ぶ短大に進学した宮崎は、映像的なヴァーチャル・リアリティには、少なからぬ関心があったはずだ。写真やビデオの映像の内に捉えることは、無論、身体的な生々しさを減殺させる、最も簡便な方法である。そこには、匂いも触感もない。相手からの暴力的な反応を恐れることなく、絶対に安全な場所から見ることができる。宮崎は、殺害した幼女の姿をビデオに収めていた。

身体とは、他者性への媒体である。身体とは他者であり、他者とは身体である、と断じても過言ではない。メルロー=ポンティの哲学を引くまでもなく、われわれは、身体において、初めて、他者の存在の明証性に到達することができる。すなわち、われわれ自身が身体であるがゆえに、自分の外部に、自分と同じように感覚し、感情を有し、また思考する他なる存在者がいる、ということに自明な確信を得ることができるのだ。私自身は、他者を直観させる、このような身体の作用を、「求心性」「遠心性」という語を用いて説明してきた。たとえば、私が何かを知覚したり、感覚したりする。そのとき、知覚されたり、感覚されたりした対象は、必然的に、「私にとって」の何かとして現れる。すなわち、それは、私の身体に求心化された相で現れる。だが、これとちょうど裏返しの作用が、同時に働いていることが肝心である。たとえば、私が何かに触れているとしよう。そのことは、私の身体が、何かに触れられているということ、何かに触れられうるということを含意するだろう。つまり、私の身体に触れ、私の身体を対象とするような、触れる作用が、私の身体の外部に属していることが、（私が触れるのと）同時に直観されるのである。つまり、私の外部に私の身体を捉える他者があることが私に直観されるのだ。これを、遠心化作用と呼ぶ。

身体の直接性を拒否することは、それゆえ、他者性を——他者の存在を——否認することである。実際、宮﨑は、他者の身体に触れること、たとえば抱くことを、——それが男性であれ女性であれ——拒否していた。他者とは、私の世界の中に回収しえない身体、私の意思には必ずしも従わず、それ自身で独自の能動性を有する身体である。そうした、他なる身体の存在を、宮﨑は否認しようとする。彼が、幼女を、つまり成人女性ではなく幼女を襲った理由は、とりあえずこの文脈で理解することができる。吉岡は、まさにこの点を捉えて、述べている。「幼女には他人や他者という異物感がないし、なまなましい性的な存在感もない」（『M』）。幼女は、こちらの意思の圏内にある存在者であり、またその物質的な相貌においても、他者としての異物感や暴力性に乏しい。

宮崎の四件の殺人は、すべて同じパターンで繰り返される。まず、宮崎が偶然、幼女と出会う。すると、宮崎の中では、幼女と自分自身が重ね合わされ、幼女と自分が等値される。宮崎は、自分自身を幼女の上に見るのである。宮崎自身の言葉を使ってもう少していねいに言い換えると、そこに「自分が自分でいられた」ときの自分と同じものを見るのだ。「自分が自分でいられる」とは、手の障害に頓着せずにいられるということである。つまり、あの甘い世界の中の自分を幼女の身体に見出すのだ。

だから、幼女には、固有の他者としての存在感が、つまり独自の能動性をもって拮抗しうる外的な身体としての存在感がない。自己と対等に対峙する他者の外的な存在感を、宮崎は、「相手性」という独自の語で表現する。幼女には、「相手性」がないのだ。宮崎は、それゆえ、自己の身体と幼女の身体との間の分離や疎隔を感ずることはない。「一心同体」の感覚である。

だが、ここで慎重にならなくてはならない。幼女と対しているとき、他者性が完全に無化されている、と考えてはならない。そしてまた、宮崎が、他者がまったく存在しない世界を求めている、と見なしてはならない。ここでこそ、肝心要の点である。もし端的に他者が存在しない世界を求めているのであれば、なぜ、わざわざ幼女に接近するのか。幼女にさえ接近しなければ、あの陰惨な犯罪は起こらなかったはずだ。だから、こう考えなくてはならない。宮崎は、確かに、他者の他者性を消去しようとしてはいるが、しかし、それでも消去し尽くせない他者性の残余にこそ、宮崎の欲望は差し向けられているのだ、と。他者性を縮減しようとすること自体が、ある種の他者性への欲望に規定されているのである。先にも述べたように、「甘い」という形容詞は、典型的には「世界」にかかる。ところで、吉岡は、宮崎が「世界」という語と「部屋」という語を厳密に区別していることに注目している。宮崎は、自分の部屋のことを自分の世界だとは、絶対に言わない。なぜか。世界が世界であるためには、自分以外の誰かが、他者が必要だからだ。甘い世界が成立するためにも、やはり他者が、一滴の他者が必要になる。

が、この点は後に立ち返るとしよう。まず確認しておきたいことは、宮崎の殺人は常に同じようにして起こる、ということだ。相手性をほとんどもたない幼女が、相手性を示したとき、殺人は始まるのである。幼女もまた、結局は、宮崎の意思の中に回収しきれない固有の能動的な他者であるということが、過剰に自覚されたとき、殺人への暴力が爆発するのだ。それまで楽しそうだった幼女が泣き出したり、帰りたいと言い出したり、宮崎を嘲笑しているように見えたりした瞬間に、要するに他者の他者性が過剰に露呈した瞬間に、殺人に至る暴力が始まる。幼女の過剰な他者性は、宮崎には、「甘い世界」を引き裂く暴力として感覚されている。幼女殺害は、この暴力への対抗暴力として引き起こされているのだ。

ところで、この幼女殺人は、祖父の死後、突然のように生ずる家族や親戚に対する暴力と、同じメカニズムに従っているように見える。祖父の死後、宮崎は、ごくちょっとしたきっかけから、家族に対して激しい暴力を振うようになる――つまり「キレる」のである。最初は、祖父が危篤で入院中に、突然、妹に暴力を振う。その後、父が、最後には母が同じような暴力の犠牲になった。こうした暴力の発生を理解するためには、祖父が死んでから、つまり甘い世界を失ってから、宮崎にとって、家族の疎遠性＝他者性＝相手性が高まっていた、ということを留意しておく必要がある。もともとあまり親密な家族ではなかった（宮崎の手についての悩みをよく理解していなかったこと、あるいは七人家族だったのに食卓に椅子が四脚しかなく、全員で食事することを自体が予定されていなかったこと等の諸事実が示しているように）。だが、祖父の死後のあるとき、宮崎は、突然——先にも述べたように——両親や妹が本当の家族ではなく、単なる同居人であることが「ぴーん、とわかった」と言う。本当の両親は、どこか別のところにいる、というのだ。さらに「父→父の人」「母→母の人」「ビデオ仲間→ビデオ知人」「友人→知人」といった言い換えが示しているように、家族を含めて、すべての周囲の人々に関して、祖父の死後、親密性のランクがひとつずつ引き下がっている——他者性のレベルが一ランクずつ引き上げられている。

このように基底的な他者性が高まっている上で、さらに、誰かが、ほんのわずかでも宮崎とは独立した他者であることの自己主張をしたとき、宮崎の暴力に火が点るのだ。ほんのわずか悪口を言ったり、責めるような口調でしゃべったりしたときに、である。この瞬間、宮崎自身は、自らこそが厳しく迫害され、攻撃されているような感覚を覚えている。宮崎の方こそ、恐怖に怯えていたのだ。彼の突然の激しい暴力は、だから、言ってみれば「窮鼠猫を噛む」ような決死の反撃であったわけだ。

ここで「顔」という問題について、少し考えてみよう。というのも、宮﨑は、他者に迫害的な攻撃性を感じたとき、つまり他者の他者性への恐怖を覚えたとき、しばしば、他者の顔について語っているからである。たとえば、母を激しく殴ったときのことを振り返って、宮﨑は、こう言っている。「急に母の人がおっかない形相をして襲ってくる感じがし、先にやり返した」、と。そして「おっかない形相」の部分で、鑑定人の顔を覗き込むような仕草をしたという。あるいは、D子が襲われたのは、この子が、宮﨑の手を馬鹿にして――と宮﨑が解しているわけだが――「でへーっ、と笑った」ことがきっかけである。

顔は特別の対象である。顔においてこそ、先に述べた、身体の求心性／遠心性が最も過敏に作動するからである。「顔」を見るということ――「顔」としてそれを見るということ――は、その見られている対象＝顔もまたこの私を見ているという直観を伴っている、ということである。私が見ている（求心性）だけではなく、見られている（遠心性）のでなくては、それは、私にとって顔としては現れない。宮﨑が他者の他者性を過剰に自覚した瞬間に攻撃的（反撃的）になると述べてきたが、それは身体的なレベルでは、彼が、相手の「顔」に過敏に反応したということ、他者のいわば顔性とでも呼ぶべき側面を過剰に感覚したということを意味しているのではないだろうか。他者の顔が迫ってくるとき、人は、他者の他者性に、抗いようもなく直面させられるのだ。

このように推論してくると、あの不思議な「ネズミ人間」の正体がわかってくる。[6] 殺害されたどの幼女も、相手性を露呈させた瞬間——これを宮﨑は「裏切り」と解釈するのだが——、ネズミ人間を呼び寄せ、宮﨑を襲わせた、という。ネズミ人間とは何か？　ネズミ人間とは、要するに、顔が異常に大きい人間、顔の顔性を強調させた人間ということではないだろうか。宮﨑の描写によれば、ネズミ人間の全体的な体格は、ごく普通の大人のサイズである。だが顔は違う。「顔は大人より大きく、ぬーっとしている」のだ。

宮﨑がしばしば危機的な場面で目の当たりにする幻覚には、サイズに関して共通の特徴がある。いずれも、現実よりもいくぶん小さいのである。そうした中で、個々の対象ではなく、空間ごと小さくなる場合がある。幼女を襲っている場面などがそうである。今、われわれが住まう宇宙を、部屋のような閉じられた空間であると想像してみよう。そして、その空間が、小さくなったと想像してみよう。そうなれば、周囲の対象と自分との距離が縮まるに違いない。周囲の対象が、とりわけ他者が自分に迫ってくると感じられるはずだ。宮﨑が感じていたのは、これである。D子を殺したときのことを回想して、彼は空間について述べている。「ネズミ人間は迫ってくるし、周囲も締まってくる」「平面、平坦のような感覚……ありあり……急に締まってくる」、と。

4　骨を食べる

したがって、甘い世界の充足を侵す他者性が、あるいは身体性（顔）が過剰に突出した瞬間、宮崎は殺人を犯す。だが、宮崎は、ここに至って、ある逆説に捉えられているように思える。甘い世界を回復するためには、祖父の超越的な視線が必要だった。だが「現れる神」としての祖父を回復するためには、つまり祖父の存在感を再確立するためには、どうしても身体（の直接性）が必要だったということ、これが宮崎を捉えた逆説ではなかったか。いくぶん説明しなくてはなるまい。

宮崎は、祖父の骨を食べている。祖父が死んでから一年余の間に四回、骨壺を開けて、骨を食べた、というのだ。何のためか？　祖父を蘇らせるため、だというのだ。つまり、祖父を復活させるために、宮崎は、長い間、最も忌避してきたこと、最も強い嫌悪を覚えていたことをやらなければならなかったことになる。すなわち、（他者の）不気味な身体をその直接性において享受することである。この祖父の骨を食べるという行為は、連続幼女殺害と並行して進行していたことがわかる。このことは、両者の間に関連を――つまり両者が等価なものであった可能性を――示唆していないか。

実際、宮崎は、殺害した幼女も同じようにして食べている――あるいは食べようとしている。これこそ、宮崎がやったことの中で、最もおぞましいことである。まず、最初の犠牲者A子の骨を食べようとした。殺人後、おそらく三ヶ月ほど経たとき、散乱していたA子の骨をいくつか拾い上げ、火であぶって食べようとしたのだ。「食べて、焼いて、おじいさんを蘇らせるという考えが出た」ためである。最後の犠牲者D子のときには、血を飲み、さらに両手首を焼いて、骨ごと食べてしまった。このときも、同じような想念に襲われたからである。つまり「肉物体を焼いて、食べて、おじいさんに送って蘇らせるという考えが出てきた」。幼女の身体を宮﨑の身体に内化すること――そしてそのことを通じて祖父に送ること――が、祖父を復活させるのに必要だ、というわけである。祖父を復活させるためには、宮﨑がそこから逃避してきたところのもの――つまり身体――に再接近し、距離を無化しなくてはならないのだ。こうして、殺人は、祖父への供犠としての意味を担うことになる。

ちなみに、彼は、「肉物体」という奇妙な語を使っている。骨形態や肉物体とは、無論、死体・遺体のことなのだが、彼は、そういう普通の言葉を使わない。骨形態や肉物体という語は、死体であることを否認する語、言い換えれば、それが（かつて）生ける身体であったことを隠蔽するための語であろう。だが、ここでも、先ほど幼女に関して述べたことと同じことを確認しておく必要がある。すなわち、宮﨑は、そのリアルな身体性を否認しようとしているのだが、同時に、それでも、あえてそれとかかわろうとしてもいるのだ。わざわざ、それを食べ、文字通り――つまり比喩ではなく――それと一体化しようとしてさえいるのだ。

宮﨑は、死体を凝視している。死体の変化を克明に観察している。「今田勇子」の名で出した手紙を読みながら、吉岡は、そう指摘する。さらに、宮﨑は、死体を切断したり、「解剖」したりしている。宮﨑の証言によれば、大学一年のとき、解剖行為はよいことであり、解剖行為をせよ、という啓示を受けたという。そして女性は解剖に適している――女性器に最初から解剖のメスを入れたような線が入っているから——というのだ。

酒鬼薔薇聖斗の場合もそうだが、解剖したいという欲望は、身体の中身を見たいという欲望である。なぜ、そうした欲望が湧き上がるのか？　先に述べたように、われわれは、身体の求心化と遠心化の作用を通じて、他者の存在、他者の能動性を直観する。だが、他者の能動性の核を——つまり他者の魂を——、それ自体として対象化して捉えようとしても、それはかなわない。他者の能動性、他者の魂は、対象化しようとする視線から逃れていくという不可能性を通じてこそ、むしろその存在を開示するのである。それでも、なお、その逃れいく他者の核を、無理やり対象化し、捕捉しようと試みたとしたらどうなるだろうか？　直接に見えている身体の表面（皮膚）の向こう側まで、つまり身体の内側にまで入りこんで、それを掴もう、ということになるだろう。それが、解剖への欲望を生みだすのではないか。だから、解剖とは、薄れていく他者のリアリティを、それでも強引に確保しようとする決死の試みであると解釈することができるだろう。

だから、整理すれば、宮﨑はあるディレンマ、ある矛盾の前に立たされている。一方では、生々しく汚い身体を排除した甘い世界に回帰したい。だが、他方で、そうした甘い世界を設定する祖父を回復するためには、どうしても、リアルな身体に、他者の生々しい身体に接近し、接触し、そしてそれを同化しなくてはならない。吉岡が、宮﨑のリアリスト的側面と非リアリスト的側面と呼んだ二重性は、この分裂に対応している。重要なことは、両者は分裂していると同時に、結びついている——前者の欲望を満たすためには後者の条件が充足されなくてはならない——ということである。

私の考えでは、宮﨑の人格の解離は、主として、この矛盾に規定されている。[7] 人格を分裂させることで、この矛盾に対処したのだ。要するに、もう一人の自分を生み出し、そのもう一人の自分に、身体への接触をともなう諸作業をやらせたのである（実際、宮﨑は、もう一人の自分の出現は予感できるのかという質問に、「肉物体の考え」が出てきたときにそれは出現する、と答えている）。たとえば、幼女の性器をいじる猥褻な行為、身体を切り刻む解剖行為、死体のビデオ撮影、身体を切断する作業（「改造手術」）、そして幼女を誘い、最後に殺す行為などは、もう一人の自分が執り行っている。人格が解離しているときの状況を、宮﨑は、常に、同じ表現で記述している。もう一人の自分はいつも「のそりのそり」していて、それを背後から眺めている自分はいつも「どっきんどっきん」しているのだ。もう一人の自分がのそりのそりしているのは、おそらく、そのもう一人が感覚をもたないからだ。だから、そいつは、本来覚えるはずの激しい嫌悪を感じない。感覚の主体としての面は、どっきんどっきんしているもともとの自分が担っている。主観的には、どっきんどっきんした自分の外部に、のそりのそりしたもう一人の自分が分離されていると感じられるだろうが、客観的にはむしろ逆であって、身体を弄ぶ宮﨑が、感覚の担い手としての側面を、自分の背後に分離して、措定しているのである。

そして最後に、D子を殺し、その肉を食した後に、ついに矛盾する二側面は統合される。切断され、腐乱したD子の身体を持ち歩き、弄ぶのだが、人格の解離は生じない。その死体の扱いの陰惨さは、吉岡が述べるように、もはや性犯罪などというものの域をはるかに越えている。たとえば、宮﨑は、胴体だけのD子の遺体を宮沢湖霊園まで運び、祖父の葬式を上げている――彼は何度も「葬式を見る」という考えに取り憑かれるのだが、葬式は、おそらく祖父を再構成する儀式のようなものである。彼は、ある日、半ば白骨化し、蛆虫がわいているD子の頭部を取り上げたとき、これはおじいさんだと確信する。ついに宮﨑はおじいさんを取り戻したのである。穢れきった身体の形で。[8] そしておじいさんであるところのD子の切断された遺体とともに、楽しくピクニックをする。と、そのとき、『ひょっこりひょうたん島』の主題歌が思い出された。それは、彼の子どもの頃の「甘い世界」に響いていたに違いない。その甘い世界を構成し、保護しているのは、幼女の陵辱された身体だ。甘い世界は、まさにそれが排除しようとした当のものによってこそ、構成され、維持されていることになるのだ。

　私はロビンソン・クルーソーの話を思い出す。彼は、人食い人種らしき闖入者を恐れ、穴倉のような砦を築く。恐れはあまりに大きいので、その穴は、奥へ奥へと掘り進められ、外部の海岸からは遠く隔たっていく。が、最後に、穴を深く掘りすぎて、この人工の洞窟は、反対側の外へと突き抜けてしまうのである。つまり、ロビンソン・クルーソーの甘い砦は、そこから逃げていた場所へと回帰していくのである。

＊注

1 一九八九年七月に、宮﨑は、別の幼女を誘ったところ、幼女の父親に発覚し、現行犯で逮捕された。

2 A子殺害の約半年後にあたる一九八九年二月に、A子宅の玄関前に紙と骨片が入った段ボール箱が置かれていた。その四日後、A子宅に「今田勇子」の名義の犯行声明文が届いた。段ボール箱の中の骨はA子自身のものであった。

3 宮﨑勤に対しては、三つの精神鑑定書が書かれている。三つの結論は異なっている。内沼鑑定は、そのうちのひとつで、宮﨑を「多重人格」と診断した。

4 事件後の家宅捜索で、宮﨑が、テレビアニメや特撮番組を録画した六〇〇〇本近くのビデオをもっていることが発覚した。ビデオテープで溢れている宮﨑の個室は、おたく的であるとされた。「おたく」という隠語が、一般の人々にも知られるようになったのは、このとき以降である。宮﨑は、ビデオテープを交換するサークルに入っていた。

5 東浩紀『動物化するポストモダン』講談社現代新書、二〇〇一。

6 宮﨑勤は「ネズミ人間」についての妄想をもっていた。事件後の精神鑑定や証言を通じて、このことがわかってきた。

7 注3参照。

8 だから、D子の骨は、宮﨑が焼き場で「あれーっ」と感じ、消えてしまったと思った祖父の身体（骨形態）である。吉岡の推定するように、もしあの焼き場で人格の分裂が始まっているのだとすれば、骨形態を回収したこのとき、分裂が止んだ、ということは興味深い。解離は、祖父を喪失したことの代償だったことになる。

第2章

バモイドオキ神の顔

1 「こっちを向いて下さい」と言ってから

ぼくは「お礼を言いたいのでこっちを向いて下さい」と言いました。そして女の子がこちらを向いた瞬間、金づちを振り下ろしました。

「酒鬼薔薇聖斗」と名乗った神戸の少年Aは、自らが犯した殺人の瞬間を、その日記の中で、このように記している[1]。この描写は私を戦慄させる。描写が事実であるとすれば、少年は、わざわざ女の子にこちらを振り向かせてから、その顔を目指して金づちを振り下ろしていることになるからだ。少年は、殺人の瞬間に、女の子の顔とまっすぐ対面していたのである。たとえば、この少年Aのすぐ後に逮捕された――しかもほぼ同じ時期に犯した殺人事件の容疑で――、奈良県月ケ瀬村の青年は、女子中学生の顔を何かで覆ってから彼女を殺害した、と自供しているという。それは、一般の殺人者の心情をよく表している。殺人の瞬間に相手の顔に直面することは、著しく難しい。銃殺刑のとき、殺される者に目隠しをしたり、頭巾でその顔を覆ったりするのは、犠牲者の恐怖心を和らげるためであるよりも、むしろ殺害者の恐怖心を和らげるためである。金づちで殴殺するのであれば、背後から相手を襲うのが普通であろう。少年Aの場合も、犯行日記によれば、十分にそれが可能であったはずだ。少年Aは、殺された女の子のすぐ後ろを歩いていたと考えられるからである。にもかかわらず、少年は「こっちを向いてください」と声をかけ、女の子が振り向いてから金づちを振り下ろしたのだ。

なぜ、少年Aは、女の子の顔を直視するようなかたちにしてから、この子を殺したのか？「顔」は、酒鬼薔薇聖斗が犯したと推定されている連続的な犯罪を理解するための鍵の一つである。そもそも、この事件が日本中の人々から広く注目されたのは、殺害された小学六年生の男児・B君の首（顔）が胴体から切り離され、手を加えられた上で、中学校の校門の前に――少年A自身が通っていた中学校の校門の前に――置かれる、という極端な猟奇性のためである。男児の首＝顔は、中学校に登校してくる教師や生徒を睨みつけるようになることを意図して――言い換えれば登校してきた者たちがそれに直面せざるをえないようになることを意図して――置かれていたに違いない。新聞報道によれば、少年Aはもともと、首を校門の前ではなく、校門脇の高さ二メートルの塀の上に置くつもりだったのだが、塀が高すぎたためにうまくいかなかった。このことに関して、少年は、「作品」を完成させることができず残念だ、と深く悔やんでいたという。この報道が事実であるとすれば、少年は、校門から入る者たちを首＝顔が見下ろす形で睨み、そして逆に生徒や教師たちの方もこの顔を直視せざるをえなくなるという構図に、強く拘泥していたことになる。少年が創作したと考えられる「バモイドオキ」という奇妙な名前の神も「顔」と関係がある。少年が描いたこの神の絵によれば、バモイドオキ神は、主として、顔と手から成っているからである。[2]

2 「人間の壊れやすさ」を確認するための「聖なる実験」

少年Aが殺人を犯した動機は、はっきりしている。犯行日記は、犯罪を「聖なる実験」と呼んでいる。聖なる実験は、「人間の壊れやすさを確かめるため」のものである。少年は、襲った二人の女の子が即死しなかったことを知ったときには、人間は「意外とがんじょうだ」と日記に記し、二人の女の子の内の一方のみが死亡したとの報道に接したときには、「人間は壊れやすいのか壊れにくいのか分からなくなりました」と書く。

少年Aが言う「人間の壊れやすさ」とは、言うまでもなく、人間がどの程度容易に死亡するかということだ。この少年の使用した言葉に関して直ちに注目されるのは、「壊れる」という表現である。人間が死ぬことを、「壊れる」とは通常言わないし、人間に関して、「がんじょうだ」と言うことも稀である。これらの語は、もちろん、機械のような「物」の状態を表現するときに使われるのが通例である。この事実から推察できることは、少年Aには、人間が、「人間」としてではなく、物に近接した何かとして現れていたのではないか、ということである。さらに翻ってみれば、神戸新聞社に送ってきた犯行声明文の中で、すでに、少年は、殺人のことを「野菜を壊します」と表現していたのである。

だが、このような事実への着眼から、ただちに、少年には相手の人間が「物」として把握されていたがゆえに、抵抗感もなく、容易にその人間を殺して——壊して——しまえたのだ、と説明してしまったのでは、デリケートな部分、それこそ最も肝心な中間部分をすべて欠落させてしまうことになる。少年Aは、殺害したB君の切り離した首とともに、赤い文字——おそらくは「血」の色——で書かれたメモを残している。そこには、「ボクは殺しが愉快でたまらない」と記され、続けて「人の死が見たくて見たくてしょうがない」と告白されている。同じ赤い文字で書かれた神戸新聞への手紙の中でも、同じような欲望について述べられている。「物だから壊した(殺した)」といった短絡的な説明によっては、少年の殺人へのこうした抑えがたい衝動を理解することができないだろう。物であれば、必要もなしになぜ打ち壊されなくてはならなかったのかが説明できない。そもそも、それでもなお、少年は、やはり物ではなく人間のみに破壊(殺人)の衝動をいだいていたのだ。私の考えでは、真実は、こうした短絡的な説明とはまったく逆の局面にこそある

人間に関して「壊れる」という語を用いた少年Aには、殺害の対象となった相手の人間が物に

近いもの、人間なのか物なのか定かならぬ境界的であいまいなものとして実感されていた、ということは確かだろう。そうであればこそ、少年は実験したのである。相手が本当は人間なのか、物なのかを確認するために。この実験において少年が賭けているのは、相手が単なる物に過ぎないという可能性の方ではなく、物に近いものに見えているその相手がそれでもなお人間であるかもしれないという可能性の方なのだ。この点について決定的な確証に至りうる唯一の方法が殺人だ、ということが少年の行動を支配している無意識の論理である。その論理とは何か？

人間は、人間を殺すことに非常に強い抵抗感を覚える。人間どころか猫や鳩を殺すことに対してすら、強い抵抗がある。ここで、「強い」抵抗（感）と表したのは、物理的な破壊の困難さには還元しえない抵抗を指示するためである。こうした、物理的な抵抗とは異なる、何か「抵抗の超過分」とでも呼ぶべきものに遭遇してしまうということこそが、物を壊す場合と人間を――また猫や鳩を――殺す場合との決定的な相違である。この抵抗の超過分は何に由来するのか？　要するに、人間や猫を殺し難いのはなぜなのだろうか？

私がまずとりあえず提起しうる暫定的な答えは、こうである。人間には、そして猫や鳩にさえも、「魂」が宿っているからである、と。魂が宿っているということこそが、そのものが生きている、ということの意味である。普通、人は、人間やその他の様々な生物に魂が宿っているということを、実証不要な自明な前提として生きている。

だが酒鬼薔薇聖斗の躓きの石は、ここにこそある。彼は、この魂の存在の自明性ということに関して不安を覚え、これを──知的にではなく──実践的に懐疑しているのである。つまり、魂が（他人や他の生物に）存在しているかという問いが、哲学的な疑問である以前に、言語化されざる生きられた不安として存在しているのだ。魂を宿すものを殺すことは、本来、難しい。この困難さは、つまり「抵抗の超過分」は、今し方述べたように対象の物理的な構造や組成に由来するものではないから、さしあたって言うならば、その対象に対するわれわれの側の態度の問題であり、主観的な心情にこそ根拠をもつ。この主観的な心情を対象の側に投影するならば、魂をもつものは殺され難い、ということになるだろう。要するに、魂を宿したものは、壊れにくい（殺されにくい）、という決定的な性質を有するのである。まるで、魂を宿したものは、物理的な外観──物理的な肉体──とは異なる身体を、その内にもっているかのようなのだ。ところで、酒鬼薔薇聖斗、つまり少年Aは、人間が壊れやすいのか壊れにくいのかという問いに、拘泥しているのであった。それは、述べたように、（相手の身体における）魂の存在／不在をめぐる拘泥と、同じことに帰せられるのだ。相手が人間（生物）であるかどうかについて確証を得るための唯一の方法が、殺人──相手が本当に壊れにくいかどうかを試してみる実験──であるというのは、このような理由によるのだ。

「バモイドオキ」という神の名の意味を推論する手掛かりが、ここにある。指摘されてきたことは、この神の名は「バイオ・モドキ」のアナグラムではないか、ということである。だが、なぜ、バイオモドキなのか？「バイオ」はもちろん生命ということであり、ここでの文脈に置き直せば、魂があるということである。「モドキ」は、日本語で、模倣すること、似ていること、似て非なること、疑似的であること等を意味している。そうだとすれば、これらを合成した「バイオ・モドキ↓バモイドオキ」の神とは、生命や魂をもつようなもたないようなものであること、いずれであるか微妙で境界的であること、こういったことにかかわる神だということになるだろう。

だが、ここまでの議論は、まだ暫定的な解答に過ぎない。というのも、こうした解答は、かえっていくつかの問いを誘発してしまうからだ。そもそも、魂とは何だろうか？　つまり魂をもつとはどういうことだろうか？　また、魂を宿すものを「壊す」ことに、一般に、超過的な抵抗が生じるのは、なぜなのか？　特に最後の問いは重要である。ここまでの暫定的な解答からすると、少年Aの殺人への衝動が、この「超過的な抵抗」の裏面だと考えられるからだ。

私は、通常は、いくつかの諸々の事物に魂が宿っているということは実証不要な自明な事実である、と述べた。だが、これは不正確な言い方である。魂の存在は、少なくとも自分以外のものに宿る魂の存在は実証不要なのではなく、実証不能なのである。自分以外のもの——他人——にこの〈私〉と同じ魂が宿っているということは、いかようにしても実証することはできない。自分以外の魂を宿す存在者のことを、〈他者〉と表記しておこう。〈他者〉には、人は決して到達することができない。もちろん、〈私〉が他者について、いろいろと観念をもつことはありうるだろう。しかし、その観念は、〈私〉の魂における出来事である。〈私〉が他者についてもちうるいかなる観念をも裏切りうるということこそが、〈他者〉の〈他者〉たる所以である。今、魂に帰属させうる任意の営み（見ること、痛いと感じること、判断すること、推論すること、想像すること等々）を一括して、志向作用と呼ぶならば、〈私〉の魂に帰属するいかなる志向作用も〈他者〉を原理的に捉えることはできず、〈他者〉はそうした志向作用を必然的に超過している、と言うことができる。通常の事物の存在は、それを把握しようとする何らかの志向作用に対して対象として現れる。それに対して、（〈他者〉の）魂の存在は、それを捉えようとするいかなる志向作用によっても到達できないということにおいてこそ、確認される、と言わざるをえない。つまり、魂を定義する条件は、その存在について原理的に実証不能であるということにこそあるのだ。そして、存在についての実証不能性をこそ媒介にして、魂の存在についての自明性は確保されていると考えるほかない。

3　〈他者〉の顔

だが、どのような志向作用を通じても到達できないという〈他者〉の存在についての否定的な条件が、その魂が自明に存在しているという肯定的な条件へと、いかにして転換するのか？　このことを考察するには、残されたもう一つの問い、つまり魂を宿すものを「壊す」ことが困難なのはなぜかという問いの方に移行していかなくてはならない。

〈他者〉の魂の存在が与えられる本来の場に立ち返って考えてみよう。われわれが魂の存在の自明性に遭遇していると直観する原初的な場面は、事物にたとえ微かであっても表情が宿っていることを知覚することができ、そこに何らかの相貌が立ち現れているときではないか。そうであるとすれば、〈他者〉の魂が最も集約的に現れる場は「顔」だ。顔においてこそ、表情が繊細で最も豊かな可能性を示すからである。魂が現れる場のことを、一般に、広義の「顔」である、と言ってもよいだろう。顔とは、〈私〉の魂のあらゆる志向作用から逃れていくということを通じて、〈他者〉の魂が顕現する不思議な場のことなのだ。このように考察を進めてくれば、われわれはここで、エマニュエル・レヴィナスの、「顔」をめぐる有名な議論に遭遇することになろう。レヴィナスは、「絶対的に他なるもの」としての〈他者〉は顔において顕現すると論ずる。

「出来事が、それを引き受けることなく、それに対して何もなしえない主体に対して起こる、というこのような状況、しかしそれにもかかわらず、出来事が何らかのかたちで主体の面前にあるような状況、それが他者との関係、他者との対面 le face-à-face、他者を与えると同時に他者を遠ざける顔との遭遇なのである。『引き受けられた』他人 autre――それが〈他者〉autrui である。」[3]

ところで、レヴィナスは、よく知られているように、〈他者〉の顔は、まさにその他者性によって、まったく無条件の、由来のわからないある戒律を語るのだ、と論じている。たとえば次のような文章が、典型的な仕方で、レヴィナスの議論の構図を要約している。

「〈私〉のうちにある無限の観念……は、他の人間への〈私〉の関係の具体的なあり方のうちに、つまり、〈隣人〉にたいする〈責め〉であるような社会性のうちで、〈私〉に到来する。この〈責め〉は、何らかの《経験》において〈私〉に負わされたものではない。そうではなく、この〈責め〉について、〈他者〉の〈顔〉が、その他者性、異邦性そのものによって、どこから由来するのかわからない戒律を語るのである。」[4]

ある戒律とは「殺すなかれ」という戒律である。この戒律は、魂の殺害者が直面せざるをえない、われわれが見てきたあの「超過的な抵抗」と同じものだと言ってよいだろう。

だが、……ここで立ち止まらざるをえない。顔は「汝殺すなかれ」と語り、殺人を犯そうとする者の殺人への意志を挫く、という。つまり、顔を前にしたとき〈他者〉を殺すことは不可能なのだ、とレヴィナスは説く。しかし、酒鬼薔薇聖斗は、まさにあえて顔に直面することによって、相手を殺したのではなかったか?

〈他者〉は、〈私〉の志向作用の到達不能性において逆説的に現れるほかないはずだ、と論じておいた。それでは、そもそも〈私〉とは何であろうか? ヴィトゲンシュタインは、『論理哲学論考』において、もし人が『私が見出した世界』という本を書いたとすれば、思考し表象しつつこの本を書いているこの〈私〉だけは、その本の中で言及されることはないだろう、と述べている。もちろん、『私が見出した世界』の中には、「私が孤独な少年だったこと」とか「私がある日曜日に釣に行ったこと」等が書かれるに違いないが、そこで書かれている「私」は、それらのことをまさに表象したり反省したりしている――要するに志向作用を発動させつつある――この〈私〉ではない。つまり、〈他者〉だけではなく、実は〈私〉もまた、志向作用の〈思考や表象の〉直接の対象にはなりえないのだ。だが、『私が見出した世界』の中に〈私〉について何も示さないのかと言えば、そうではない。この本の中に記述されたすべてのことが〈私〉において生じている、と解さない限りは、意味をもちえないからだ。つまり、この本に書かれたすべてのことは、〈私〉に対して現れており、〈私〉に帰属していると見なされなくてはならない。そうだとすれば、『私が見出した世界』の中のどの部分も〈私〉に言及することはありえないが、この本が全体として〈私〉の存在を示していることになるだろう。要するに、〈私〉は個々のどの志向作用の対象としても定義できないが、任意の志向作用の到達しうる全領域・全世界によって定義することができるのである。

〈他者〉が志向作用の到達不能性において現れるということは、〈他者〉が、〈私〉を構成するこうした個々の志向作用の陰画のようなものとして与えられる、ということである。たとえば、〈他者〉が顕現する原初的な場面、つまり顔において表情を知覚する場面をとりあげてみよう。顔の表情を知覚するということは、まさにその顔を知覚する作用と同権的な――しかしこの知覚には決して捉えきれないという意味ではこの知覚とは絶対的に異なる——もう一つの知覚が顔に所属していることを直観することである。もう少し繊細に事態を観察してみよう。顔に表情を見るということは、〈私〉が見ているその顔こそが〈私〉を見ているのであり、〈私〉はその受動的な対象だと直観することである。だが、〈私〉が、〈私〉を見る顔のその「見る」という能動的な作用を捉えようとして、その顔をまじまじと眺めるならば、顔は、たちまち〈私〉の知覚にとっての単なる受動的な対象に堕するだろう。だから、〈私〉が〈他者〉の顔を知覚した瞬間に、そこに帰属するもう一つの志向作用の存在を直観するのだが、その〈他者〉のもう一つの志向作用は、〈私〉がそれを積極的に対象として捉えようとするならば、まさにその捉えようとする知覚の働きから退却し、痕跡しか留めないということの内に、否定的に示されるのだ。要するに、〈他者〉は、〈私〉が知覚するとき、言わばその知覚の裏側において、この知覚から撤退していく負の知覚という形式で、顕現するのである。このような、志向作用が自らの陰画として自らが原理的に到達できないもう一つの志向作用を示してしまうメカニズムのことを、私は——事物を捉える通常の志向作用が呈する「自己への求心化」の傾向と対立させて——遠心化作用と呼んできた。

ところで、我々は、世界内の事物を一種の「相貌」として知覚しており（あの木はポツンと寂しそうに立っており、あの山は堂々と聳えている等々）、そこに表情を見ることの方が常態である。（狭義の）顔は、こうした知覚が集約される場に過ぎない。このことを念頭においた上で、

〈他者〉が今述べたような機序を通じて現れるということを合わせて考えてみれば、ここから、次のようなすこぶる重要な結論を導くことができる。すなわち、〈他者〉とは、〈志向作用の全領域によって定義される〉〈私〉のまったくの反面であり、結局、この意味で、〈他者〉の存在は〈私〉の存在とまったく同等なものに帰せられることになるのだ、と。したがって、〈私〉とは絶対的に異なる〈他者〉とは、そのことにおいて、〈私〉そのものにおける差異なのである。あるいは、〈他者〉が絶対的な無限の差異であるのは、それが、〈私〉そのものにおける、〈私〉そのものであるような差異だからだ、と言ってもよいだろう。

そうであるとすれば、〈他者〉の存在は、〈私〉自身にとって、〈私〉の存在と同等な必然性を有する、ということになるだろう。〈私〉の存在は――〈私〉にとって――必然である。もちろん、私が学生として存在していたり、父として存在していたり、その他もろもろの性質を有することは偶然であろう。が、しかし、何者としてであれ〈私〉が存在しているということは、絶対的に必然である。というのも、〈私〉が存在しているということは、定義上、〈志向作用に対して現れる〉世界が存在しているということと同じことだからだ。そして、〈他者〉の存在は、〈私〉の存在と同等な必然性をもつ。レヴィナスは、〈他者〉の顔に直面したとき、〈私〉がその〈他者〉を殺すことができなくなるはずだ、と述べていた。〈他者〉の顔が殺人を禁じ、また不可能にする理由は、以上の議論から理解できるだろう。〈私〉の存在が必然であるのとまったく同じ理由に基づいて、〈他者〉が存在していることが必然でなくてはならず、その存在を否定することはできないのだ。

〈他者〉の顔は、まさに他者性の顕現において、殺害を禁ずる。それゆえにこそ、〈他者〉における魂の存在を――自明の前提とはせずに――あえて実験的に実証しようとする者は、〈他者〉の顔に直面して〈他者〉の殺害を試みることになるのだ。顔を見ながらの殺害が可能かどうかによって、〈他者〉たる限りでの〈他者〉の魂がそこにあるかが確かめられるからである。私の考えでは、だからこそ、酒鬼薔薇聖斗は、少女をあえて自らの方へと振り向かせてから、その顔に向けて金づちを振り下ろしたのだ。逆に、普通の殺人者が殺害にあたって、相手の顔を直視するのを避けるのは、顔に魂が顕現することが、直観的な前提になっているからだ。だから、逆に、その前提を問い直そうとする者は、顔に直面して殺人が可能か否かを確認する必要があったのである。

もし〈他者〉の存在の自明性が、〈私〉の存在の必然性と同じことであるとするならば、〈他者〉の魂の存在を懐疑せざるをえない者は、〈私〉の存在に関しても、つまり私がほかならぬこの私であるという同一性《アイデンティティ》に関しても、やはり希薄な実感しかもちえないに違いない。実際、少年Aの犯行声明文には、このことの兆候を明白に読み取ることができる。兆候が最も端的に現れている箇所は、広く注目された「透明な存在であるボク」という表現である。

自己の同一性についての不安は、〈他者〉の魂の存在を実証しうる限りにおいて、癒されるだろう。だが、〈他者〉の魂の存在は、本来的に実証することができないのだった。それゆえ、魂の存在を示そうとする「実験」は、決して終わることがなく、強迫的に繰り返されるほかないだろう。具体的には、それは、殺人の反復にならざるをえない。少年Aは、犯行日記で、「聖名〔酒鬼薔薇聖斗〕をいただくための聖なる儀式アングリ」について言及している。アングリという名が何に由来するのかは不明だが、クンダリーニを上げ、解脱に至るために九九九人もの人間を殺したとされている、古代インドの僧アングリマーラのように、この少年が自己同一性についての確信に至るためには、殺人はその残虐さの強度を上げながら、繰り返されなくてはならなかったはずだ。少年が、自らが危害を加えてきた被害者の数（「9」）を、神戸新聞へ送った犯行声明文の右肩に記してあったことが、想起される。

だが、それにしても問われることは、酒鬼薔薇聖斗と名乗るこの少年の中で、〈他者〉の魂の存在についての確証が無残に崩壊してしまったのはなぜなのか、ということである。繰り返し述べてきたように、魂は、ただそれを把捉しようとする志向作用から逃れていく限りにおいて、その存在が確認される。それは、比喩的に言えば、空中や水中をふわふわと浮かぶごく軽い物体に似ている。そういった物体を掴もうとすると、まさにそれを掴もうとする手の動きが、この物体を遠方に押しやる空気や水の流れを作ってしまうため、物体は、捉えようとする手から逃げていくことになる。魂は、こうした浮遊物に似て、捉えようとする限りにおいて捉えることができないのだ。逆に、魂の存在についての自明な確信が得られない状態とは、逆説的にも、何らかの志向作用（知覚）によって、通常の物と同じように一個の対象として「魂という物」が捉えられてしまっているということを意味するだろう。魂は、捉えられてしまったその瞬間に変質し、魂ではなくなるはずだ。少年Aは、殺したB君の首を切り取り、切り裂いたのは、魂を抜き取る作業だった、と証言しているという。彼は、児童の身体の奥にまで魂を追いかけつづけ、ついにそれを掴み、そして取り出してしまったのである。だが、到達するはずのない所に――つまり魂に――手が届いてしまったのはなぜか？

4 「意味」の秩序を吊り下げるフック

魂を宿したものは壊れにくい、と説明しておいた。だが、見方によっては、魂を宿していない通常の物もまた、過剰に壊れにくい。ここで私が言わんとしていることは、次のようなことだ。我々の志向作用は、常に、物を「何ものか」として捉える。その「何ものか」こそが、物に与えられた同一性であり、その物の「意味」である。物は「意味」を帯びた相でしか、存在することができない。意味が付与されるや、物は「実体」としての現れ、その実体は、物の性質の現象的な変容にもかかわらず恒同的に持続する「基体」の機能を果たすことになる。たとえば、この大きなコンクリートの直方体が「家」として捉えられれば、長年の間に側面の壁が若干崩れても、家は家であり続けるだろう。だから物もまた現象的な変容や崩壊に抗して同一性を保持するのであり、その点では壊れにくいのだ。

とはいえ、「意味」を付与された物を、そのまま立ち現れるがままの如実の現象へと還元しようとすれば、あるいは「意味」で充満した世界を、リアルな生《なま》の世界へ還元しようとすれば、物に付与された諸々の「意味」は、ただちに少しずつ剝がれ落ちていってしまう。物たちの「意味」の間の整合的な体系は、リアルな生《なま》の世界との関係で言えば、一種の〈虚構〉だと言うことができるだろう。たとえば、壁がすでにかなり崩れているのに、なお「同一の家」である、と見なすことは、一種の〈虚構〉である。「意味」に溢れた〈虚構〉は、リアルな生《なま》の世界に対する余剰物であり、逆に言えば、それは、リアルな世界にとっては、その内には見出せない欠如であると位置づけることができる。しかし、この欠如は有効な欠如であり、〈虚構〉のおかげで、世界の中の諸要素は、「何もの」かとして現れることができ、人は「秩序」をもった世界の内に生きることができるのだ。こうした〈虚構〉なしには、人間にとって、世界は秩序を呈することはないだろう。

しかし、もう一度強調しておけば、〈虚構〉はリアルな世界の方へといつでも還元可能であり、〈虚構〉との関係で生み出される構成的な欠如はいつでも無化されうる。だが、世界の内に唯一、決して還元できない欠如がある。それが、魂が穿つ欠如である。魂は、存在の総体としての世界の内にあって、まさにその存在に志向作用が到達できないことが——あるいはより積極的に把握しようとする志向作用から逃避していくことが——存在の証となるような、欠如（世界の穴）である。生《なま》の現象の「意味」に対する欠如は、言わば、現象学的なカッコ入れの操作によって、消し去ることができるが、魂の影として生ずるこうした欠如は、どうしようもなく残存するはずだ。

「意味」の体系としての〈虚構〉は、それ自身としては、常に還元されうる不安定なものでしかない。しかし、それは、今し方述べたように、世界が秩序をもち、確たる現実性《リアリティ》を帯びるためにはどうしても必要だ。したがって、〈虚構〉としての世界とリアルな生《なま》の世界との間の隔差を無化することなく、保持することを可能にするメカニズムがなくてはならないはずだ。それは、どのようにして与えられるのか？　論証を省略して、基本的な構図だけ述べておけば、〈虚構〉が生《なま》の世界との関係で生み出す欠如は、（〈他者〉の）魂の還元できない欠如を独特な仕方で利用することによって、保持されるのである。〈虚構〉の世界とリアルな生《なま》の世界との間の隔差を保つためには、前者を後者の上に吊るし上げておくことができるような、固定された「フック」が必要になる。〈虚構〉は、そのフックに引っかけられることによって、生《なま》の現象の世界へと崩落しないですむわけだ。そのフックをもたらすものこそ、魂をもつ〈他者〉なのである。厳密に言えば、〈他者〉そのものではなく、世界から否定的に退却していく〈他者〉を、それ自身、積極的な実在へと転換し、そのことによって一個の超越的な実体に変容させたとき、それが、フックとしての機能を果たすのだ。超越的な実体へと変換した〈他者〉こそが、（たとえば）神である。一度、「意味」の体系を吊るし上げるフックとしての超越的な〈他者〉が措定されれば、「魂」そのものも一種の「意味」として把握され、そのことによって、たとえば直接に対面することのない多くの他者たちの「魂」に対する想像力も生まれうる。以上の筋道の概略を理解するためには、「死」に与えられた意味のことを考察するのが良い。

魂を宿すものが「壊れにくい」のは、魂を物理的な身体に還元し尽くすことができないからである。魂と「物としての身体」とは同じものではありえないのだ。つまり、魂は、物理的な身体とは（ある程度）独立に、言わば、物理的な身体に抗して存在している、と言うことができるだろう。この原初的な感覚をさらに強化すれば、魂は、物理的な身体の破壊（死）をも越えて存在し続ける何か、として表象されうるに違いない。つまり、〈他者〉の魂についての原初的な感覚は、やがてときに、死んでもなお残る魂、あるいはむしろ死そのものにおいて持続しつづける魂という実体を析出することになる。この死において持続する魂こそが、超越的な実体へと転換された〈他者〉なのである。死そのものは、本来、レヴィナスも述べているように、〈他者〉と類比的な存在性格をもっており、経験からは決して到達できない外部をなしている。その外部としての死を、積極的な実在へと転換した姿が、神（超越的な実体としての〈他者〉）である。

こうした迂回路を通っておけば、酒鬼薔薇聖斗が記した不思議な文章の中でもひときわ謎めいた一言の意味に接近することができる。彼は、神戸新聞社に送った声明文の中で、「ボクには一人の人間を二度殺す能力が備わっている」と記している。この一文は、声明文の最後に、本文から二行あけて強調されて書かれており、本人にとって特別に重要な一言であったことは間違いない。今述べたように、魂の存在を前提にするということは、容易に、超越的な〈他者〉（の魂）の存在を想定することへと転換される。ところで、超越化された〈他者〉を想定するということは、死においてもなお持続するもの、つまり殺されても生きつづけるものを想定していることになる。したがって、〈他者〉を超越的な実体へと転換するということは、〈他者〉の（象徴的な）殺害なのである。これを、言わば「一度目の殺し」と考えてみよう。そうすれば、「人間を二度殺しうる」ということは、一度目の殺しによっても殺されえなかったもの――つまり超越的な〈他者〉――をも殺すことができる、という意味であると、理解することができるだろう。

だから、一人の人間を二度殺すということは、徹底した神殺しを意味しているのではないか。だが、神を殺すことは、再び神を招き寄せてしまう。ただし今度は、神の否定を表現する神、神の不可能性を表現するような裏返しの神を。この間の事情は、イエス・キリストのことを思えば、理解しうることであろう。キリストもまた、本来は、殺害された神であり、神の否定であるような神だったのだから。そして、酒鬼薔薇聖斗にとっては、否定的な裏返しの神とは、言うまでもなく、バモイドオキ神である。この神の名（バイオモドキ）が担う否定的な含意――「魂〈超越的な魂〉のようでありながら、真の魂ではありえない」――は、この神の否定的な性格に見合ったものである。そして、切り離されたB君の首に託されていたのは、バモイドオキ神の視線だったのだろう。

だが、二度目の殺しによって超越的な〈他者〉を排除してしまったことの代償は大きい。というのも、〈他者〉の超越性こそが、「意味」の秩序を吊り下げるフックの役割を果していたからだ。超越化された〈他者〉を否定し去ることは、世界の有意味な現実性《リアリティ》の総体としての崩壊を導くことになるだろう。とりわけ、世界の中での自己の「意味」を、つまり自己が何者として承認〈肯定〉されているかということについての信念（アイデンティティについての信念）を、失うことになるはずだ。また、同時に、――超越化された〈他者〉が「魂」をも一種の「意味」として把握する可能性を開いたことを考慮すれば――、そうした「意味」としての「魂」の存在に関する想像力が支えを失い、極端な場合には、酒鬼薔薇聖斗がまさに抱いたような、「魂」の存在をめぐる懐疑が導かれることになろう。

だが、酒鬼薔薇聖斗を二度目の殺害へとせきたて、また実際に、これを可能にした（と本人に思わせた）ことは何か？　とりあえずは、こんなふうに考えてみたらどうだろうか。少年Aは、すでに、世界の現実性《リアリティ》が破裂するのを見てしまっていたのだ、と。つまり、彼は、物の秩序がまやかしの〈虚構〉に過ぎず、それは容易に変転きわまりない生《なま》の現象の世界の方へと崩落しうるということを、また人間がとても壊れやすいことを、すでに知ってしまっていたのだ、と。こうした体験をもたらしたものこそ、この事件の二年前のあの大地震である。多くの人が、事件が須磨区で起きたと知ったとき、阪神大震災がもたらした精神的な衝撃とこの事件との繋がりを直観したに違いない（ただ、おそらくは、この繋がりを実証する確たる事実も提起できず、また繋がりがどのような論理的な筋を通るかを説明できないがために、声を大にして言うことをはばかってきたのだろう）。先に、「意味」を付与された物は、現象的な変化に抗して恒常的な同一性を保ちうる、と述べた。だが、震災のような全的な破壊を経てしまえば、もはや住居は住居ではありえず、高速道路も高速道路ではありえず、そして何よりも都市も都市ではありえなくなってしまう。それは、「意味」の〈虚構〉的な性格を暴き出すに十分な出来事であっただろう。この出来事に立ち会ったとき、少年の中で、「意味」の保証人としての（超越的な）〈他者〉の権威も、魂の自明性も、決定的なダメージを被ったに違いない。

もちろん、震災そのものは、偶発的な出来事である。しかし、私は、酒鬼薔薇聖斗の引き起こした事件が、偶発的な悲劇に由来する、と述べたいわけではない。むしろ逆である。偶発的な出来事を、述べてきたような連関の内に位置づけて体験したのだとすれば、少年の態度の方にこそ、こうした体験を導かざるをえない必然性があったはずだ。そして、私の考えでは、その少年の態度は、我々の〈現在〉を増幅して、知覚可能な閾値の水準にまでもたらしてくれる反響板のようなものなのである。

少年の否定的な神バモイドオキは、彼がB君を殺害したタンク山の頂上のケーブル・テレビのアンテナの位置に、あるいはまた、彼が凶器を捨てた池（向畑ノ池）に、降臨したのだと考えられる。それらの場所は、〈虚構〉の秩序によってコーティングされた、麗しい須磨区の住宅街の真っ只中にあって、なぜか「意味」を充填されていない空虚な間隙である。そうした空隙は、今や隠蔽されてしまった大震災の衝撃が露呈する場所でもあろう。「意味」の本源的な不可能性を象徴する神は、こうした空隙にこそ顕現するのだ。

＊注

1

この事件については、第Ⅱ部第1章の注5に記したが、ここで、事件の経緯をもう少していねいに記しておく。この事件は、一九九七年、神戸市須磨区で、当時中学生で十四歳だった少年Aによって引き起こされた。少年Aは、犯行声明文で、「酒鬼薔薇聖斗」と名乗った。事件は、次のような経緯を辿った。

2月10日　午後4時頃、神戸市須磨区の路上で二名の小学生女児がハンマーで殴られ、一名が重傷を負った。

3月16日　午後0時25分、神戸市須磨区竜が台の公園で、小学生女児が、道を尋ねられる。道を案内した後で、女児は、ハンマーで顔を殴られた。冒頭に記した、「お礼を言いたいのでこっちを向いて下さい」という言葉は、このとき、少年Aが言ったものである。

その一〇分後、別の小学生女児が、腹部を刃渡り一三センチの小刀で刺された。

前者の女児は、病院に運ばれたが、事件の一一日後に脳挫傷で死亡した。後者の女児は、二週間の怪我を負った。

5月24日　男児B（十一歳）が、神戸市須磨区の、「タンク山」と近所の者たちが呼んでいる小高い丘で殺害される。Bは身体障害者だった。少年Aと男児Bは顔見知りだった。

5月27日早朝　男児Bの頭部が、友が丘中学正門前で発見された。切断された頭部には、警察を挑発するような犯行声明文が添えられていた。文言は、次の通りである。「さあ、ゲームの始まりです。／愚鈍な警察諸君／僕を止めてみたまえ／ボクは殺しが愉快でたまらない／人の死が見たくて見たくてしょうがない／汚い野菜共には死の制裁を／SHOOL KILL／学校殺死の酒鬼薔薇」。友が丘中学は、少年Aが通っていた学校である。事件が日本中の注目を集めたのはこの日からである。この段階では、前の二つの殺傷事件（2月10日と3月16日の事件）との繋がりは、あまり気づかれていなかった。これらが一連の事件であることが発覚したのは、少年Aが逮捕された後である。

6月4日　神戸新聞宛に第二の声明文が届く。文面は、それまでの報道の中で、自分の名前が——「さかきばら」とすべきところ——「おにばら」と誤読されたことに憤慨し、今後、同じような間違いがあったら報復する、というもの。また、その中で、犯人は、自分のことを「透明な存在であるボク」と表現し、自分の存在を世間に認知させるために殺人を犯したという趣旨のことが書かれていた。

6月28日　少年Aが逮捕された。

2　逮捕された後、少年Aがノートや日記に、文章や絵を書いていたことがわかった。それによると、少年は、「バモイドオキ」という名の私的な神を崇めており、犯行は、その神から「聖名」をもらうための儀式として始められた。

3　エマニュエル・レヴィナス『時間と他者』「第三講義」原田佳彦訳、一九八六年。一部訳を変えた。

4　エマニュエル・レヴィナス『観念に由来する神』「序文」。熊野純彦氏の以下の著書より。『レヴィナス―移ろいゆくものへの視線』岩波書店、一九九九年。

第3章

酒鬼薔薇聖斗の童謡殺人

1　ミステリーと事件

「酒鬼薔薇聖斗」と自称した十四歳（当時）の少年Aが逮捕された後の個人的体験を振り返ることから、考察を始めてみたい[1]。

神戸市須磨区の小学生殺害事件の容疑者として、少年Aが逮捕されたのは、一九九七年六月の最後の土曜日、つまり六月二八日だった。その二日後から七月の最初の一〇日間ほどまでの約二週間、私は少しばかり体調を崩し、ときに四〇度近くにまで上がる熱の乱高下に苦しめられていた。この間、文章を書くことはもちろんのこと、込み入った文章を読むこともできなかったので、テレビを見ることとマンガを読むことにときを費やした。テレビでは、この少年のことばかりが論じられていた。主な主題は犯行の動機の探究にあり、この間の論調は、学校（あるいは学校制度）への復讐にこそ、動機があったのではないか、という推定に傾いていた。他方、読んだマンガは、たまたま手元にあった『金田一少年の事件簿』である。このマンガでは、金田一耕助の孫とされている高校生金田一一《いちはじめ》が、次々と怪事件を解決していく。『事件簿』は、雑誌（『少年マガジン』）連載が九二年より始められ、単行本にして二四巻（少年逮捕段階で）に達する超人気マンガである。実写版のドラマや小説もある。私は無意識の内に、神戸の事件の報道やワイドショーと『事件簿』とを比較していたようだ。そうしているうちに、ある奇妙な感覚が襲ってくるのを禁じえなかった。

神戸の事件は、被害者の首を切断し、凌辱した上で校門の前に晒すという、類例のない残酷で猟奇的な殺人事件である。他方『事件簿』には、これに匹敵する猟奇的な殺人事件が、次々と描かれる。たとえば、飛騨の山村の旧家巽《たつみ》家で起きた殺人事件をあつかった「飛騨からくり屋敷殺人事件」では、最初に巽家を訪れた謎の客人「赤沼三郎」が、正座したままの首なし死体として発見され、ついで巽家の次男「巽征丸」の切断された首が、「首狩り武者」の姿をした犯人によって、主人公金田一とその幼友達の七瀬美雪の目の前にこれ見よがしに提示される、といった展開をたどる。神戸の事件は、こうした虚構の猟奇的事件を連想させる。が、私に奇妙な感覚を与えたのは、こうした連想を支える類似ではなく、むしろ類比が完全には成り立たないという事実の方である。そしてその事実が気づかせてくれたことは、ミステリー（虚構）と現実との間の伝統的な関係が、この神戸の事件では、通常の場合とまったく逆転してしまっている、ということだ。

探偵小説《ミステリー》のおもしろさは、単純化してしまえば、犯人が使った超人的なトリックの解明と犯人を犯行へと駆り立てた内面の動機の解明の二点にあるだろう。前者が論理の快楽を、後者が人間的な物語を読み取る快楽を与える。

ミステリーの中では、一般的には、殺人事件が起きなくてはならない。だが、われわれは皆、殺人事件にそうざらには出会わないことをよく知っているし、それが日常的に起きては困るとも思っている。殺人事件というめったに起こらない出来事に現実性《リアリティ》を与えるために、作者は、犯人に、犯行を決意させるにたる深く重い人間的な動機を与えようとする。だが、他方、ミステリーを小説の他のジャンルから隔て、ミステリーの存在理由ともなる特徴は、論理の快楽の方にこそある。そのため、作者は、技巧の粋を尽くした犯罪を編み出さなくてはならない。だが、ここにミステリーのジレンマがある。犯罪が技巧的なものになればなるほど、それはとうていありそうもないものとなり、現実の成立平面から遊離していってしまうのだ。この遊離を補償し、小説をあらためて現実の成立平面に着地させるためにも、作者は、しっかりした内面的な動機を犯罪者に与えなくてはならない。しかし、これはたいへん難しいことで、ほとんどの作品は、これに完全には成功しない。ほとんどのミステリーは、読者に、かくも技巧的な犯罪を敢えて決行させる動機としては犯人の動機はあまりに浅薄であり、現実性に乏しいとの感を、否応なしに与えてしまうのだ。要するに、現実に比して、虚構の側に動機が足りない、という印象が残るのだ。

さて、『事件簿』も、ミステリーのこうしたパターンを踏襲している。常に、一連の展開の結末部で、金田一一が、犯罪のトリックと犯人の動機を暴いてみせるのだ。信じがたいほど猟奇的な殺人事件が起こっているのだから、よほど深い動機を設定しなくては、物語に現実性と説得力を与えることはできない。おそらく作者はそう考えている。そこで、実際、非常に深い動機が、まさに「積年の大怨」と呼ぶにふさわしいような、若き日以来鬱積し、深く潜行してきた動機が、金田一少年によって明らかにされるのだ。たとえば「飛騨からくり屋敷殺人事件」では、巽家の後妻巽紫乃が、十五歳のときから二二年間抱き続けてきた、性悪で彼女をいじめぬいた高校の同級生の女性への恨みが、動機を構成していたことが明らかになる。

ところで、テレビでも、まさに逮捕された少年の犯行動機が、つまり「積年の大怨」が、暴かれようとしている。大怨は、学校（制度）へと向けられていた、というわけだ。だが、動機をこのような図式の上に設定した上で、その内実を深く抉りだそうとすればするほど、その説明はどんどん空転してしまうように感じられるのだ。なぜか？

確かに、学校（制度）が、犯罪に関与する重大なコンテキストであったかもしれない。犯行現場に残したメモに「ＳＨＯＯＬＬ ＫＩＬＬ」とか「学校殺死の酒鬼薔薇」と記されていること、新聞社に送りつけてきた犯行声明文で「義務教育と、義務教育を生み出した社会への復讐」をうたわれていること、さらに切断された少年の頭部が学校の校門に置かれており、そこに託された視線が朝登校してくるであろう学校関係者に向けられていたに違いないこと、これらの事実が犯罪と学校との関係を示唆してはいる。

だが他方で、少年自身の視点に定位した場合には、学校や教師に怨みがあったがゆえに人を殺した、という「説明」は、まったく瑣末なものに過ぎない、ということも明らかなように思われる。そもそも、学校への怨みが問題ならば、なぜ、彼が通学していた学校の関係者が殺されず、まったく無関係な、別の学校の児童が殺されなくてはならなかったのか。学校をめぐるコンテキストも事件に関係があるかもしれないが、殺人の決定的な原因であるというよりも、事件を引き起こした真の連関が映し出した影絵のようなものだったのではないか、と考えたくなる。

＊

少年の殺人の動機を解明しようとする試みが空転していくうちに、やがて人は、次のことに気づかされるはずだ。これほどの猟奇的な殺人事件には、そもそも、（通常の意味での）動機などというものはありえない、ということに。内面のいかに奥深いところにある動機といえども、このような凄惨な殺人の残酷さや猟奇性に釣り合うことはできない。逆に言えば、何であれ積極的な動機があれば、人はこんなにも酷く、無意味な殺人を犯すことはできない。

それゆえ、むしろこう結論せざるをえなくなる。この種の殺人を現実的なものとして裏打ちすることができるのは、――少なくとも「動機」という語を通常の意味で理解した場合には――動機が空虚である場合のみなのだ、と。つまり、あえて動機を問われた場合には、殺したいから殺したのだというトートロジカルな反復になってしまうような心的機制のみが、首を切断し、これを人前に晒すというような猟奇的な殺人を可能なものにしているのだ。

翻って『事件簿』を眺めるならば、金田一少年は、犯行の背後に、犯人の内面の動機を見出してしまう。金田一少年が発見する（犯人の）動機は、犯行の猟奇性に追い着こうとして、たいへんな深みや重みを与えられる。だが、酒鬼薔薇聖斗の殺人事件を知ってしまった立場から眺めると、解明された動機が深ければ深いほど、かえってその動機の説明は嘘っぽく、現実性を欠いていくのを感じざるをえない。積極的な動機があれば、——突発的な興奮に起因する暴走を別にすれば——、犯行の残酷さの程度は、まさにその動機と釣り合ってしまった水準で停止してしまうはずだ。『事件簿』もまた、伝統的なミステリーと同様に、現実の成立平面から遊離している。しかし、今度は、その理由は、伝統的なケースとまったく逆である。動機が現実に比して不足しているというのではなく、今や、動機があまりに多すぎるとの印象を与えるのだ。かつて、ミステリーを現実に繋ぎ止める役割をはたしていた、その当の要素が、ミステリーを現実から遊離させる原因となっているのである。

2　童謡殺人

以上が、少年逮捕の直後に、事件の報道とマンガとを比較する中で考えたことだが、この考察を、さらに前に進めてみることもできる。つまり、ミステリーの方も、実は、前々から、ときに現実は内面的な動機の空虚の方にこそある、ということに無意識の内に気づいていながら、このことを意識的な自覚にまでもたらすことができなかったのではないか、こんなふうに考えることも可能なのだ。

私がこう主張する根拠は、今度は、「動機」の側ではなく、「トリック」の側にこそある。それは、「童謡殺人」と呼ばれる、ミステリーに頻用されてきたパターンと関係がある。童謡殺人とは、マザーグースの歌詞とか、村の伝説の筋に従って、次々と殺人が行われていく、というやつである。童謡殺人は、一般的には、殺人の真の動機を隠蔽するために行われる。そのシンプルな典型は、「ABC殺人事件」である。殺人は、被害者の名前の頭文字をアルファベット順に辿るように行われていく。もし犯人が人をこんな順序に殺していくことに快楽を覚えているのだとすれば、つまり彼（女）が、殺した者が誰であれとにかくその頭文字がABCの順序を構成していさえすればそれで十分な悦びを感じることができる、ということであれば、その犯人は、狂人であると考えるほかなくなる。だが、もちろん、犯人の本当の目的はそんなところにはない。「ABC殺人事件」の場合には、犯人が真に殺したいと望んでいる人物は、一連の被害者の内の一人に過ぎない。犯人は、その人物との殺害動機を構成しうる関係から自らが特定されるのを防ぐために、木を森の中に隠すようなやり方で、殺人を殺人の森の中に位置づけ、しかもこの「殺人の森」にアルファベット順という特定の脈絡を与えることによって、真の動機を隠蔽したのだ。童謡にそった一連の殺人は、内面の真実（真の動機）を隠す外的な遮蔽幕である。だから探偵は、その真実に到達するために、遮蔽幕である童謡殺人という外観を取り去らなくてはならない。たとえば「ＡＢＣ…」という順序が有意味だと考えている間は、決して犯人に到達することはできない。

『金田一少年の事件簿』においても、そこに描かれるほとんどすべての殺人事件が、童謡殺人である。「飛騨からくり屋敷殺人事件」では、殺人は、山村に伝わる、平家の落ち武者をめぐる凄惨な伝説に託されて、行われる。そのため、殺人は、まるで死者や怨霊の呪いのようなものに起因しているかのような印象を人々に与えるのだ。もちろん、真の動機は、千年近くも前のいさかいに対する死者の復讐にあるのではなく、先に述べたように、二〇年余り前のいじめに対する生者の復讐にある。『事件簿』でも、「童謡」は常に、真の動機を人々に悟らせないための偽装として利用されているのだ。

繰り返せば、ミステリーにおいては、人間的な真実に到達するためには、殺人が童謡の線にそって連続しているという外観は還元され、棄却されなくてはならない。このように、童謡殺人は、真実に到達するための捨て石であり、障害なのだ。が、しかし、『事件簿』の中でも、あるいはミステリーの一般の中でも、童謡殺人があまりに繰り返し、繰り返し描かれている。これを見せつけられているうちに、読者はやがて、転倒した感覚を得るようになる。確かに、個々の小説に関していえば、描こうとしていることの焦点は、童謡殺人という表面的な現象ではなく、その背後にある、内面の真実にある。だが、ミステリーを集合的に眺めた場合には、本当は、ミステリーは、内面の真実よりも、童謡殺人そのものを描きたかったのではないか、そのような印象が生じてくるのだ。言い換えれば、集合としてのミステリーは、いかなる真の動機を隠し持つこともなく、童謡殺人を敢行し、それを快楽とするような殺人者を、できることならば描きたかったのではないか。

実際、ミステリーには、そのような兆候を認めることもできる。たとえば『事件簿』には、「地獄の傀儡師」と名乗る犯罪者が登場する。彼は、明智小五郎にとっての怪人二十面相のように、金田一にとっての末永いライバルとなることが予示されている。彼もまた、本来は、母親を殺されたことに対する怨恨を犯罪の動機としていたが、このこととは独立に、犯罪を一種の奇術として美学的に完成させることへの強い志向性をももっている。彼は、殺人としては困難を招いてでもあえて、犯罪のトリックとしての趣向のおもしろさを追求しようとするし、トリックが暴かれてしまえば、自身が犯人であることを隠そうとはしない。そして、やがて、彼は、自分とは無関係な他人のために、完全犯罪を構想しさえするのだ。内面的な動機に支えられていない、形式的に自己完結した犯罪行為は、いわば自律した童謡殺人である。地獄の傀儡師のような登場人物は、ミステリーが、内面の真実を隠し持たない童謡殺人を描くことへの欲望を持っていることを、示しているだろう。とはいえ、自身の怨恨や（彼が援助する）他人の怨恨が、犯罪の真の理由として犯罪の現実性を担保している限りでは、地獄の傀儡師の犯罪も、自律した童謡殺人には至ってはいない。結局、ミステリーは、童謡殺人を純粋に享受する犯罪者を描きたいという潜在的な欲望に完全に忠実になることはなかった。そんな殺人事件は、まったく現実性に乏しいように見えるからである。

ところで、少年Aの連続犯罪は、独特な宗教的な「物語」の中に位置づけられている。少年が記した「ノート」によれば、犯罪は、少年が「バモイドオキ」と呼ぶ神に捧げる儀式＝実験の体裁を取っているのである。儀式＝実験は、少年の記述によれば、「人間のこわれやすさをたしかめるため」のものである。検事に対する少年Aの供述によれば、こうした宗教的物語を思いついたのは、彼が小学生の首を切断する殺人事件を犯す約二ヶ月前に、女児を通り魔的に殺傷した直後である。殺した人間の首を胴体から切断すること、その首にさまざまな凌辱を加えること、また首を敢えて人目につくところに晒すこと、こうした過剰性——怨恨や利害からくる殺人には無意味な過剰性——は、確かに、宗教的な儀式を想起させるものがある。そして、宗教的に意味づけられたこうした物語は、ミステリーであればまさに「童謡殺人」の系列に含めるであろうような構成を取っているといえるだろう。だが、ここでは、童謡殺人という遮蔽幕を外したとしても、その背後に隠れていた深い内面の真実（真の動機）が見つかるわけではない。たとえば学校への復讐を隠すために、「童謡殺人」の構成がとられているわけではない。むしろ逆だ。学校への復讐というわかりやすいストーリーの方こそ、つまり通常だったら内面に秘められていた動機と解しうる部分こそ、「童謡殺人」の快楽を隠蔽する偽装だったと考えられるのだ。要するに、（童謡殺人という）遮蔽幕が、すでに真実なのである。

そうすると、事態はこんなふうに見えてくる。ミステリーが潜在的に欲望しておりながら、現実への配慮の故に逡巡して、描き切れなかったことを、逆に現実の方が——ミステリーを追い越して——率先して実現してしまった、という具合に。そして、今や、ミステリーのおどろおどろしい虚構性の核でもあった童謡殺人こそが、現実がまさに現実的であることの証となっているのだ。

3　現実の側の過剰

八〇年代の末期より、青少年の新奇な犯罪に直面するたびに、次のような紋切り型の説明が繰り返されてきた。犯罪は、彼らが接してきた虚構——ゲーム、アニメ、映画等——の影響である、と。彼らは、虚構の仮想現実と本当の現実を混同しているのだ、と。酒鬼薔薇聖斗の犯罪に関しても、『十三日の金曜日』のようなホラー映画や『最後の訴え』(リザ・スコットライン著)のようなミステリー等の犯罪への影響が論じられてきた。だが、ここに見てきたような、酒鬼薔薇聖斗の小学生殺傷事件と『事件簿』との対照は、こうした紋切り型の説明の転倒を示唆しているように思えるのだ。

あえて乱暴に単純化すれば、虚構は——とりわけ小説という文学様式の成立以降の虚構は——、本来、現実をモデルとし、現実に匹敵する——あるいは現実を越える——現実性を再現しようとするものだったと言えるだろう。たとえば、ミステリーは、現実の犯罪に匹敵するような、説得力のある――いかにもありそうな――犯罪を描こうとする。こうした試みが一定の水準に到達すると、逆に、現実の方こそ虚構と同じように構成されている、と見なしてもよいと思われるまでになる。現実の犯罪が虚構を模倣している――つまりもともと虚構にとってのモデルだった現実が虚構をモデルとしている――とか、現実と仮想現実が混同されているということが言われるのは、この段階である。もともと虚構の方が現実の類似物だったのに、逆に、現実が虚構の類似物になってしまうこのような事態を、スラヴォイ・ジジェクは、「隠喩の反転」と呼んでいる。

重要なことは、しかし、この反転の中に収容しきれない残余が、現実の側に残ってしまうということである。現実をトータルに虚構へと写像し、ついでその逆写像によって、虚構から現実への写像を作ったのに、この対応関係から逃れてしまう過剰な要素が現実の側に残ってしまうのだ〈ラカン派の精神分析学が、単なる現実《リアリティ》から区別された〈現実《リアル》〉と呼ぶのは、この過剰な要素である〉。たとえば、内面の動機から独立してしまい、そこに回収することができない「童謡殺人」(の快楽)は、そうした過剰な要素にあたる。虚構の作品の影響によって云々という説明が、――犯罪の枝葉末節の手段の採用に関してはともかく――犯罪そのものへと人を駆り立てた衝動に関する説明としては見当外れなのは、こうした過剰性が、現実の側にあるからだ。むしろ逆に、人が虚構の作品を楽しむことができるのは、人がすでに現実の側のこの過剰な要素に魅了されているからである。たとえば、人が『事件簿』の、動機に比して不釣り合いに大がかりな童謡殺人をおもしろがったり、地獄の傀儡師のような——一見したところ「非現実的」な——人物に魅力を覚えるのは、酒鬼薔薇聖斗を捉えたのと同じ衝動が読者の識閾下でうごめいているからなのだ。

ここで私は、事実は小説（虚構）より奇なり、ということを単純に主張したいわけではない。重要なことは、現実の側の過剰な残余、現実の側のプラスαは、現実を虚構へと写像し、再びその逆写像をとるといった、現実と虚構とを往復する操作を媒介にしなくては決して発見されないだろう、ということである。現実の側の過剰が、虚構の媒介を経ずして、それ自体として発見されることはないのだ。たとえば、酒鬼薔薇聖斗が犯した殺傷事件が、自律した童謡殺人であるということは、事件とミステリーの対照を経由しなくては見えてこない。

現実のプラスαが虚構との反射関係を媒介にしないと見いだされないのは、ある観点からすると、現実は、実際に虚構と同じように組み立てられているからである。われわれが現実の内に積極的に認識し、その意味を理解することができるのは、虚構的に縁取られている限りでの現実である。たとえば、われわれは、「学校や教師への深い怨みから殺人事件を起こした」といった、わかりやすい「物語」の枠にあてはめて、事件を解釈する。そして、よくできた虚構は、まさにその現実の虚構的な枠組みを、正確に余すことなく写し取ってしまう。実際に、積年の怨みから引き起こされた、トリッキーな殺人事件についての虚構が、いくつも作られるわけだ。

が、その上で、虚構から現実への逆写像を見ると、虚構へと回収されていなかった過剰分が発見されてしまうのだ。それは、現実を直接にそれ自体として眺めている間には、見えてはいない、端的に「無」であった要素である。それは、虚構と現実との偏差としてのみ、発見されるのだ。

4　傀儡師

ここまでの考察は、酒鬼薔薇聖斗なる少年の奇妙なアイデンティティの構造を示唆している。本来、童謡殺人がミステリーの中で占める位置は、すでに述べたように、真の内面的な動機に隠す外的な遮蔽幕である。だが、少年Aには、遮蔽幕の下に隠された本来の動機などない。遮蔽幕を作ることが、それ自体で、すでに本来の快楽なのであって、これが何かほかの目的に奉仕しているわけではないのだ。そうであるとすれば、この少年にとって、自己の最も内的なことが、同時に外的なものでもある、ということになるだろう。

童謡殺人が起きたとき、ミステリーの登場人物たちは戦慄する。もし童謡の歌詞に従って、あるいは伝説の筋に合わせて、人を殺すことを自己目的的に追求するような者がいるとしたら、それは、狂人であるか、あるいは人間ならざる者（幽霊）であると考えるほかないからである。童謡や伝説に適合させるためだけの殺人は、人のいかなる合理的な利害にも、一貫した欲望にも合致させることができないのだ。それを敢えて犯す者は、そうした合理性や一貫性の枠内にない者だと考えざるをえなくなる。もちろん、ミステリーの場合には、童謡殺人は、背後の動機との関係で打ち立てられる高次の合理性の内部で意味をもつ偽装であることが、後に探偵によって暴かれ、狂人や幽霊の仮面の後ろに冷静な生ける個人がいたことが明らかになる。

だが、もし童謡殺人の背後に、その衝撃力を馴致させる高次の合理性の参照点となるような動機が、存在していなかったとしたらどうなるのか？　しかもこれを犯した人物が、見たところ狂人でもなく、もちろん幽霊でもないとすればどうだろうか？　彼は、通常の日常的な合理性の見地から捉えた場合には、決して「自分のもの」であると見なすことができないような意志や欲望を、自ら自身の内的な核心部に保有し、これらに従うことに快感を覚えていることになるのではあるまいか。酒鬼薔薇聖斗においては、自己の内的な核心が始めから外的である、と述べたのは、こうした意味においてである。彼は、自己に帰することができない――つまり誰とも特定しえぬ他者に帰するしかないような――快楽を、自己がまさに自己であることの根拠としていたように見えるのだ。彼は、己自身の内的な核心部を最初から他者に占有されているような主体なのである。

少年Aが通り魔的な連続殺傷事件を起こした後に書いたと言われている詩「懲役13年」は、彼のアイデンティティの今述べてきたような構成を裏書きしている。この詩の冒頭に彼は記している。「いつの世も…、同じ事の繰り返しである。／止めようのないものはとめられぬし、／殺せようのないものは殺せない。／時にはそれが、自分の中に住んでいることもある…／『魔物』である」と。つまり、自身の核心部が、他者に、つまり止めることも殺すこともできない「魔物」

に占有されている、という事態が、彼が自ら自覚する基本的な感覚なのである。重要なことは、この他者が、「魔物」という呼び方が示しているように、少年自身にとって外的で疎遠な敵として感覚されると同時に、まさにその外的な敵が、彼のアイデンティティの最も内奥の核心部と——彼自身によって——等置されてもいる、ということである。「懲役13年」は、このことを繰り返し表現している。たとえば、詩の第二連では、魔物は「かつて自分だったモノの鬼神」と言い換えられ、それによって、彼はまさに「自分の中」へと追い詰められていく、と記される。あるいは、第四連の最終句は、より端的に、その魔物＝敵に関して、こう述べる。「人生において、最大の敵とは、自分自身なのである」と。そして、最後の第五連では、これに抗うように、「魔物（自分）と闘う者は、その過程で自分自身も魔物になることがないよう、／気をつけねばならぬ」という警告が書きとどめられているのである。

それゆえ、少年Aは、彼自身の内的な核心が、彼自身のものであるところの意志や欲望がはじめから他者的であり、他者に帰属しているように感覚される、ということに苦しんでいるのである。言わば、自らが内側から他者に操られている、というわけだ。「酒鬼薔薇聖斗」は、自己であるところの他者に対する、少年Aのもう一つの名であったのであろう。

このように考えを進めてみれば、——ついでに指摘しておけば——、『金田一少年の事件簿』の「地獄の傀儡師」には、こうした内的でもあるところの他者への萌芽を認めることができるのではないか。傀儡師、つまり人形使いは、人形を操る（人形にとっての）他者である。だが、人形は、この他者＝傀儡師から独立した己固有の意志や欲望を有するわけではない。そうであるとすれば、人形の「自己」とは、まさに傀儡師という「他者」であるという他あるまい。マンガの設定では、地獄の傀儡師の母は、天才マジシャンであり、その最高傑作は、「生きたマリオネット」と呼ばれる奇術《マジック》である。この奇術では、マリオネットは自ら糸を切って、自分で勝手に動きだす。マリオネットが、他者＝傀儡師から分離した、自己に固有の意志を獲得するのだ。だが、奇術の最後には、マリオネットは疲労し、再びただの操られなければ動かない人形へと帰っていく。つまり他者からの独立は、ついには失敗する。地獄の傀儡師は、やがて、殺人への何らかの動機を抱く者のために、完全犯罪を構想し、金田一と闘うようになるのだが、ここでの傀儡師と彼への依頼者の関係は、奇術「生きたマリオネット」における傀儡師とマリオネットに関係に見立てることができるのではないだろうか。要するに、地獄の傀儡師は、怨恨などの、殺人への内面的な動機を有する者（依頼人）にとっての「内的な他者」を、それ自身、外部へと切り離し、対象化したものなのではないか。依頼人は、自ら固有の動機を抱いているように思っているが、本当は、傀儡師に操られているだけなのだ。

このように考えると、ここに、少年Aが「懲役13年」において描いた次のような構図とまったく同じ像を得ることができる。「魔物は、俺の心の中から、〔中略〕危機感をあおり、／あたかも熟練された人形師が、音楽に合わせて人形に踊りをさせているかのように俺を操る。」

さらに、付け加えておこう。少年Aの犯罪は、自己の内的な核心部を占める他者は、実際、対象化され、外的に措定されることもある、ということをも示しているのだ、と。少年Aが殺害し、その首を切断した小学生Bは、少年Aにとって、まさに外部に対象化された内的な他者ではなかったのか。たとえば、少年Aの供述調書の最も衝撃的な部分は、彼が小学生Bの首を切断した経緯を詳細に語っている箇所であろう。それによれば、B君の首は、切断された直後、Aの声を借りて、Aに語りかけてきた。そのとき、語っているのは、AなのかBなのか。どちらとも決定できまい。これは、「懲役13年」の最後の方に記された、次の一言——ニーチェからの引用と思われる一言——に通ずる。「深淵をのぞき込むとき、／その深淵もこちらを見つめているものである。」じっとのぞき込んでいるのは、こちら（私）なのか、あちら（深淵）なのか？

＊注

1　事件の詳細については、前章注1を参照。

第4章
透明な存在の聖なる名前

1　名前は「単なる記号」か？

酒鬼薔薇聖斗を名のった少年の犯行声明文は、自分の名前が読み間違えられたことに対する怒りから始まっている。[1]「この前ボクが出ている時にたまたまテレビがついており、それを見ていたところ、報道人がボクの名前を読み違えて「鬼薔薇」（オニバラ）と言っているのを聞いた／人の名を読み違えるなどこの上なく愚弄な行為である。」

こうした種類の怒りを、われわれはわからないでもない。声明文が言うとおり、確かに、名前を間違えられるとか、忘れられるということに、人は、強い侮辱感を覚えるものだからである。誰かを愛しているということ、誰か他人に本質的な関心をもっていること、こういうことの内には、その人の名前を知っているということ、あるいは少なくとも知りたいと思うことが含まれる。とても好きなのだが、名前を知らないし知りたいとも思わない、などということはありえないことである。逆に、誰か他人が私の名前を覚えていないということは、その人が、私という人間におよそ関心がないということを示している。たとえその他人がどんなに詳細に私の属性を知っていたとしても、私の名前を知らないとすれば、その人は私そのものには関心がないのである。逆に、名前を知っているということは――たとえ私について他に知るところがごくわずかであったとしても――、私そのものへの関心の所在を示している。新任の先生が、着任早々、私の名前を覚えていてくれたことの、少しばかりうれしい気持ちは、この点に由来するのである。

だが、名前を間違えられたり、忘れられたりしたときに、侮辱された、という感覚を覚えるということ、これは、少し考えてみると、不思議なことである。

酒鬼薔薇聖斗つまり少年Aが中学三年に進学してまもない四月下旬――ということはすでに連続殺傷事件が始まっているわけだが――の保護者の学級参観のときに、次のようなことがあったという。担任の教師が、国語の授業を使って、生徒に、彼らの名前の意味を答えさせた。名前に込められている親の思いを知ってもらいたいとの考えからだったという。たとえば「卓」という名前には、卓れた人物であって欲しいという親の思いが表現されている、といったようなことであろう。このとき、少年Aは、指名されて、「名前には意味はないと思います。単なる記号でしかありません」と答えたのだという。担任は「そういう考え方もあるかもしれないね」と言って、その場を切りぬけたらしい。

　このやりとりには、名前についての言語哲学的議論に通ずるものがある。名前には意味があるという一派が一方に存在している。名前は、その名付けられたモノの性質の記述（の束）の代用品である、と考えるのである。この考えは、「卓」が「卓れた人」を意味するといったことではないが、たとえば「アリストテレス」は、「ギリシアの偉大の哲学者で、アレクサンダー大王の家庭教師」という意味だとする。この考えによれば、名前は概念の表現の一種だということになる。だが、ラッセルに代表されるこういう考えは、今日では、厳密な哲学的議論によって完全に論破されている。たとえば「アリストテレスがアレクサンダー大王の先生ではなかったならば」といったような文をいくらでも作ることができるからである。そうすると、名前は、少年が述べるように、何も意味しない（概念を表現しない）単なる記号だ、という説が支持されるように見える。

　しかし、そうだとすれば、名前を覚えられていないということに、人は、なぜ、愚弄されたという感覚を覚えるのだろうか？　名前が単なる記号であるとすれば、名前を知っているということは、その人について、何か内容のあることを知っていることにはならない。つまり、ある人についての認識に関して、その人の名前を知っている者と知らない者との間に、本質的な差異があるわけではないのだ。にもかかわらず、名前を知られていないということは、あまり愉快なことではない。

この奇妙さを理解するためには、――精神分析学者スラヴォイ・ジジェクが示唆していることだが――同じことは単なる事物に対しては成り立たない、ということを考えてみるのがよいだろう。たとえば、ある人が、あるコンピュータの名前（呼び方）は知っているが、その性能や使い方について、あるいはそもそも何に使うものかということについて全く無知であったとすれば、その人はそのコンピュータについて何も知らないに等しいということになるだろう。また逆に、コンピュータの名前は知らないが、その性能や使い方を熟知している人は、十分にコンピュータのことを理解しており、コンピュータに関心があると見なされるに違いない。事物に関しては、その事物についての概念を把握していなくては何かを認識していることにはならず、その名前は、まさに「単なる記号」として、せいぜい便宜上の役割を果たすに過ぎないのだ。

ところが、人間に対しては、あるいはより厳密には生きているものに対しては、名前は何も意味していないにもかかわらず、単なる記号以上のものになる。というより、そもそも、われわれが名前（固有名）を与えようと切実に望むものは、生きているものなのであり、逆に、名前を与えるということは、その対象を生きているものとして扱うということなのである。たとえば、誰かが、自分のコンピュータに「めぐみちゃん」という名前を与えているとすれば、その人物にとってコンピュータは生きているのだ。

少年Aは、彼の本名「A」に対しては、これを「単なる記号」と見なすシニカルな距離を取りつつ、ほぼ同じ時期に、他方ではまったく逆に、「酒鬼薔薇聖斗」というもうひとつの名に関しては、その忘却や言い間違いに侮蔑感を覚えるという没入ぶりを示していることになる。この対照は、どこに由来するのか。

2　共同性からの根源的逸脱

犯行声明文の中で少年Aは、本名ではないもう一つの名「酒鬼薔薇聖斗」を、「うそいつわりのないボクの本命」と表現している点が、注目されるだろう。「本命（ホンミョウ――読み引用者）」という言葉は、本当の名前は生きているものにこそ与えられるという、ここでの理解と整合する。逆の面からとらえれば、Aは、まさにその本名「A」としては、象徴的に死んでいるのかもしれない。彼は、「他人」や動物をまるで生きていないただの物のように扱ったと言われた。だが、他人より前に彼自身が生きていないのである。たとえば、Aが動物を殺す趣味があったことはよく報道されているが、それればかりではなく、自分自身の身体を傷つけてみることもときにあった。事件の現場となったタンク山や池のほとりでひとりで過ごすときに、「かみそりで手の指を傷つけて、血の色をじっと見つめること」があったのだという。それは「自分が生きていることを確かめるため」の行為である。少年にとって、本当に自分が生きているかどうかということは、懐疑の対象となるようなことがらだったのである。

他人によって名前で呼ばれ、生きた人として対されるということは、社会がつくる共同性に参加する、最小限の条件である。だから、もし少年Aが、他人が彼を呼ぶときに使う彼の本名

「A」を「単なる記号」以上のものとは感じていなかったとするならば、このことは、少年Aが、こうした最小限の共同性にすら参加していなかったことを示している。このことは、次のような論者たちの議論とも呼応する。

たとえば宮台真司は、この酒鬼薔薇聖斗の事件や少年たちによるナイフを用いた殺傷事件に関係づけて、「反社会性」を越えた「脱社会性」ということを論じている。どちらも、社会的な逸脱の様式なのだが、脱社会性は、反社会性よりも徹底した完全な逸脱である。反社会性は、何らかの大義や理由のもとに、社会の支配的な規範に反抗することである。他人に受け入れ可能な（はずだと想定されている）大義や理由をかかげている以上は、これは、なお広い意味では社会の支配的な共同性に内在している、と考えられる。だが、どのような理由もない反抗や無意味な殺傷を英雄視したり快楽と感ずる逸脱は、もはや、いかなる意味でも共同性に内在しているとは見なしえない。こうした共同性からのトータルの外在を、宮台は「脱社会性」と呼んでいる。「殺しが愉快でたまらない」という感覚をもつ者や酒鬼薔薇聖斗の無意味な犯罪を礼賛する者は、まさに脱社会的である。私の考えでは、少年Aの本名への態度はこうした脱社会性を示す兆候と解しうる。

宮台によれば、こうした現象を理解する鍵は、他人からの「承認」である。少年たちの多くは、これまで、一度として他人（大人）に自分の存在を承認されたことがない、と感じている。こうした者の一部は、承認の欠如を何とか埋めようとして、承認を求め、さまよい歩くことになる。それがＡＣである。だが、どうせそこから承認が得られないのであれば、他人を殺害し、社会を破壊してもかまわないという全的な否定へと向かう者もいる。こうした否定が、脱社会的行為である。以上が、宮台の論である。

大塚英志（「ナイフと少年」『中央公論』九八年四月）は、異なった観点から、宮台の論と類似した趣旨の議論を展開している。大塚は、永山則夫の論理と現在の少年犯罪者の論理を対照させることから推論している。永山は、『無知の涙』で、自分の犯罪の究極の原因は、誤った社会体制（資本主義的生産様式）にあると訴えている。これと大塚が対比させているのは、次のような少年犯罪者の例である。彼は、仲間と一緒に一人の少年を集団暴行死させた十九歳の少年なのだが、彼が持っていたナイフ（友達に貸した）で少年が刺殺されたことを悔やんでいる。少年は、拘置所内で、黒磯市で中学生がナイフで女性教員を殺してしまった事件を知り、さらに弁護士から、『ギフト』（バタフライナイフの流行のきっかけとなったとされるドラマ）が再放送されていると伝えられた。彼は、少年たちに悪影響を与えるこうした番組は放送されるべきではないと考え、弁護士と相談して、テレビ局に『ギフト』の放送中止を訴える手紙を出したのである。

永山と少年の論理の構造は同型的である。どちらも、自分自身は無罪《イノセント》である、と考えている。悪いのは他人なのである。大塚の注目するのは、だが、こうした同型性ではなく、犯罪の真の原因や責任が投射されるその「悪い他人」が、両者の間では異なっているということである。永山の場合には、それが、全体としての社会であった。だが、今日の少年の場合には、それはメディアである（「メディアの影響でナイフを持ち歩いてしまった」）。つまり、社会が単一の全体として統一的な共同性を保持しており、自分自身がそこに内属しているという感覚が、永山にあったこのリアリティの感覚が、少年の方には、存在していないのだ。このとき、自分自身の無罪性の感覚の反照として想定される他人――本当の原因――は、抽象的な「社会」ではなくて、具体的に接してきたメディアとして表象されることになるのだ。

宮台が脱社会性ということで注目した現象と大塚が焦点をあてた現象は、もちろん同じものではない。しかし、大塚が剔出した、社会の単一的な共同性についてのリアリティ感覚が雲散霧消しているという事実は、少年たちの脱社会化を促す基底的な要因となるに違いない。

だが、ナイフをもつ少年（の一部）や酒鬼薔薇聖斗が脱社会的であるとして、それならば、それが、殺人といった攻撃性として「社会」の方に帰ってくるのはなぜだろうか？　脱社会化されている者が、自余の社会に対してもつと予想される反応は、端的な無関心であろう。脱社会性という否定的な状況を、殺人の衝動やその快楽といった積極的な攻撃性へと転換させている要因が、まだ見出されていない。

3　聖名の関係性

名前についての話題にもどろう。少年は、犯行日記の中で、「そろそろ聖名をいただくための聖なる儀式「アングリ」を行う決意をしなくてはなりません」と記している。聖名とは、「酒鬼薔薇聖斗」のことであろう。猟奇的な殺人そのものが、聖なる儀式「アングリ」の一部――しかもその中心的な一部――だったと考えられる。

「酒鬼薔薇聖斗」という聖名は、少年が犯行声明で「透明な存在」と言ったことと関係がある。この聖名は、「透明な存在」に対する名なのである。それにしても、「透明な存在」という語は何を指すのか。文字通りこの語をとるならば、それは、存在しているということがいかなる実質的な内容をもたないこと、何者としても存在していないということ、要するに「無としての存在」を意味しているだろう。この語の意味が何であれ、この語が流行語にまでなったという事実は、この語が喚起する含みが、特に若い人々の感覚的な真実にフィットしたということを示しているだろう。

ところで、「聖名」という語は、オウム真理教の「ホーリーネーム（聖名）」を思い起こさせる。オウム教団は、その行動によって、「脱社会性」を最も端的に示した集団だったと言えるだろう。それは、消極的な形態としては、出家によって、そして積極的な攻撃の形態としては、「ポア」の教義によって正当化されていたテロリズムによって、表現されていた。そのオウムにおいては、あるランクを越えた信者は、教祖麻原より、ホーリーネームをもらう。ホーリーネームは、麻原の直観から、その信者と関係が深いと見なしうる、仏教説話の聖人や神の名等から取られることが多かった。それらは、「アーナンダ」「マハーケイマ」「マンジュシュリーミトラ」等といった、日本人の常識的な教養を前提にした場合には極端にエキゾチックなものに見えてこざるをえない。

　こうした、本来の名前のほかにもう一つの奇妙な名前をもつというやり方のルーツを探っていくと、その過程で、一九八〇年代の後半に『ムー』や『トワイライトゾーン』等のオカルト系雑誌を中心に次々と現れ、編集部すらも当惑させた、若者たちの次のような投書に出会うことになる。


「前世名が神夢、在夢、星夢という三人の男性を捜しています。早く目覚めて連絡を…」

（『ムー』一九八七年七月）


　前世の仲間へと呼びかけているのだ。ここで注目したいことは、この種の投書では、必ず、自分自身とその前世の仲間が、特殊な前世名をもっているということである。その名前が、ありふれた日本人の名前であることはまずない。アメリカ、イギリス、フランス、ドイツなど、日本人に比較的なじみの国の典型的な名前であることすらない。名前は、北欧風であったり、インド風であったりする極度にエキゾチックな名前か、あるいは難しい漢字の組み合わせによって幻想的な響きや意味合いを喚起する名前なのである。要するに、名前は、オウムのホーリーネームや「酒鬼薔薇聖斗」という聖名と同じ方法で作られているのだ。

　こうした名前の、常識的な名前からの懸隔は、現実の一般的な共同性からの彼らの世界の離脱ぶりを示す指標になっている。実際、彼らが前世名において自己同一性を保持している世界、つまり前世は、ただの過去ではない。つまり、それは、経験的な歴史の中に位置をもつ現実の過去ではなく、ムー大陸のような超古代や天上界のような幻想的な異界なのである。彼らが感覚している、共同性からのあらん限りの距離を、時間軸の上に投影した場合には、しばしば、現実のこの共同体から地続きの経験的な過去ではなくて、そこからの距離を定めがたい、幻想の過去になってしまうのだろう。

＊

ここで特に重要なことは、前世の仲間を捜す投書が、ただ名前を呼びかけられるだけで、仲間たちが前世における繋がりに目覚める、と考えている点である。この事実は、彼らの「共同性からの離脱」がどの地点で生じているのか、を教えてくれる。名前の呼びかけのみによって覚醒するということは、彼らが、非常に直接性の高い感応や共鳴《シンクロ》によって関係しあっている、ということである。それは、テレパシーのようなものであり、――名前を呼ぶということを別にすれば――ほとんど一切の媒介をも要することなく、物理的な距離すら問題としないコミュニケーションなのである。

こうした直接性の極限にあるような関係を、本源的で必然性の高い関係の規準と見なせば、現実の一切の社会関係は、派生的で偶有的な（つまりどちらでもよい）関係だということになるだろう。一般の社会関係は、いずれも、何らかの媒介を必要とする間接的な関係であるほかないからだ。もし、彼らに脱社会性への志向があるとするらば、それは、彼らにとって、本質的に重要な第一義的な関係が、超現実的な水準にある、高度に直接的な関係だからである。

このように、極限的に直接的な関係が、他の社会関係の全体を否定する。その否定の中心的なターゲットは、家族の関係にならざるをえない。人間は、誰も、家族の内に生まれ落ちてくる。したがって、現実の社会関係の中では、誰にとっても、家族との関係――とりわけ親との関係――こそが、最も直接的で、最も自然な（必然性の高い）関係として、現れざるをえない。他の社会関係は、家族（親子）の関係からみれば、派生的・二次的なものになる。だが、しかし、今述べたような、極限の直接性を備えた関係を「本来性」の規準として想定すれば、家族の関係すらも、派生的なもの、間接的なものとして現れるだろう。つまり、今のこの世界（現世）では、たまたまこの人が私の親だけれども、前世においては、私は別の誰彼と結ばれており、そちらの関係の方が、私にとって本来的で重要だ、というわけである。

酒鬼薔薇聖斗こと少年Aの家族のことを考えてみよう。われわれが入手しうる情報から判断すると、少年にとってことのほか重要な意味をもった家族のメンバーは、母親だったようだ。家裁送致後、少年は、母親について、「幼稚園のころから小学六年ごろまでは、母がぼくのすべてだった。友人が母親を思う気持ちの何倍も母を愛していた」、「母は僕にとってなくてはならない存在です」等と語ったという。このように母を重視しているので、少年が母に大きく精神的に依存していたかというと、そうではない。まったく逆である。

たとえば、少年が小学三年生のときに書いた「お母さんなしで生きてきた犬」という作文は注目に値する。それは、生まれてすぐに母親から引き離されて育てられたために、母親の顔を知らない、サスケという犬について書いた作文だ。この作文は、担任の教師によって学級通信に掲載されたのだが、掲載の際に、教師は作文の結末部をあえて削除した。そこには、次のように書かれていた。

「ぼくもお母さんがいなかったらな。いやだけどやっぱりぼくのお母さんみたいのがサスケのおかあさんだったらわからないけど。やっぱりかわいそうだな。」

母のいない犬をあわれむ一方で、うらやんでいるのである。同じ三年生のときに、少年は父親に叱られたのがきっかけで激しく泣きじゃくり、意味不明なことを口走って、母親を心配させている。このとき少年は、「お母さんが見えなくなった」等と口走ったという。これらの事実から推論できることは、要するに、少年は、自らの世界の中から、母を排除しようとしているということである。酒鬼薔薇聖斗もまた、あのオカルト雑誌の投稿者たちのように、あるいはそれよりはるかに徹底的に、家族的な関係性を否定し、そこから離脱しようとしているのである。

だが、少年は、母を排除したとしても、母に無関心になったわけではない。むしろ、家裁での言葉が示しているように、母親にこそ、彼の最も強い関心が向けられている。母の排除と母への強い関心とが、不思議なことに、共存しているのである。

4　二つの名前で呼ばれた少年たち

少年は、二つの名前をもつ。しかもその内の一方（「A」という本名）はまがいもので、単なる記号と感じられるが、他方（「酒鬼薔薇聖斗」という聖名）は本物で、その呼び間違えは許せないという思いを与える。こうした、まったく対照をなす二つの名前の意義を考えるために、ここで一本補助線を入れてみよう。

それは、芹沢俊介が「イノセンスの壊れる時」という含蓄深い短文で、フランスの精神分析医フランソワーズ・ドルトの著書から引用しているある男の子についての事例である。[2] その子は、誕生時に親に捨てられ、すぐに施設に収容された。そして十一ヶ月のときに養子縁組が決まり、養父母に「フレデリック」という名前を与えられた。だが、成長したフレデリックは知力障害や便失禁などの精神病的な症状を呈し、七歳になってもそれが消えなかったので、ついに両親は彼をドルト医師のもとに連れていった。

ドルトの治療はすぐに成果をあげたが、完全ではなかった。どうしても一つの症状が消えなかった。フレデリックは文字を読もうとも、書こうともしなかったのだ。だが、文字に関しては、彼は注目すべき行動を示した。彼は、描く絵の随所に「A」という文字を書き込んだのだ。ドルトは、この「A」が人の名前を指すのではないか、と推測した。フレデリックの養子になる前の名前は「アルマン」だったからだ。
ドルトはフレデリックに「A」は「アルマン」の頭文字ではないかと尋ね、「あなたは養子にもらわれたときに名前が変わったのでつらい思いをしたのでしょうね」と話しかけてみた。しかしこの語りかけは、フレデリックに何の効果も与えなかった。だが、このあとのドルトの対応が絶妙だった。ドルトは、今度は、フレデリックを直接に見つめずに、そして声の調子や強さをいつもと変えて、「アルマン」という名で呼びかけてみたのである。彼女は、顔をあらぬ方向に向けて、つまり天井やテーブルの下などに向けて、まるでどこにいるのかわからない人に声をかけるように呼びかけたのだ。「アルマン…アルマン…」

少年は、これに劇的な反応を示した。彼は、彼の本来の名前を呼びかけるその声に聞き耳をたてた。そして、やがて、ドルトと少年の視線が出会い、ドルトはこう言った。「アルマン、あなたが養子になる前の名前はアルマンでしょ」。このとき彼のまなざしがきらりと強く光った、とドルトは記している。そして、ほどなくして、この少年は、読み書き能力を身につけた。

フレデリックは、二つの名前をもっていた。酒鬼薔薇聖斗とこの点で同じである。酒鬼薔薇聖斗の二つの名前とフレデリックの二つの名前はどのように対応するのか。単なる記号として空虚な響きしか残さない名前が、酒鬼薔薇聖斗にとっては親が彼につけた名前「A」であり、フレデリックにとっては「フレデリック」である。そして、自分の本来の名前、名前としての名前たりえているのが、「酒鬼薔薇聖斗」と「アルマン」である。要するに、次のような対応が成り立つ。

酒鬼薔薇聖斗　フレデリック
単なる記号　「A」　「フレデリック」
本当の名前　「酒鬼薔薇聖斗」　「アルマン」

「アルマン…アルマン…」と呼びかけられたときにフレデリックに起きたことは何なのか？最初に「アルマン」という名前で指示され、その後でその名前を失った自己の存在が、このときはじめて、「フレデリック」という名前で指示されていた存在と結合され、等置されたのであろう。「フレデリックというのは、アルマン（ぼく）のことなんだ」。

しかし、大きな謎は、フレデリックは、「アルマン」という呼びかけが彼に正面から向けられたときには何の反応も示さなかったのに、虚空の誰でもない者に向けられたときには反応したのはなぜか、ということである。フレデリックの視点からすると、虚空に向けられた、ドルトの裏声は、もはやドルト自身に帰せられる声ではなく、誰の声とも特定しがたい匿名の声になる。つまり、それは、現実のこの空間の中から聞こえてくる声ではなくなるのだ。ドルトは、それを、巧みに「『オフ』の声」と表現している。「オフ」の声とは、映画やテレビ番組などで、画面の外からかぶせられる声である。「オフ」の声だけが成功したのはなぜか？

この点については、考察すべきことはたくさんあるのだが、とりあえず、ここでは、ドルト自身の説明にそう形で、簡単にすませてしまおう。現実の現在の空間の外からの声になることによって、その声は、フレデリックにとって、彼の無意識の記憶の中に蓄えられていた、彼の最初の親——といってもそれは施設の養育者のことであろう——たちの彼に呼びかける「アルマン」という過去の声と重ね合わされたのではないか。つまり、それは、最初の親たちの声の再来として聞かれたのではないか。

すると、こういうことになる。最初の親の呼びかけは、本当の名前となりえたのに、二度目の、フレデリックを引き取った親の呼びかけは、本当の名前になりえなかった、ということに。両者の違いはどこにあるのか？　生後最初につけられた名前「アルマン」は、彼がこの世界に偶然にも存在しているということを、そしてそのことのみを——他にいかなる留保条件をつけることなく——肯定的に承認するものである。だが、「アルマン」という名前は、唐突に、理由もなしに「フレデリック」に変わってしまう。この場合に、「フレデリック」という名前は、必然的に、アルマンとしての彼の存在の——ということは彼が存在しているということそのことの——否定を含意せざるをえない。もちろん、養父母は、フレデリックを愛し、彼を肯定的に承認したに違いない。が、「フレデリック」と名付けた瞬間に、すでにアルマンとしての彼の存在そのものへの否定が含意されてしまっているがゆえに、養父母が、いかにフレデリックを肯定したとしても、それは、否定を前提にした肯定、全的ではない条件づきの肯定にならざるをえないのだ。「アルマン」と「フレデリック」の相違はここにある。

「オフ」の声は、「アルマン」として、彼の存在を肯定するかつての親の声を現在に再現することによって、この声を、「フレデリック」と呼びかける現在の親たち――あるいは他の人たち――の声と接続＝等置し、「フレデリック」という名が導入した唐突な否定によって生じた、二つの名前の間のギャップを埋めあわせたのである。

5 排除された母の回帰

「フレデリック」が「A」に、「アルマン」が「酒鬼薔薇聖斗」に、それぞれ対応しており、当人たちにとって類似の意味をもっていたことは明らかである。が、そうだとすれば、この対応関係は、言わば交叉している。つまり酒鬼薔薇は、フレデリックに対して、逆立していることになる。つまりこうだ。フレデリックは、まず「アルマン」という名前を与えられ、後に「フレデリック」という名前が与えられた。だから「フレデリック」が「アルマン」の否定になってしまうのだ。だが、酒鬼薔薇聖斗の場合は、最初に「A」という名を与えられ、その名前によって親から肯定されていたはずだ。「酒鬼薔薇聖斗」という名前は後から導入されたものだ。「フレデリック」がまやかしの名前になり、「アルマン」が本当の名前になったのはなぜか。それは、述べてきたように、「アルマン」だけが、他者（養育者）の全的な肯定に裏打ちされていたからだ。

ここから、われわれは類推してみよう。もし少年Aにとって、「酒鬼薔薇聖斗」が本当の名前なのだとすれば、それは、やはり、他者による（その名によって指示されている彼の存在の）全的な肯定によって裏打ちされているものでなくてはならない。逆に、「A」を支える承認は、そのような全的な肯定に至りえなかった承認、否定を孕んだ承認であったのだろう。だが、「酒鬼薔薇聖斗」という名前によって彼の存在を肯定する他者とは、誰のことなのか？　それこそは、聖名をいただく儀式が捧げられていた他者、つまりバモイドオキ神に違いない。[3]

だがバモイドオキ神とは誰のことか？　もちろん、それは、少年の妄想の産物だとも言える。が、単にそのように言ったのでは、問題は解決しない。それが、少年自身にとって、自分自身の内的な空想としてではなく、（彼の存在を承認しうる）外的な他者としてたち現れえたのは、いかにしてなのか、が問題なのだから。

少年Aが事件の最中に書いた詩「懲役13年」は、「魔物」について書いている。この詩によれば、魔物は彼の外部にいるのではなく、彼の内部にいる。というより、魔物は彼自身で（も）あるのだ。魔物と彼自身の、ほとんど混融するまでの直接的な関係は、前世の仲間同士のあの関係に類似したものなのだが、その点には深く立ち入らないことにしよう。彼を内側から操っている魔物とは、おそらく、バモイドオキ神と同じものである。

この「魔物」という表現は、彼の小学三年生のときの作文を思い起こさせる。その作文のタイトルは、「まかいの大ま王」である。ここで「大ま王」と呼ばれているものこそ、後年の「魔物」ではないか、と推測したくなるのである。ところで、ここで「大ま王」とは、母親のことなのだ。彼は「お母さんは、えんま大おうでも手が出せない、まかいの大ま王です」と記す。

さて、そうであるとすれば、とりあえず、こんな仮説を立てることができる。バモイドオキ神とは、結局、母親の変形された姿である、と。先に述べたように、少年は自らの世界から母を排除する。排除によって生じた空隙に、母が回帰する。ただし、それは、全体として変形されている。どのようにか。私の考えでは、それは裏返しになっているのである。その意味を説明しよう。

フレデリックにとって、「フレデリック」という名前は、彼の存在の（部分的な）否定に対応していた。同様に、酒鬼薔薇聖斗にとって、「A」という本名は、彼の存在の（部分的な）否定を前提にして措定されているのではないか。たとえば少年の母親は、彼をたいへん厳しく育てたという。その厳しさは、母親を「まかいの大ま王」と呼んだ少年の母への恐怖心によって、反対側から映し出されてもいる。この母親は、もちろん少年を愛しており、彼女なりの信念のもとにしつけたのだろうと思う。だが、厳しく育てるということは、子を条件つきでのみ肯定すること――したがって部分的に否定すること――である。このとき、少年は、自分自身の存在を無条件に全的に肯定される場を、母とのこの通常の関係とは別の形で確保しなくてはならないだろう。

少年の存在は、現実のどこにおいても、全的に肯定的に承認されてはいない。このことを、少年の立場から表現すれば、家族的な関係の排除として、さらに、この上に立つ一切の社会関係の排除として現れることになる。これこそが、社会の支配的な共同性からの離脱（脱社会性）にほかならない。

このような場合、人は、現実の関係において否定的な意味をもつような他者の眼差しを、そのまま、自らにとって肯定的な意味を有するものとして受け取ることによって、自身の存在への全的な肯定的承認を回復することができる。少年の排除された母親が、裏返しになって帰ってくる、というのはこういうことである。「まかいの大ま王」としての母は、もちろん、あまりに厳しい母であり、少年の存在のあり方を否定する母である。しかし、その否定こそが、そのまま、彼の存在を肯定する承認を表現しているのだとすれば、「大ま王」は、神に、バモイドオキ神に変貌する。「酒鬼薔薇聖斗」は、このような、否定から反転して構成された肯定的な承認の下で、彼の存在を指示するときの名前として、与えられるのであろう。

自らに対して否定的にかかわる否認の眼差しを、そのまま肯定的な承認へと裏返して活用するというこの態度を、少年は、家族的な場を越えたより広域の社会的な場の中でも、採用している。たとえば、少年は、「挑戦状」や「犯行声明」で警察をわざと挑発し、警察の捜査の手が自分に近づいてこないように見えることに——安堵感を覚えつつも——苛立っているように見える。実際、彼は、声明文を書いたことについて、「早く捕まえてほしいという気持ちの裏返しだったのかもしれない」と述べている。警察の懲罰的な視線を彼は欲望しているのである。そうした視線の中では、彼が犯罪者として存在しているという事実が、肯定されているからだ。

同じようなことは、実は、ナイフを持ち歩く中高生に関しても言える。彼らは、なぜナイフをもつのか？　もちろん、それによって、自分自身が強くなったような感覚を覚えるからである。

なぜか？　ナイフをもつ彼に恐怖する他者の視線を想像するからである。恐怖は、相手を忌避する感情であり、通常の関係の中では、否定的な意味しかもたない。これを、肯定的な承認と捉え返すことによって、ナイフをもつ少年は、強い者となって再生することができるのだ。たとえば、黒磯市の中学女性教師は、生徒がナイフで彼女を脅迫したとき、少しもひるまなかった[4]。この勇敢な対応があだになったのだ。彼女が恐れなければ、少年は裏返しの承認すらも得られなかったことになる。そうなれば、少年は、何とか裏返しの承認を引き出すために、つまり教師の恐怖を引き出すために、単なる脅しを越えて、実際に行動化して、彼女を刺すしかなくなってしまうのだ。

ナイフをもつ中高生は激しく怒り、興奮する状態を、「キレる」と表現する。それは、欲望や興奮を抑制する緊張の糸や神経がキレるということに由来する語だろうが、この語の意味を隠喩的に拡張させてみれば、それは、社会の共同的な紐帯から切れた状態を表しているとも解することができるだろう。キレた状態への補償として、他者の裏返しの承認があるのだ。

6　透明な存在から不透明な実体へ

自己の存在に対する全的な肯定を裏返しの形態で保持した場合の効果は何か？　それは、裏返しの肯定を受容する者のアイデンティティに対して、どのような影響を刻印することになるのか？

少年Aは、自分は多重人格だ、と述べていたという。臨床的な厳密さにおいて捉えた場合に、彼が多重人格と見なしうるかは疑問だが、彼に多重人格的な兆候が見られることは確かである。たとえば、犯行声明文の冒頭の「この前ボクが出ている時に」という表現は、多重人格内の一つの人格が顕在化しているときと解しうるし、また「懲役13年」が表現する、自分の中に魔物がいるという感覚もまた、多重人格を思わせるものがある。多重人格に固有の――つまりある人格の行為を別の人格が知らないことから生ずる――記憶喪失も見られる。万引きした記憶もないのに、新しい時計やナイフを入手していたり、小学校の修学旅行の記憶が完全に脱落していたりするのだ。ついでに指摘しておけば、当人たちの証言によれば、キレた少年少女たちも、ときに、その瞬間、一過性の多重人格とも解しうる症状を呈することがある。彼らの一部は、キレた興奮状態での行動をほとんど覚えておらず、気がついたらナイフを持っていたりするのだ。

多重人格は、〈私（自己）〉が相互に連携のない多数の人格《アイデンティティ》に分解する現象であるように見える。だが、〈私〉とは何か？　よく考えてみると、〈私〉としての〈私〉、〈私〉そのものは、いかようにも規定しえない空虚であることがわかる。たとえば〈私〉は教師である、と言うことはでき、教師とは何かという内容を規定することもできるが、それらのことは、〈私〉そのものではもちろんない。その他、〈私〉は父である、〈私〉は学者である、〈私〉は男である、等々と述語を付け加えて、〈私〉を規定しようとすることはできる。しかも、各述語は、すべて規定可能な内容を備えている。しかし、〈私〉であるということは、どの特定の述語とも等置しえないし、これらの述語の総体の内に還元することもできない。このような意味で、〈私〉であるということ、この〈私〉が存在しているということは、原理的に規定できない。〈私〉は何者としての内実ももたない空虚だという意味で、まさに「透明な存在」なのである。

名前が、〈私〉のこのような局面を受け継ぐ。名前が指示しているのは、この「〈私〉である」ということなのである。名前は、何者としての規定にも解消できないものとして、とにかく、この〈私〉が存在しているということ、このことを指示しているのだ。先に、名前は生きているものにしか与えられない、と述べた。生きているというのは、それぞれが固有に〈私〉でありうるということ（念のために言っておけば、これは自己意識をもつという性質とはまったく別のことである）にほかならない。名前が概念（の表現）ではありえないのは、このためである。名前は、ただ、それについてのどのような規定をも変更しうる（変更しえた）ということだけを伝えているのだ。

だが、同時に、名前は、特殊な魔術的とも言える効果をももつ。述べたように、〈私〉ということそれ自体は、空虚で透明である。この点で、〈私〉は無である。だが、名前を与えた瞬間に、その空虚で透明な無が、何者かとして存在しうる何かに転換する（かのように見える）のだ。名前は、空虚＝無として規定されうる「何か」を存在させる効果をもつわけだ。たとえば、〈私〉が「真幸」という名前を与えられれば、何者でもなかった〈私〉が、「真幸であるもの」に転換する。名前が与えられたものが、具体的に何であるか（真幸とは何か）を特定しようとすれば、それは見てきたようにいつでも完全にはできない。しかし、名前を付与することで、何者でもありえなかった空虚が、(常に未規定ではあるが)何者かでありうる存在へと転換して現れることになるのだ。要するに、名前は、規定不能な空虚を未規定な存在へ、透明な存在を不透明な実体へと転換して見せるわけだ。

人間はみな多重人格だ、などと主張する論者がいる。確かに、個人は、多様な関係性のネットワークの中に置かれており、その関係性の中で規定される役割の束でしかない。しかし、ある個人を定義しようとすると、結局は、役割の束のようなものになってしまうとしても、このことはただちに、その人物が多重人格的に構成されているということではない。人は、ある関係性の中では教師であり、また別の関係性の中では父であり、ある局面ではPTAの役員であろう。これらの独立した諸役割が、多重人格的に解離していかないのは、これらが、すべて〈私〉だからである。重要なことは、〈私〉がこのように諸役割を束ねる効果をもつためには、本来は空虚で透明な〈私〉が、不透明な、積極的に存在している「何か」(と感じられるもの)へと転換していなくてはならないということである。名前がこの転換をもたらす。

だから、酒鬼薔薇聖斗を名乗った少年が、自分の本名「A」を「単なる記号」だと感じていたということと、彼が多重人格的な兆候を示していたということとは、深い関係がある。彼の本当の名前は、「A」ではなく、「酒鬼薔薇聖斗」である。「酒鬼薔薇聖斗」は、論じてきたように、他者の「裏返しの承認」によって、本当の名前になったのだった。裏返しの承認は、通常の規範の中で否定的な意味をもつ眼差しを肯定的なものとして反転させて受け取ることで構成される。そうだとすれば、酒鬼薔薇聖斗という名前を得たとしても、その名付けられた〈自己〉は、日常の文脈をも貫くような同一性《アイデンティティ》を保持することはない。つまり、それは、日常の社会的な文脈では、なお「透明な存在」にとどまり続けるのだ。「酒鬼薔薇聖斗」のような裏返しの名前は、結局、「空虚」を「存在」へと転換させて見せる名前のあの魔術的な効果を放棄した、まさに空虚を空虚のままに、透明を透明なままに指示する名前なのである。

＊神戸の連続児童殺傷事件と「酒鬼薔薇聖斗」に関する事実は、『暗い森』（朝日新聞大阪社会部、一九九八年）から引用した。

＊注

1　事件の概要については、第Ⅲ部第2章の注1を参照。
2　芹沢俊介「イノセンスが壊れるとき」『現代「子ども」暴力論』春秋社、一九九七。他に、以下を参照。フランソワーズ・ドルト『無意識的身体像』榎本譲訳、言叢社、一九九四。大澤真幸『〈自由〉の条件』講談社、二〇〇八、第1部第3章。
3　バモイドオキ神については、第Ⅲ部第2章参照。
4　一九九八年一月、栃木県黒磯市の黒磯北中学で、当時十三歳の少年が、女性教師（当時二十六歳）をナイフで刺殺した。少年は、補導歴や問題行動がまったくない生徒だった。女性教師が少年の遅刻を注意したことに対して、少年は、かっとなって教師を刺した。

第5章

世界の中心で神を呼ぶ——秋葉原事件をめぐって

1 CROSS†CHANNEL

二十五歳の青年Kは、二〇〇八年六月八日東京・秋葉原で一七人を無差別に殺傷した。Kは、犯行直前まで、携帯電話を通じてインターネットの掲示板に異様な量の書き込みをしていた。なぜ、インターネットのサイトに書き込むのか。犯行の予告を含む、あらゆる私事を、インターネットで公開し、表現しようとする欲望は、どこから来るのか。無論、この種の欲望の結晶とも呼ぶべきものが、インターネット上に無数にある、ブログや日記サイトである。

この事件は、ある美少女ゲームへの連想を導く。ここで念頭に置いているのは、Flying Shineの制作による「CROSS†CHANNEL」(シナリオ・田中ロミオ、二〇〇三年九月発売)である。

連想の最初の手掛かりは、「ダガーナイフ」である。Kは、ダガーナイフで人を刺した。タイトルの中に「ダガーナイフ」が組み込まれていることからも示唆されるように、「CROSS†CHANNEL」でも「ダガーナイフ」は、cross＝交差の象徴であり、また重要な役割をもったアイテムでもある。しかし、こういった対応は皮相なものである。ゲームの内容そのものに即したもっと内在的な対応関係が、両者の間にはある。

「CROSS†CHANNEL」は、最初、まったく平凡な、学園物の恋愛アドベンチャーゲームであるように見える。「群青学院《ぐんじょう》」という学校の夏休み明け直後が舞台である。主人公＝視点キャラクターは黒須太一《くろすたいち》という学生で、放送部に属している。彼と、その友人である学生七人との間の七日間の平凡な学園生活の後に、このゲームのドキッとするような設定が明かされる。彼ら放送部員たちは、学校の屋上にアンテナを建て、あるメッセージを発信するのだ。「こちら群青学院放送部。誰か他に生きている人はいませんか？」ここで初めて、この世界では、太一を含む八人以外の人間は死に絶えていることが明らかになる。それは、最終戦争後の世界を思わせる。このゲームに登場するのは、太一ら八人と、さらに太一にだけ見ることができる不思議な女の子・七香《なな》《か》のみである。

これ以降、ゲームは同じ七日間を繰り返す。やがて、彼らがいる世界は、量子力学的な分岐によって生じた並行世界であることが明らかになる。つまり、彼らだけがそこで「生き延びて」いるように見えるのは、彼らのみが、（他の人間たちがいないということを除くと）現実世界と寸分違わぬ並行世界に投げ込まれていたからなのだ。

太一を含む八人の学生は、実は、全員、精神的に病んでいる。他者ときちんとしたコミュニケーションを取ることができないのだ。とりわけ太一は、ときに強い暴力への衝動に駆られ、他者を理由なく殺したくなる。普段は、「擬態」によって、つまり仮面をつけた演技によって、何とか殺人衝動を抑圧しているが、しばしばそれが爆発的に表面化してしまう。他の者たちも、他者との共感やコミュニケーションの能力に障害を抱えている。その意味で、この並行世界は、引きこもっている若者（たち）の個室の隠喩である。

このゲームの目的は、普通の美少女ゲームとは逆のことにある。すなわち、視点キャラクターが、女性と結ばれることにではなく、他の友人たちと別れることにこそ、ゲームの目的があるのだ。太一には、一種の超能力があり、人を、こちらの並行世界からあちらの現実世界へと送ることができる。太一は、何とか湧き起こる殺人衝動をコントロールし、友人を一人ずつ現実世界へと「送還」してやればよいのだ。それゆえ、他者への分裂した両義的な感覚が、主人公の態度を特徴づけていることになる。一方には、殺害を辞さないほどの他者への極端な敵意がある。他方には、自己犠牲的な方法で他者を救済しようとする最高度の優しさがある。

ゲームが成功裡に終わった場合の帰結は、それゆえ明白である。主人公一人だけが、こちらの並行世界に取り残されることになる。最後に、放送部員でもある主人公＝太一は、もう一度、屋上にアンテナを建て、メッセージを発信する。そのメッセージはどこに向けられているのか。主人公がいるこの世界は、彼以外には誰もいない無人の空間である。メッセージは、あちらの世界、彼が帰還することができなかった現実世界に向けられているのだ。電波は、無限の距離を隔てているあちらの世界に届くだろうか。その絶望的な願いがかなえられたかもしれない、ということが示唆されてゲームは終わる。[1]

このゲームのどこに秋葉原事件を連想させるものがあるというのか。まずは、主人公を襲う不可解な殺人衝動は、Kを無差別殺人へと導いた欲動と類縁なものがないだろうか。そして、何よりも、「放送」である。閉鎖的なこちらの世界から、届くことの保証なしに、あちらの現実世界へと向けて発せられた放送は、孤独に引きこもった個室の中で毎日書き込まれている、インターネットの掲示板やブログ、日記サイトの類の隠喩でなくて、何であろうか。誰かが読んでくれることへの、あるいは誰かがコメントしてくれることへのいかなる保証もなしに、毎日、更新され続けるブログの、ゲーム上の対応物こそ、「放送」である。無論、Kがこのゲームをやっていた可能性はゼロに近い。だからこそ、こうした対応は一層意味深い。このゲームには、後で少しばかり立ち戻ることにして、事件そのものに即して考察してみよう。

2　犯罪の形而上学的深み

二〇〇八年の秋葉原の無差別殺人事件へと連なる系譜を、過去へと遡ってみよう。誰もがそこへとたどり着かざるをえない先は、その一一年前に神戸で起きた連続児童殺傷事件であろう。

「酒鬼薔薇聖斗」と自称した犯人、十四歳（当時）のA少年は、二〇〇八年当時二十五歳のK容疑者とまったく同じ歳である。さらに、二〇〇〇年に西鉄バスジャック事件を引き起こした十七歳の少年や、同年に愛知県豊川市で「殺人を経験してみたかった」という理由で老女を殺害した十七歳の少年も、同じ年齢集団に属している。

だが、二〇〇八年の秋葉原事件と一一年前の神戸の事件とを比較してみたとき、われわれは、その大きな印象の相違に当惑せざるをえない。秋葉原事件は、神戸の事件が漂わせていた「形而上学的深み」のようなものを大幅に欠落させているのだ。「形而上学的深み」という表現は、いくぶん不謹慎かもしれないし、無論、ここでは、この語をとりたててよい意味で使っているわけではない。が、ともかく、K容疑者を犯行へと駆り立てた動機はシンプルであり、また卑俗でもあり、ニーチェを引用しながら自身の内面を綴っていた酒鬼薔薇聖斗の深みは、Kの言動には、一見したところでは、感じられない。それゆえ、秋葉原事件の場合、犯行の凄惨さと動機の凡庸さの間に、極端なアンバランスが感じられる。

酒鬼薔薇聖斗の犯罪に「深さ」の印象を与えていたのは、犯罪が帯びている、独特な宗教性である。殺人は、A少年が私的に創造・想像した神、「バモイドオキ」と命名された神への供犠として敢行されていた。「バモイドオキ」という奇妙な名前は、「バイオモドキ」からのアナグラムではないかと推測される。犯罪の前から鳩や猫を殺していたと言われるA少年は、「生命（バイオ）」の謎に取り憑かれていたからである。少年が書いていた犯行日記によれば、彼は、「人間の壊れやすさ」を実験するために、殺人を試みているのだ。その同じ犯行日記は、犯罪を、バモイドオキ神から「聖名（＝生命？）」をいただくための儀式としても意味づけている。「聖名」こそは、「酒鬼薔薇聖斗」という名だったに違いない。神戸新聞に送ってきた声明文の中で、少年は、ワイドショウのコメンテーターが彼の名を「おにばら」と読み間違えたことに激怒しているが、この事実は、少年にとって名前のもっていた意味の大きさを物語っている。バモイドオキ神は、この名でもって、少年に呼びかけていたに違いない。実際、聖書を読んでいるとき、われわれが、神の驚くべき能力、すべてを知っているという神の能力を実感するのは、神が一人ひとりの人間に固有名で語りかけている場面においてである。神はそんな細かなことまで知っているのだ、と驚かざるをえない。言い換えれば、名において知られることこそ、神が見ていることの証である。[2]

殺人のこのような「宗教的な儀式としての構成」を念頭におけば、われわれの過去への視野を、さらに、酒鬼薔薇事件の二年前のオウム事件にまで拡張することができる。オウムの無差別殺人＝テロが宗教的な意味をもっていたことは、言うまでもあるまい。彼らは、それを、教祖が予言した世界最終戦争《ハルマゲドン》の一環として手がけていたのだから。そして、酒鬼薔薇聖斗と同様に、オウムの信者たちも、実際、神＝教祖＝麻原彰晃から聖名——彼らは「ホーリーネーム」と呼んでいた——をもらうことを至上の喜びとしていた。[3]

さらに「宗教性」ということに着眼すれば、日本におけるこの種の「動機不明の犯罪」の嚆矢とも見なすべき、宮﨑勤事件にまで、系譜を遡ることができる。宮﨑勤は、一九八八年から八九年にかけて、四人の幼女を連続的に殺害し、五人目の幼女を手がけようとしたところで逮捕された。宮﨑は、死んだ祖父を復活させるための儀式として、幼女を殺し、その身体を凌辱していたと思われる。祖父こそが神だったのである。宮﨑には、祖父の葬式を（もう一度）見たいという非常に強い欲望がある。事件は、昭和から平成への転換点と重なっているのだが、テレビで昭和天皇の葬儀を見たとき、宮﨑は、祖父の葬式が中継されている、と感じるのであった。ついでに指摘しておけば、宮﨑勤もまた、もう一つの名前をもっていた。彼は、「今田勇子」の偽名（聖名?）で、被害者の家族に手紙を送ってきたのである。[4]

このように過去の系譜をふりかえった上で二〇〇八年の秋葉原の事件へと眼を戻せば、そこでは、殺人はいたって世俗的なものに見える。加藤容疑者は、中学までは優等生だったが、高校で大きく挫折したらしい。短大を出た後に就職するが、格差社会のボトムに位置するような仕事しか得られず、次々と転職し、日本各地を移動する。また女性にもてなかった。その結果、社会一般に、あるいは世界そのものに怨恨の感情を抱き、オタクの聖地でもある秋葉原で無差別的な殺人へと向かった……。こんな構図が浮かんでくる。「高収入のよい仕事がない」とか「女性に好かれない」というきわめて世俗的な不満が犯罪の原因になっているように見えるのだ。

犯罪の直接のきっかけは、工場でKの作業着＝つなぎが見つからなかったことに、激怒したことだという。この事実にひっかけて、犯罪の経緯を要約すれば、次のようになる。「つなぎが見つからないのでキレた。キレてからナイフを買った。買ったナイフで人を切った」と。

だが、われわれは、ここでこそ立ち止まって、歴史の、あるいは思想史の教訓に学ぶべきである。しばしば、徹底した世俗化が、その反対物であるはずの宗教化と連動しているという事実に、思いをはせるべきである。その最も高尚な一例はイマニュエル・カントである。合理的理性を称揚する啓蒙思想の申し子とも呼ぶべきカントは、神学の過激な破壊者として思索を開始した。が、最終的には逆に、彼は、理性の守備範囲を限定し、信仰のための余地を残すのに貢献した。類似の逆説を、この度の秋葉原事件に見ることはできないか。

今しがた述べたように、Ｋを怒らせた直接の要因は、「つなぎ」の紛失である。つなぎは、個人ごとに支給されていたものだから、そこには、Ｋの名前が記されていたことだろう。言わば、Ｋは、名前を呼ばれなかったのだ。ところで、ここにふりかえってきた犯罪が示唆しているように、神は、まず「名」でもって語りかける。そうだとすれば、つなぎの紛失は、神に見離された状況に比することができる。ここに、Ｋの犯罪と宗教とのつながりを暗示する小さな糸が見えているのだが、しかし、この糸を手繰る前に、もう少し、犯罪の「世俗的原因」にこだわっておくことにしよう。つなぎを媒介にしてＫに呼びかけていたのは（あるいは呼びかけをやめたのは）、神ではなく、まずは彼が勤めていた会社なのだから。[5]

3　非典型労働者たち

Kが派遣労働者であり、また解雇目前の状態にあったことから、秋葉原事件以降、労働市場、とりわけ若年労働市場における、非典型労働者（アルバイト、派遣社員、請負社員、契約社員などいわゆる非正規社員のこと）や無業者の排除の問題が、あらためて注目された。彼らは、過酷でつまらない仕事に従事させられながら、その年収は、ときに二〇〇万円にも満たない。Kもこうした非典型労働者の一人であった。

日本では、非典型労働者は、一九九〇年代半ばより急増してきた。当初、これは、バブル経済崩壊後の長期不況に起因するものと思われたが、不況を脱し、「いざなぎ超え」と呼ばれるような好況期に入ってからも、つまり二〇〇〇年代初頭以降も、非典型労働者の数は一向に減らず、むしろ増大傾向にある。

好況であるにもかかわらず、低賃金の非典型労働者が増加し続けるのはどうしてなのか？　その経済的・社会的原因については、すでに、多くの論が展開されてきた。最も大きな原因は、二〇世紀末期以降のグローバル化に伴う、先進諸国共通の産業構造の転換であろう。先進国に本拠を置いた多国籍企業は、生産拠点を、労賃が低いアジア等の後発諸国に置き、その反動として、先進諸国では、サービス業（第三次産業）に従事する労働者人口が大きくなった。サービス業は、時機による繁閑の落差が大きいので、短期間に集中的に労働力を投入できる非典型労働が雇用形態としては都合がよい。また、先進諸国で売られる製品に関しては、デザインや微妙な差異によって需要を喚起する多品種少量生産が中心になったことも、非典型労働の人口を増大させる圧力となった。多品種少量生産は、市場の動向に敏感に反応しながら、製造ラインを拡大・縮小させるので、やはり、容易に出し入れができる非典型労働力を必要とするからである。こうした産業構造の転換は、先進諸国では、たいてい一九七〇年代の後半から始まっていたのだが、日本の場合、いわゆる「日本的経営」等を通じて、オイルショック後の不況を乗り切ったため、産業構造の転換が遅れ、その影響が、九〇年代になってやっと出てきた、というわけである。

さらに、本田由紀、内藤朝雄等の社会学者は、このように経済的に周辺化されている非典型労働者たちは――日本社会では――、その社会的な意味づけの面でも周辺化されている、という事実に留意を求めている。「フリーター」「ニート」あるいは「パラサイト・シングル」等といった、非典型労働者を指し示す語は、いずれも否定的なコノテーションを伴っている。これらの語を含む言説は、しばしば、多くの若者が非典型労働者化した原因を、「甘え」「ぜいたく」「やりたいこと以外にはやろうとしない」等の彼らの態度や心理的傾向に帰着させることで、彼らの周辺的な位置を「自己責任」化してきたのである。

秋葉原事件の容疑者Kもまた、経済的にも意味的にも周辺化された非典型労働者の一人だった。それならば、Kが正社員だったら、あのような無差別的な殺人を犯さなかっただろうか？だが、彼の怒りや暴力が、会社に、彼の雇用者に向けられるのではなく、他者一般に向けられていることを考えると、彼の殺人には、典型労働／非典型労働という差異とは別のもの、そのような差異よりももっと大きなものが賭けられていたように思える。

さらに言えば、非典型労働者が経済的・意味的に周辺化されている事実を分析し、また批判する社会学的・経済学的言説は、正しい方向を向いてはいるのだろうが、非典型労働者たちの苦境を概念化する試みとしては、まだ肝心な部分に届いていないように感じられる。つまり、Kが階級構造の底辺に置かれていたという事実だけからでは、彼を犯罪へと駆り立てた原因としては、まだ何かが足りない。階級的な格差の中で最も下に位置していたという事実のみでは、あのような大量殺人を惹き起こすまでの過激な排除を構成することはない。

このことを間接的に示す証拠は、資本主義のグローバル化にともなう産業構造の、述べてきたような転換が、左翼勢力の伸張にはつながらず、むしろ右翼的な言説や運動の増殖につながっているという事実である。もし、非典型労働者が典型労働者と同じ待遇や地位を得ることが重要なのだとすれば、非典型労働者を支援する左翼や労働組合こそが、勢いを増すはずではないか。しかし、実際には、そうはなっておらず、左翼は、むしろ嘲笑や揶揄の対象である。なるほど、二〇〇六年頃からは、「プレカリアート」「ワーキングプア」等の語が普及し、非典型労働者を組織化する労働組合が登場したり、左翼系の優れた若手論客の活躍が目立ってきたりもしている。とはいえ、左翼への不信感の方が圧倒的に支配的であり、右翼的と分類される言説の方が増殖している。

たとえば、左翼系の論壇誌『論座』の二〇〇七年一月号で、赤木智弘が、「フリーター」の心情を代表する形で、「『丸山眞男』をひっぱたきたい　三一歳フリーター。希望は戦争。」と題する論文を発表した。これに対して、後の号で、左翼系の論者たちが、彼らこそがフリーターの味方であること、戦争するよりも彼らとともに政治闘争をした方がフリーターの利益にかなうこと等を説いたが、赤木等フリーターが、これに共感した様子はない。

非典型労働者たちが、左翼よりも右翼系の言説や運動に共鳴するのは、賭金となっているのが、経済的な地位ではなく、アイデンティティやそれに伴う自尊心の問題だからであろう。右翼系の言説やナショナリズムが人に提供するのは、特殊な共同体に所属していることからくる――尊重に値する（とされる）――アイデンティティである。

4　「への疎外」からの疎外

こうしたことを踏まえた上で、Kたち非典型労働者たちが置かれている困難をどのように把握しておけばよいだろうか。繰り返し確認しておけば、それは階級格差の底辺ということ以上のことである。

ここで、かつて真木悠介が導入した疎外の二重の水準についての議論が役に立つ。[6]「労働疎外」等の「疎外」が問題にされるとき、われわれは普通、それを「何ものかから疎外された状態」だと考える。たとえば、貧困とは、富から疎外された状態である。だが、真木悠介は、「Xからの疎外」に論理的に先立って「Xへの疎外」がある、という。貨幣からの疎外が苦痛で不幸なのは、人がまず貨幣へ、、と疎外されているからである。すなわち、貨幣が普遍的な欲望の対象として措定され、人々を遍く捉えているという状態がまずあって、その上で、人々の間に貨幣から疎外されている層〔貨幣をもたない層〕と貨幣からの疎外に見舞われていない層〔裕福な層〕との区分が出てきうる、というわけである。たとえば、ブルジョワジー／プロレタリアートという古典的な階級の区分は、「〈剰余〉価値への疎外」を基底においた上で、〈剰余〉価値からの疎外の有／無によって定義される。

真木悠介によるこの区別を用いて解釈した場合、非典型労働者とは、「Xからの疎外」の状況の一例であると解釈できるように思える。彼らは、正規の労働者としての地位や富から疎外されていると、記述すればよいように思えるのだ。しかし、ことはそう単純ではない。

「Xへの疎外」が一般的に成り立っているとき、「Xからの疎外」は、実は、真に過酷なものにはならない。「Xからの疎外」は、「Xへの疎外」の範囲内の相対的なものにしかならないのだ。少しばかり具体的に説明しよう。今、自分が、ある普遍的な使命Xを帯びた共同体や組織のある部分、ある一ブランチに所属しているとしよう。この共同体や組織に属するすべての者は、その使命Xへと疎外されている、と見なすことができる。このとき、自分が直接に所属している場所やブランチがたとえ末端的・周辺的であったとしても——つまり「X（の中心）から疎外されている」と見なされるような状況であったとしても——、その場所やブランチに直接に与えられた個々の小さな課題xを果たすこと、そのことが、普遍的な使命Xの実現に貢献したことになるのだ。要するに、個々の特殊な部分に属する具体的な課題ｘから普遍的な使命や価値Ｘへと至る階統的な経路が可視的なものであるとき、ｘという課題に埋没することを通じてこそ、Ｘに参与することができるのである。

たとえば、初期キリスト教会において、既存の社会秩序からの断絶しなければキリスト教の精神を実現できないとする狂信的なグループに対して、穏健派が主張したことこそ、まさにこうしたことであった。つまり、誰もが、それぞれの社会生活に参加して、自分に固有のところを得ること、たとえば農奴として、商人として、召使として、領主としての分を果たすこと、そのことこそが教会に参加し、よきキリスト教徒であり続けることなのだ、穏健派はそう主張したのであった。一介の農奴や職人は、聖職者に比べれば、いわば神から疎外された地位にあるのだが、しかし、「神への疎外」に捉えられている以上は、疎外は真に過激なものにまでは至らない。

さて、疎外についてのこうした概念的区分を用いて、今日の非典型労働者たちの地位を分析するとどうなるだろうか。彼らにおいては、疎外が重層化しているのではないだろうか。すなわち、彼らは、「Ｘから疎外されている」のではなく、「『Ｘへの疎外』から疎外されている」と解釈されるべきなのではないか。どういうことか。ある仕事、たとえば自動車の塗装の状態を目視し検査する仕事が与えられたとしよう。問題は、この仕事がつまらないとか、それに対して与えられる賃金が低いといったことではなく、この仕事が普遍的な価値を有する使命Ｘとどう関係しているのか、まったく実感できない、ということにあるのではないだろうか。無論、その仕事は会社の利益につながってはいるのだろう。しかし、重要なのは、一企業の特殊な利益ではなく、世界そのものにとって妥当性をもつような普遍的価値Xとの関連である。

非典型労働者は、単純に、何かから疎外されているのではない。そうではなくて、そもそも「からの疎外」の前提となる「への疎外」の圏内に、彼らは入り込めていないのだ。こう考えると、非典型労働者の困難は彼らだけの困難ではない、ということがわかる。典型労働者（正社員）にとっても、事情は、基本的には変わらない。給与が高かったとしても、あるいは管理職であったとしても、その仕事が、普遍的な価値・使命Xとのつながりを欠いているという点では、同じである。ただ、この社会の中で、重層的な疎外、「『Xへの疎外』からの疎外」が最も露骨に、明示的に現れる場所、それこそが、非典型労働者なのである。朝から晩まで誰でもできそうな仕事をやらされて、給与は低く、昇給もなく、いつでもかんたんに解雇されてしまうとしたらどうであろうか。お前は普遍的使命Xには何も関係ないゴミである、と声高に言われているようなものではないだろうか。

こうした解釈を傍証する事実は、オタクたちの間でのセカイ系的なマンガやアニメの流行である。セカイ系とは、ごく私的なことがらが世界や宇宙の全体にかかわる大問題へと——共同体などの中間の社会的段階を完全に省略して一挙に——直結していると感ずる想像力のことである。たとえば、自分と幼なじみの恋人との関係が、地球の運命を決する大戦争の鍵を握っている、といった設定がそれである。今、自分が具体的に実感できる部分的な小領域xが普遍的な全体Xへとどうつながっているのか、まったく把握できないとしよう。このとき、それでも、なお全体Xへの結びつきに固執したときには、結局、その部分的で特異な小領域xがそのまま全体Xである、と見なすほかないのではないか。これこそが、セカイ系である。セカイ系は、重層的な疎外への防衛反応のひとつである。

「Xへの疎外」からも疎外されている者が、その苦境から脱出しようとすれば、そのときどうしても必要なのは、世界という全体への接続の感覚である。すなわち、世界そのものを承認し肯定する眼差しの中に自らが含まれていることを、明確に自覚するしかない。そのような眼差しの所有者とは誰か。神である。こうして、われわれは秋葉原事件の容疑者Kのもとへと回帰することができる。

5　インターネットの闇に潜む神

われわれは先に、まったく世俗的な動機しか見当たらないKの宇宙に、神が隠れていないだろうか、と暗示しておいた。確かに神がいるのだ。どこに？　手掛かりは、あのインターネットへの大量の書き込みにこそある。こうした書き込みを体系的に行えば、冒頭に示唆したようにブログになる。なぜ人は、日記を、ブログのようなかたちでわざわざ公開するのだろうか。

日記は、本来、他人には見せないものであった。日記には、しばしば内密なことが書かれており、それを盗み見ることは、きわめて悪いことだと考えられていた。だが、翻って考えてみれば、日記もまた語りである以上は、誰かに差し向けられているはずだ。日記において、「私」は誰に語りかけているのか。日記において、人は、どの特定の誰彼でもない、抽象的で超越的な他者へと語りかけているのである。

たとえば、ヨーロッパでは宗教改革以降、プロテスタントたちの間で、日記がきわめて一般的な習慣として定着した。カトリックの信者たちは、司祭を前にして懺悔した。このような「懺悔」の習慣は、プロテスタンティズム、とりわけカルヴァニズムの強い地域では消失し、代わって普及したのが日記である。プロテスタントは、司祭のような具体的な他者に対してではなく、抽象的な神に向かって、日記という形で直接に告白したのである。

しかし、今日、われわれがインターネットで出会うのは、このような伝統的な日記とはまったく異なったタイプの日記である。なぜ、本来は誰にも見せないことを前提にしていた日記が、インターネットを通じて不特定多数の他者にさらけ出されるのだろうか。日記が公開されるのは、その言葉の受け取り手となる抽象的な神が存在しないからである。しかし、それならば、そもそも、日記を書かなければよいのではないか。書かないでいることもできないのである。やはり、ある種の「神」がいるからである。

まず、（伝統的な日記に対応している）抽象的な神が、日記サイトを訪れる具体的な他者たちに置き換えられている。だが、この「日記」は、手紙や電子メールではない。つまり、ブログがそれへと向けられている他者は、具体的ではあっても、よく知っている親密な他者（のみ）であっては不十分なのである。親しいつもりでいた友人のブログを読んだとき、そこに、自分がまったく知らない秘密が書かれていて、驚くことがある。インターネットの日記サイトでは、ときに、（当人にとって）重要で内密なことが、未知の匿名の他者に対して語られるのである。

要するに、こういうことである。まったく世俗的な欲望と挫折にまみれているように見えるKの宇宙にも神がいるのだ。それは、背反的な二つの性質、つまり具体的であることと匿名的であることを特徴とする、インターネットの中の他者たちの形式をとっている。神はインターネットの闇の中に棲まっており、孤独な犯罪者は、その視線を前提にして生きていたのである。[7]「CROSS†CHANNEL」の放送もまた、同じような神への絶望的な呼びかけである。「CROSS†CHANNEL」では、太一の声は、かろうじて、神（現実世界の人々）に届いたように思える。だが、Kの呼びかけ（書き込み）は、神に届いた形跡はない。神は一向に応えてはこなかったからだ。

ネット内の神（掲示板に書き込むユーザーたち）は、Kの呼びかけに肯定的に応答するどころか、逆に、いじめや嫌がらせに類する対応をしたようだ。法廷での証言によれば、Kは、とりわけ、「なりすまし」に憤っていた。「なりすまし」とは、他人が、Kであるかのように装って——たとえば話題や文体等でKをまねて——掲示板に書き込むことである。これによって、掲示板の他の参加者からは、K本人の書き込みとKを騙る贋物の書き込みとを区別することができなくなる。言い換えれば、それは、ネット内の神（掲示板の参加者）の視線が、Kを、その固有性・単独性において認定することができなくなった状態だと言ってもよい。Kは、法廷で、弁護士の質問に答えるような形で、「なりすまし」をされたときの心境について次のように語っている。

「例えば、自分の家に帰ると、自分とそっくりな人がいて自分として生活している。家族もそれに気付かない。そこに私が帰宅して、家族からは私がニセ者と扱われてしまうような状態です」

ここで、2節で述べたことを、すなわち、神に見られるということは神に固有名によって知られることであるという論点を、想起してほしい。固有名は、言うまでもなく、人を単独性において指示する。したがって、「なりすまし」を受けることは、固有名を失った状態に似ている。このとき、Kは、神（掲示板の他の参加者たち）によって——単独的なものとして——知られる可能性そのものを奪われてしまったことになる。もはや、神は、KをKとして認知・承認することができない[8]。

＊

それゆえ、Kは、秋葉原に向かったのではないか。なぜ秋葉原なのか？　秋葉原こそは、Kにとっては、世界の中心、世界の臍だからであろう。世界の中心で絶対的な悪を犯せば、世界の中心で究極の破壊（否定）を遂行すれば、神としても無視することはできない。この場合、「神」

とは、秋葉原へと集まる、匿名的で多数的な視線である。その中には、とりわけ重要な要素として、ネットの住民たちの視線が含まれる。Kが「なりすまし」等のネットでの嫌がらせに対する「抗議」として大きな犯罪を犯せば、彼を無視したり、侮辱したりしたネット内の神たちは、後悔や罪責感、あるいは（Kへの）謝罪といった形で、Kに対する肯定的な視線を取り戻すことになる——はずだった。

私は、一九九〇年代中盤以降の日本の現在を「不可能性の時代」と呼び、そこでは、暴力的・破壊的な「現実」への逃避の衝動が宿る、と論じておいた。[9] Kの大量殺人は、まさにそうした「現実」以外の何ものでもない。

Kはトラックを降り、次々と人を刺した。彼の破壊への衝動が、他者の具体的な身体へと向かっていたこと、そして殺人する彼の姿態が神の視線に——たとえば携帯電話のカメラに——にしかと捉えられる必要があったこと、こうした理由によって、彼は、トラックから出て、他者の身体をその手に握られたナイフで刺さなければならなかったのだろう。

青森から東京に出てきた若者による連続殺人事件としては、ちょうどその四〇年前（一九六八年）に少年Nが引き起こした犯罪を連想せざるをえない。Nは、米軍基地から盗んだ拳銃によって、三人を射殺した。刑務所で勉強したNは、マルクス主義の観点から、後に、犯罪の原因はひとえに「貧困生活」にある、と断じた。Nは、「X（富）からの疎外」を必然的に生み出す社会構造を告発したのである。これと比較するならば、Kの殺人は、「『Xへの疎外』からの疎外」を生み出す社会構造への絶望的な告発である。東浩紀が、Kの殺人は犯罪というより一種のテロであると述べているが、この指摘は、以上のような意味で正鵠を射ている。[10]

6 「ただいまと誰もいない部屋に言ってみる」

秋葉原事件へと至る犯罪の系譜を、ここでもう一度、振り返ると、家族をめぐって、しばしば繰り返される類似の構図があることに気づく。家族の中に一人だけ、鍵となる重要な他者がいて、その他者を喪失したことが、犯人の「犯罪へと向かう奇行」のきっかけとなっている。

たとえば酒鬼薔薇聖斗にとっては、そのような重要な他者は祖母であった。動物を殺す等の殺害への衝動は、祖母が死んでから始まる。祖母の対極に置かれたのが、酒鬼薔薇が子供のときの作文で「地ごくの大ま王」と呼んだ母親である。母親は、特に少年を虐待したようにも思えないが、不幸にも、こうした否定的な意味を与えられた。宮﨑勤にとっては、重要な他者は祖父である。祖父の視線の中にあるときだけ、宮﨑は、手の障害からくる劣等感から解放され、「甘い世界」を実感することができた。祖父の死後、家族や親戚へと向けられた極端なドメスティック・バイオレンスが始まる。さらに宮﨑は、父・母・妹などは偽ものの家族で、ほんとうの家族はどこか別のところにいると言い張るようになる。つまり、ここでは、祖父の対極に他の家族メンバーが置かれている。ついでに付け加えおけば、「CROSS†CHANNEL」でも類似の構図が反復される。太一にとって、彼を保護する重要な他者は、実母であった。太一にだけ見ることができる七香とは、母の分身である。その対極に置かれているのが、太一の殺人衝動が向けられる、七人の友人たちである。

酒鬼薔薇にとっての祖母、宮崎にとって祖父、太一にとっての母は、彼らを外界の他者たちの脅威から守る、超越的な他者であり、彼らにとっては一種の神である。殺人は、これらの失われた神を取り戻すための儀式として遂行されていた。それならば、家族の中に、初めから、超越的な他者が、保護する神がいなかったらどうなるだろうか？　酒鬼薔薇聖斗の状況に喩えて言えば、このとき、「地ごくの大ま王」しかいない状況が得られるだろう。これこそは、Kの置かれた状況だったのかもしれない。

Kは、インターネットへの孤独な書き込みによって、そして世界の中心でのテロによって、神を呼び寄せようとした。誰もが気づくように、「恋人」は、そのような神と同じ役割を果たす。第一に、自分にとって、恋人は、神と同じように、圧倒的に唯一的であり、超越的な崇高性を帯びるからであり、第二に、恋人にとっても、彼は、世界そのものと同一の重みを有する唯一的な人として、まさに固有名で呼びかけるしかない者として、現れているはずだからである。だが、Kは、恋人も得ることができなかった。「ただいまと誰もいない部屋に言ってみる」。インターネットへのKの書き込みの一つである。Kの「ただいま」に「おかえり」と応ずる、神も恋人も現れなかった。

＊注

1 美少女ゲーム「CROSS†CHANNEL」については、溝口佑爾（京都大学大学院人間・環境学研究科）から多くの示唆を受けた。また、このゲームは、東浩紀が「美少女ゲームとセカイ系の交差点《クロスポイント》」（『美少女ゲームの臨界点＋1』）で興味深い分析を加えている。

2 本書第Ⅲ部第2章、第3章、第4章を参照。

3 拙著『虚構の時代の果て』ちくま学芸文庫、二〇〇八、参照。

4 ただし、宮﨑勤は、「今田勇子」という名のこと、この名で行ったことをすべて忘れている。宮﨑については、三つの精神鑑定書がある。そのうちの一つは、宮﨑を多重人格としているが、その根拠の一つになっているのが、「今田勇子」についての極端な記憶喪失である。本書第Ⅲ部第1章参照。

5 「CROSS†CHANNEL」でも、名前は鍵である。溝口佑爾によれば、主人公「くろすたいち」の名は、「ろくたすいち（6＋1）」のアナグラムになっている。このゲームでは、「7」は鍵となる数字である（太一以外の友人の数が七人、ゲームの繰り返しの単位が七日、太一だけに見える不思議な少女の名が七香）。

6 真木悠介『現代社会の存立構造』筑摩書房、一九七七。

7 二〇〇〇年代に入ってから、現代日本の若者たちが「友人が少ないこと」を極度に恐れることが、多くの論者によって指摘されてきた。「あいつ友だちが少なそう」という指摘は、最も強い侮蔑の表現になる。彼らは、一人で食事をしているところを見られるのを恐れるあまり、トイレで隠れてランチを取ることもある（これを指す「便所飯」という言葉さえ作られた）。彼らの「友人」に関して、旧世代の者たちが驚くのは、その数の極端な多さである。携帯電話には、しばしば何百名もの電話番号やメールアドレスが登録されている。これほど多くの「友だち」がいるということは、個々の者との実際のつきあいはきわめて希薄だということを意味している。この「希薄な関係によって結びついた多数の友だち」が、ここに指摘した、「具体性と匿名性によって特徴づけられるネット内の不特定多数」としての神と隣接していることは、容易に理解できるだろう。この隣接性をよく示しているのが、二〇〇九年末より急速に普及してきたツイッターである。ツイッターの特徴は、個々のユーザ（アカウント）に多数の「フォロワー」が付くことである。フォロワーは、その「多数の友人」を含む不特定多数である。ツイッターの参加者にとって、フォロワーは、彼らを常時見ていてくれる（と想定できる）神のようなものである。フォロワーが少なければ、神に見放されていることになる。ツイッターのユーザは、互いにフォローし合うことで、神を提供しあっているのだ。さらに、ユーザにとって最も名誉なことは、自分の「つぶやき」が、フォロワーによって引用（RTリツイート）されることで、ネット内に波及していくことである。それは、神（ネット内の不特定多数）が彼（女）を承認してくれたことの証である。浦澤直樹は、マンガ『20世紀少年』（一九九九年–二〇〇六年）、『21世紀少年』（二〇〇七年）でオウム真理教をモデルにしたと思われる新興宗教の教団を描いており、その中で、神と同一視されたその教祖に「ともだち」という名前を与えている。若者たちにとって、匿名の不特定多数にまで拡散しうる広義の友だちがまさに神の代理物になっている状況を考慮すると、浦澤のこのような命名は、核心を衝いていると見なすことができるだろう。

8　Kにとって、ネット内の他者たちが、神に匹敵する重要性をもっていたということは、次のような諸事実の中に現れている。たとえば、法廷でのKの証言によれば、Kは、実際にはそれほどでもないことを自分でもわかっているのに、掲示板では、自分の顔が「ブサイク」であるということを過度に強調し、自虐的な「ネタ」としている。「ブサイクというキーワードは掲示板上で興味を引きやすい、話題になりやすい単語」だからである。「ブサイク」という否定的な属性であったとしても、ネット内で認定される方が、まったく無視されているよりもよいのだ。あるいは、Kは、ネットを通じて知ったある友人に初めて会ったとき、わざわざ「スーツ」を着ている。その理由をKは、法廷でこう説明した。「以前、掲示板の雑談で、私がネタで『着る服がない。普段は作業着かスーツだ』と言って（書き込んで）いたため」だと。つまり、ネット内でふざけて創作したアイデンティティの方を、現実での姿に対して優先させているのだ。ネットでの友人の（Kについての）イメージを裏切らないためである。

9　拙著『不可能性の時代』岩波新書、二〇〇八。

10　実際、犯罪の内的な構造において、Nの事件とKの事件はまったく対照的である。かつて、Nの事件を社会学的に分析した見田宗介は、他者たちのまなざしが地獄だった、と結論した（「まなざしの地獄」『現代社会の社会意識』弘文堂、一九七九→『まなざしの地獄』河出書房新社、二〇〇八）。どういうことか？　Nは、中卒で上京し、東京で就職した。当時、中卒の安価な労働力は「金の卵」と呼ばれた。当時の社会調査によれば、中卒・高卒の若い労働者たちが最も欲しがっていたものは、給料ややりがいのある仕事ではなくて、個室や休日だった。彼らは、他者たちのまなざしから逃れられる空間や時間を欲したのだ。他者のまなざしが地獄と化すのは、見田によれば、まなざしが、表相性を介して、その人物を総体として規定してしまうからだ。表相性とは、身体の表面に現れる諸特徴（容姿、服装、方言等）であり、また書類等に記載された抽象的な属性（出身地、学歴等）である。他者のまなざしは、そうした表相性を媒介にして、その人物の社会的アイデンティティを、つまり社会システムの中での位置を読み取り、固定してしまう。たとえば、N

は、方言や垢抜けない態度や戸籍謄本を通じて、「田舎者」「貧乏人」「低学歴者」等として規定されてしまう。要するに、他者のまなざしによって追いやられる地獄とは、社会の中心的な価値であるX（富、権力、成功者としての地位等）から疎外された状態である。このように、Nにとってまなざしが地獄だったとすると、Kにとっての地獄はまったく逆のところにある。ここに述べてきたように、Kにとっては、まなざしがないこと、他者たちのまなざしが集まらないことが地獄だったのである。「まなざしが地獄である」ということは、逆に言えば、普通は他者からまなざされているということ、他者のまなざしからは容易には逃れられない、ということであろう。他者からまなざされている限りにおいては、人は、そのまなざしが肯定的に承認する価値＝Xへと疎外されている。そのようなまなざしを失ったとき、人は、「Xへの疎外」の範域に入ることすらできなくなってしまう。

あとがき

この四半世紀近くの期間に、われわれは、いくつもの衝撃的な出来事に出会い、いくつかの新奇な社会現象を目撃してきた。この四半世紀とは、国際的には、ほぼ「冷戦終結後」に対応し、国内的には「昭和以降」に対応している。われわれが巻き込まれ、立ち会ってきた出来事や現象のインパクトは、この社会が新しい時代に入っていることを示唆するものだった。

だが、われわれを震撼させたそれらの出来事や社会現象を、評論家や社会科学者が政治、経済、法律、テクノロジー等に原因帰属させるようなかたちで説明するとき、あるいは当事者が利害や個人的な憎悪に言及しつつ自己解釈するとき、何かが根本的に違うという感覚を、「そういうことを知りたいわけではないのに」というもどかしさをもったことはないだろうか。われわれが出来事や現象に対してもった「驚き」と今まさに与えられようとしている答えの「陳腐さ」の間のバランスが、圧倒的に崩れているのである。問いが、それが本来属していた水準とは異なったところで解かれているからである。問いと答えが所属すべき一つの水準がまるごと、見失われているのである。

その水準とは、宗教である。それらの出来事や社会現象は、当人たちすらときに自覚していないような仕方で、宗教に属していたのだ。つまり、それらは、「私」や「宇宙」の存在や生の基本的な形式に関する実践的な問いとして出現していたのだ。問いはそれにふさわしい仕方で解かれなくてはならない。宗教を社会の部分領域として捉えるのではなく、逆に社会それ自体を宗教現象として解析しようとする本書が目指してきたものは、まさにそれである。

＊

本書は、弘文堂編集部の中村憲生さんの助けを借りて作られた。中村さんとのつきあいは、一九八八年に出版された『社会学事典』を準備していたときから、つまり私が未だ学生だったときから始まっている。中村さんは、この国の人文・社会系の書物を扱う編集者の中でも最高の炯眼をお持ちの一人である。そんな編集者と昵懇の間柄にあったにもかかわらず、しかもその間事典作りを中心にして実に多くの仕事をともにしてきたにもかかわらず、一緒に単著を仕上げるのは、これが初めてである。この一冊を上梓したからといって、私の中村さんに対する長年の知的な負債が完済されたとはとうてい言えないが、これが、今後、連続的に出す予定になっている中村さんとの大事な仕事のよいスタートになれば、と思っている。この場を借りて、長年、粘り強くお待ちくださった中村さんに、心よりお礼を申し上げたい。

二〇一〇年九月

大澤真幸

＊初出一覧

序　社会は宗教現象である………書下ろし

第Ⅰ部　宗教原理論

第1章　宗教の社会論理学………池上良正ほか編『岩波講座宗教2　宗教への視座』岩波書店、二〇〇四年

第2章　中世哲学の〈反復〉としての「第二の科学革命」………『大航海』新書館、二〇〇七年62号

第3章　法人という身体………『大航海』新書館、二〇〇三年48号

第Ⅱ部　現代宗教論

第1章　悲劇を再演する笑劇………『アステイオン』サントリー文化財団、二〇〇〇年53号

第2章　父性を否定する父性………『大航海』新書館、一九九七年19号

第3章　仮想現実の顕在性………佐伯胖ほか編『岩波講座現代の教育8　情報とメディア』岩波書店、一九九八年

第Ⅲ部　事件から

第1章　Mの「供儀として殺人」
………吉岡忍『M／世界の、憂鬱な先端』文庫版への解説、文藝春秋、二〇〇三年

第2章　バモイドオキ神の顔………『群像』講談社、一九九七年一〇月号

第3章　酒鬼薔薇聖斗の童謡殺人………『小説トリッパー』朝日新聞社、一九九八年春号

第4章　透明な存在の聖なる名前………『小説トリッパー』朝日新聞社、一九九八年夏号

第5章　世界の中心で神を呼ぶ………大澤真幸編『アキハバラ発』岩波書店、二〇〇八年

【著者紹介】

大 澤 真 幸（おおさわ まさち）

1958年長野県生まれ。東京大学大学院社会学研究科博士課程修了。現代日本を代表する社会学者。2007年『ナショナリズムの由来』（講談社）で毎日出版文化賞受賞。

単著に『行為の代数学』『性愛と資本主義』（青土社）、『身体の比較社会学』Ⅰ・Ⅱ（勁草書房）、『恋愛の不可能性について』（春秋社、ちくま学芸文庫）、『虚構の時代の果て』（ちくま学芸文庫）、『不可能性の時代』（岩波新書）、『〈自由〉の条件』（講談社）、『量子の社会哲学』（講談社）、『生きるための自由論』（河出書房新社）など。

編著に『社会学文献事典』『政治学事典』（弘文堂）、『事典哲学の木』（講談社）など。

2010年3月より、個人雑誌『大澤真幸 THINKING O』（左右社）を創刊し、社会に向けての積極的な発言が注目を集めている。

現代宗教意識論

平成22年11月15日　初版1刷発行

著　者　大 澤 真 幸

発行者　鯉 渕 友 南

発行所　株式会社 弘 文 堂　101-0062 東京都千代田区神田駿河台1の7
TEL 03(3294)4801　振替 00120-6-53909
http://www.koubundou.co.jp

装　丁　笠 井 亞 子
印　刷　三 美 印 刷
製　本　牧製本印刷

ISBN978-4-335-55139-0